창세기,
살아 숨쉬다

신 현 광

민영사

차 례

제 1 부 창조와 구원

제 1 장 하나님의 창조사역 • 9
제 2 장 인간의 타락 • 19
제 3 장 노아의 방주 • 33
제 4 장 민족의 기원 • 42

제 2 부 아브라함

제 5 장 아브라함의 소명 • 49
제 6 장 하나님의 약속 • 62
제 7 장 소돔과 고모라 • 79
제 8 장 이삭의 출생 • 87
제 9 장 언약의 자손 이삭 • 93
제 10 장 아브라함의 믿음 • 98

제 3 부 이삭

제 11 장 이삭의 아내 리브가 • 115
제 12 장 아브라함의 상속자 • 125
제 13 장 이삭의 두 아들 에서와 야곱 • 138

제 4 부 야곱

제 14 장 야곱에게 계승되는 하나님의 축복 • 151
제 15 장 야곱의 귀향 • 165
제 16 장 야곱의 시련 • 187
제 17 장 벧엘로 올라간 야곱 • 193

제 5 부 요셉

제 18 장 요셉의 꿈 • 207
제 19 장 요셉의 연단 • 222
제 20 장 요셉의 영화 • 232
제 21 장 실현되는 요셉의 꿈 • 243
제 22 장 형들을 시험하는 요셉 • 260
제 23 장 자신을 밝힌 요셉 • 268

제 6 부 이스라엘의 태동

제 24 장 애굽으로 내려간 야곱 일가 • 283
제 25 장 야곱의 임종 • 292
제 26 장 야곱의 장례와 요셉의 죽음 • 307

머리말

"주의 말씀은 내 발의 등이요 내 길의 빛이니이다"(시 119:105).

하나님의 말씀은 우리의 신앙과 행위의 기준이기에 하나님의 사람들은 성경을 사랑합니다. 성경을 읽고 배우는 데 있어서 우선적으로 중요한 것은 말씀을 통하여 하나님께서 우리가 무엇을 깨닫기 원하시는지를 아는 것입니다. 성경 말씀을 쉽게, 그리고 바르게 이해하는 일은 우리가 하나님의 뜻을 분별하는 삶, 말씀대로 사는 삶을 위해 꼭 필요하다고 생각합니다. 저는 성경을 읽으면서 단순명료하게 이해하려고 하였으며 그런 방식으로 말씀에 친숙해지기를 바라는 마음이 항상 떠나지 않았습니다.

이 책은 성경의 시작인 창세기를 읽는 동안 필자의 두 아들이 하나님 말씀에 더욱 친근해지기를 바라는 마음에서 그들이 쉽게 이해할 수 있도록 말씀들을 나름대로 메모해 두었던 것인데 주위의 성원에 힘입어 책으로 펴내게 된 것입니다. 부족하지만, 저는 성경 전체의 문맥을 통하여 조명되는 창세기의 말씀을 평이한 문체로 서술하려고 노력하였으며, 또한 창세기에 나타나는 많은 사건들과 예언들이 다른 성경 말씀들과 어떻게 상응하고 유기적인 관계를 나타내는지 다양한 각도로 살펴보았습니다. 이 책이 처음으로 성경을 접하시는 분들에게, 또 예수님을 믿고 말씀을 묵상하지만 어떤 방식으로 읽어 나가야 할 지 답답한 마음을 가지고 계신 분들에게, 그리고 신학생들과 신학을 공부하고자 하시는 분들에게 성경읽기의 한 지침으로 활용될 수 있기를 바랍니다.

우리는 창세기를 통하여 다음과 같은 내용을 알 수 있습니다. 하나님은 자신의 뜻을 이루시고 영광을 받으시기 위해 천지와 하나님의 형상인 인간을 창조하셨고, 택하신 자녀의 구원을 위하여 아브라함을 부르시고 언약을 맺으시며, 이삭을 통한 만민의 축복을 약속하셨습니다. 또한 야곱의 열두 아들로부터 이스라엘이라는 국가를 형성하셨으며, 요셉을 통하여 이스라엘 백성을 향한 자신의 사랑과 이 이스라엘 백성이 애굽에 거주하게 된 섭리를 보여주셨습니다. 이러한 일련의 과정들은 우리가 아는 바와 같이 하나님의 주권적인 섭리를 통하여 이루어졌습니다. 결국 이 모든 일이 궁극적으로 예수 그리스도를 통한 구원의 길을 우리에게 제시해 주고 있음을 알 수 있습니다.

필자가 이 책의 제목을 『**창세기,** 살아 숨쉬다』라고 한 것은 온 우주 만물을 창조하시고 주관하시는 하나님은 세초(世初)만이 아니라 현재에도, 그리고 장래에도 동일하게 역사하고 계신다는 점을 무한히 강조하고 싶어서입니다. 이 글을 쓰는 동안 아브라함과 이삭과 야곱, 그리고 요셉이 살았던 당시의 현장에 마음으로 함께 하면서 그들과 동행하신 하나님의 숨결을 생생히 느낄 수 있었던 귀한 감격을 독자 여러분들과 함께 나누고 싶습니다. 하나님은 어제나 오늘이나 영원토록 동일하십니다. 창세기에 나타나신 창조주 하나님은 지금도 살아계셔서 동일하게 역사하시는 전능하신 우리의 하나님이십니다.

야곱의 고백과 같이 "나의 남으로부터 지금까지 나를 기르신 하나님"(창 48:15)께 모든 영광을 돌리며 기도로 격려해 주신 많은 분들께 감사를 드립니다. 이 책을 펴내는 일에 시종을 함께 한 아내와 기쁨을 같이 하고 싶습니다. 이 책을 읽으면서 창세기가 이전보다 쉽고 친근하게 느껴진다면 더 이상 바랄 것이 없겠습니다. 출판을 맡아주신 민영사 김정식 사장님과 편집과 교정에 수고해 주신 신설희 선생님께 감사를 드리며, 이 글을 읽는 모든 분들과 함께 하나님의 은혜를 나누고 싶습니다.

2009년 2월에

수리산 기슭 연구실에서 신 현 광

제 1 부
창조와 구원

제 1 장
하나님의 창조사역

천지창조

하나님은 말씀으로 천지를 창조하셨습니다. 창세기 1장은 하나님께서 6일 동안에 말씀으로 천지를 창조하신 사역을 총체적으로 기술하고 있습니다. 이에 반해 창세기 2장은 6일 창조 중 특별히 하나님의 형상을 닮은 인간의 창조에 중점을 두어 설명합니다.

"태초에 하나님이 천지를 창조하시니라"(창 1:1)는 말씀과 같이 하나님께서 온 우주를 창조하셨습니다. 여기에서 '창조하시니라(בָּרָא : bara)' 는 단어는 본래 아무것도 없는 상태, 곧 무(無)에서 유(有)에로의 창조에 사용되는 단어입니다. 나는 빛도 짓고 어두움도 창조하며 나는 평안도 짓고 환난도 창조하나니 나는 여호와라 이 모든 일을 행하는 자니라(사 45:7). 창조 사역에는 하나님의 영원하신 능력과 신성이 나타나 있습니다. 여호와께서 그 권능으로 땅을 지으셨고 그 지혜로 세계를 세우셨고 그 명철로 하늘들을 펴셨으며(렘 10:12), 창세로부터 그의 보이지 아니하는 것들 곧 그의 영원하신 능력과 신성이 그 만드신 만물에 분명히 보여 알게 되나니 그러므로 저희가 핑계치 못할지니라(롬 1:20).

하나님은 우주만물을 창조하실 때 먼저 하늘과 땅의 틀을 만드신 다음 그곳에 필요한 모든 것들을 채우셨습니다. 첫째 날에 우주와 빛을 만드시고(창 1:1-5), 넷째 날에 해와 달과 별을 만드셨습니다(창 1:14-19). 둘째 날에 궁창을 만드시고(창 1:6-8), 다섯째 날에 새와 물고기를 만드셨습니다(창 1:20-23). 그리고 셋째 날에 바다와 육지와 식물을 만드시고(창 1:9-13), 여섯째 날에 동물과 사람을 지으셨습니다(창 1:24-31). 너희는 눈을 높이 들어 누가 이 모든 것을 창조하였나 보라 주께서는 수효대로 만상을 이끌어 내시고 각각 그 이름을 부르시나니 그의 권세가 크고 그의 능력이 강하므로 하나도 빠짐이 없느니라(사 40:26), 집마다 지은 이가 있으니 만물을 지으신 이는 하나님이시라(히 3:4).

하나님께서 말씀으로 천지를 창조하셨으며 우리는 이 사실을 확실히 믿습니다. 『여호와의 말씀으로 하늘이 지음이 되었으며 그 만상이 그 입 기운으로 이루었도다 저가 바닷물을 모아 무더기 같이 쌓으시며 깊은 물을 곳간에 두시도다 …… 저가 말씀하시매 이루었으며 명하시매 견고히 섰도다(시 33:6-7,9)』, 『믿음으로 모든 세계가 하나님의 말씀으로 지어진 줄을 우리가 아나니 보이는 것은 나타난 것으로 말미암아 된 것이 아니니라(히 11:3)』.

원하신 것입니다. 하나님의 창조물 중에 오직 사람만이 하나님의 형상을 부여받았습니다.

행위언약

하나님은 동산에 있는 각종 나무의 실과는 아담이 마음대로 먹을 수 있지만 선악과만은 먹지 못하도록 금하셨습니다. 선악을 알게 하는 나무의 실과는 먹지 말라 네가 먹는 날에는 정녕 죽으리라(창 2:17). 인간이 비록 하나님의 형상대로 지음을 받았다고 해도 인간은 하나님의 피조물이기 때문에 창조주 하나님께 순종하여야 합니다. 그러므로 하나님께서 아담에게 이를 명하시며 인류의 대표자인 아담과 언약을 맺으셨습니다. 이 언약은 선악을 알게 하는 나무의 실과를 먹지 말라고 금하신 하나님의 명령에 대한 순종 또는 불순종의 행위를 조건으로 세워진 언약입니다. 이는 하나님께서 인간과 맺으신 최초의 언약, 곧 행위언약(行爲言約)입니다.

선악을 알게 하는 나무는 동산 중앙에 있었습니다. 여호와 하나님이 그 땅에서 보기에 아름답고 먹기에 좋은 나무가 나게 하시니 동산 가운데에는 생명나무와 선악을 알게 하는 나무도 있더라(창 2:9). 뱀의 질문에 대한 하와의 대답도 이를 뒷받침합니다. 동산 중앙에 있는 나무의 실과는 하나님의 말씀에 너희는 먹지도 말고 만지지도 말라 너희가 죽을까 하노라 하셨느니라(창 3:3). 하나님은 이 선악을 알게 하는 나무를 동산 한 가운데 두시므로 아담으로 하여금 항상 그 언약의 말씀을 상기하도록 배려해 주셨습니다. 이 말씀은 하나님께서 인간에게 명하신 첫 번째 언약의 말씀으로, 하나님께 순종하여 영생을 얻느냐 또는 불순종하여 하나님께로부터 단절되느냐 하는 시금석(試金石)이기 때문입니다.

하나님은 인간이 기계적으로 하나님을 섬기도록 만드신 것이 아니라 인간에게 자유의지(自由意志)를 주시므로 인간의 인격적이고 자발적인 순종을 원하셨습니다. "먹는 날에는 정녕 죽으리라"는 말씀에서 인간의 선택에 대한 책임과 형벌이 따른다는 것을 알 수 있습니다. 곧 하나님의 말씀에 순종하면 영생에 이르게 되지만, 불순종하면 죽음에 이르게 됩니다.

하와의 창조

하나님은 하와를 창조하시기 전에 아담으로 하여금 각종 생물의 이름을 짓게 하셨습니다. 여호와 하나님이 흙으로 각종 들짐승과 공중의 각종 새를 지으시고 아담이 어떻게 이름을 짓나 보시려고 그것들을 그에게로 이끌어 이르시니 아담이 각 생물을 일컫는 바가 곧 그 이름이라(창 2:19). 아직 하와가 창조되기 이전에 아담이 각 생물을 부르는 대로 그 이름이 되었습니다. 아담이 모든 생물의 본성을 직관적으로 알 수 있었음을 볼 때, 우리는 단편적으로나마 하나님의 형상을 소유한 인간이 사탄의 꾐에 빠져 타락하기 전에는 그의 지·정·의(知情意)의 능력이 탁월하였음을 알 수 있습니다. 아담은 이처럼 각 종류의 생물에게 이름을 주는 행동을 통하여 하나님의 대리자로서의 역할을 수행하고 있음을 보여줍니다. 또한 일반적으로 생물에는 암수가 있는데 아담 자신만은 혼자라는 사실도 깨닫게 됩니다.

하나님은 아담으로 하여금 배필의 필요성에 대하여 충분히 인식하게 하신 다음 아담을 깊이 잠들게 하시고 그의 갈빗대로 하와를 만드셨습니다. 여호와 하나님이 아담을 깊이 잠들게 하시니 잠들매 그가 그 갈빗대 하나를 취하고 살로 대신 채우시고(창 2:21). 그러므로 하나님께서 여자를 만드시고 아담에게로 이끌어 오실 때에 아담이 이렇게 말하였습니다. 아담이 가로되 이는 내 뼈 중의 뼈요 살 중의 살이라 이것을 남자에게서 취하였은즉 여자라 칭하리라 하니라(창 2:23). 이와 같이 하나님은 제 6일에 먼저 동물을 창조하시고(창 1:24-25) 아담을 만드셨으며(창 2:7), 아담으로 모든 생물에게 이름을 주게 하신(창 2:19) 후에 아담으로부터 하와를 만드셨습니다. 하나님은 창조의 마지막으로 하와를 만드시고 둘이 연합하여 한 몸을 이루어 번성하며 모든 생물을 다스리라는 사명을 부여하시는 것으로 6일 동안의 모든 창조사역을 마치셨습니다.

창조사역에 있어서 하나님은 새로운 것들을 만드실 때마다 "하나님이 가라사대"라고 명하십니다. 6일 창조 동안에 이 말씀이 10번 나타나는데(창 1:3,6,9,11,14,20,22,24,26,29), 이는 하나님께서 말씀으로 세상을 창조하심을 보여주신 것입니다. 또한 "그대로 되니라"는 말씀이 5번 나타나는데(창 1:7,9,15,24,30), 이는 하나님께서 명령하신 대로 온전히 이루어진 것을 의미합니다. 그리고 "보시기에 (심히) 좋았더라"는 말씀이 7번 나타나는데(창 1:4,10,12,18,21,25,(31)), 이는 하나님께서 원하신 뜻대로 완전히 성취되었다는 것을 강조하는 말씀입니다.

제 2 장
인간의 타락

✚ 사탄의 기원

창세기 3장은 인간이 하나님의 명령에 불순종하여 타락하게 된 죄의 기원을, 4장과 5장은 타락한 인간의 모습과 하나님의 말씀대로 죽음이 인간에게 실제(實際)로 나타난 사실을 보여줍니다. 하나님께서 대단히 기쁘게 여기실 정도로 그 만드신 모든 피조물이 완벽하게 창조되었습니다. 따라서 창세기 1장 말씀을 근거로 하여 볼 때 사탄은 6일 창조 후에 생겨난 것으로 보입니다.

사탄은 본래 하나님을 찬양하며 섬기던 천사장이었는데 하나님과 같이 되려는 교만 때문에 그만 타락하고 말았습니다. 너 아침의 아들 계명성이여 어찌 그리 하늘에서 떨어졌으며 너 열국을 엎은 자여 어찌 그리 땅에 찍혔는고 네가 네 마음에 이르기를 내가 하늘에 올라 하나님의 뭇별 위에 나의 보좌를 높이리라 내가 북극 집회의 산 위에 좌정하리라 가장 높은 구름에 올라 지극히 높은 자와 비기리라 하도다(사 14:12-14). 에스겔서는 이렇게 말씀합니다. 네가 옛적에 하나님의 동산 에덴에 있어서 각종 보석 곧 홍보석과 황보석과 금강석과 황옥과 홍마노와 창옥과 청보석과 남보석과 홍옥과 황금으로 단장하였었음이여 네가 지음을 받던 날에 너를 위하여 소고와 비파가 예비되었었도다 너는 기름 부음을 받은 덮는 그룹임이여 내가 너를 세우매 네가 하나님의 성산에 있어서 화광석 사이에 왕래하였었도다 네가 지음을 받던 날로부터 네 모든 길에 완전하더니 마침내 불의가 드러났도다 네 무역이 풍성하므로 네 가운데 강포가 가득하여 네가 범죄하였도다 너 덮는 그룹아 그러므로 내가 너를 더럽게 여겨 하나님의 산에서 쫓아 내었고 화광석 사이에서 멸하였도다 네가 아름다우므로 마음이 교만하였으며 네가 영화로우므로 네 지혜를 더럽혔음이여 내가 너를 땅에 던져 열왕 앞에 두어 그들의 구경거리가 되게 하였도다(겔 28: 13-17). **유다서 말씀입니다.** 또 자기 지위를 지키지 아니하고 자기 처소를 떠난 천사들을 큰 날의 심판까지 영원한 결박으로 흑암에 가두셨으며(유 1:6).

사탄은 '대적자'라는 뜻입니다. 이 사탄이 하나님을 대적하고 인간을 유혹하여 죄의 길로 이끌었습니다. 『죄를 짓는 자는 마귀에게 속하나니 마귀는 처음부터 범죄함이니라(요일 3:8)』, 『근신하라 깨어라 너희 대적 마귀가 우는 사자 같이 두루 다니며 삼킬 자를 찾나니 너희는 믿음을 굳게 하여 저를 대적하라(벧전 5:8-9)』.

사탄의 간계

사탄은 인간을 타락시키기 위하여 들짐승 중에서 가장 지혜로운 뱀을 자신의 도구로 사용하였습니다. 하나님은 아담에게 이같이 말씀하셨습니다. 여호와 하나님이 그 사람에게 명하여 가라사대 동산 각종 나무의 실과는 네가 임의로 먹되(창 2:16). 그런데 사탄이 하와에게 하나님의 말씀을 변질시켜 묻습니다. 여호와 하나님의 지으신 들짐승 중에 뱀이 가장 간교하더라 뱀이 여자에게 물어 가로되 하나님이 참으로 너희더러 동산 모든 나무의 실과를 먹지 말라 하시더냐(창 3:1). 여기서 "간교하더라(arum)"는 '지혜로운' 또는 '통찰력 있는'이라는 뜻입니다. 하나님께서 지으신 모든 것이 심히 좋았습니다. 또한 예수님께서도 타락하기 이전 뱀의 본성에 대하여 "뱀 같이 지혜롭고"라고 말씀하셨습니다. 너희는 뱀 같이 지혜롭고 비둘기 같이 순결하라(마 10:16). 그런데 뱀이 지혜를 악한 방향으로 잘못 사용하였기 때문에 간교하다고 한 것입니다.

위의 거짓된 사탄의 물음에 하와가 대답합니다. 동산 중앙에 있는 나무의 실과는 하나님의 말씀에 너희는 먹지도 말고 만지지도 말라 너희가 죽을까 하노라 하셨느니라(창 3:3). 이러한 하와의 대답은 하나님의 말씀을 가감(加減)하여 왜곡한 것입니다. 본래 하나님은 아담에게 "선악을 알게 하는 나무의 실과는 먹지 말라 네가 먹는 날에는 정녕 죽으리라"(창 2:17)고 말씀하셨습니다. 하나님께서 분명히 "먹지 말라"고 말씀하신 것을 하와는 이렇게 보태어 말합니다. '먹지도 말고 만지지도 말라' 또한 "정녕 죽으리라"고 하신 말씀을 '죽을까 하노라'라고 약화시켜 말합니다. 이처럼 하와는 하나님의 말씀을 임의로 해석하여 변경하였습니다. 그러나 성경은 이렇게 말씀합니다. 내가 너희에게 명하는 말을 너희는 가감하지 말고 내가 너희에게 명하는 너희 하나님 여호와의 명령을 지키라(신 4:2), 진실로 너희에게 이르노니 천지가 없어지기 전에는 율법의 일점일 획이라도 반드시 없어지지 아니하고 다 이루리라(마 5:18).

하나님의 말씀을 왜곡하는 하와에게 사탄은 아예 그 말씀을 완전히 부정(否定)하여 버립니다. 뱀이 여자에게 이르되 너희가 결코 죽지 아니하리라 너희가 그것을 먹는 날에는 너희 눈이 밝아 하나님과 같이 되어 선악을 알 줄을 하나님이 아심이니라(창 3:4-5). 이같이 사탄은 하나님의 말씀에 정면으로 도전합니다. 그리하여 하와는 사탄의 거짓 꾐에 넘어가고 말았습니다. 여자가 그 나무를 본즉 먹음직도 하고 보암직도 하고 지혜롭게 할 만큼 탐스럽기도 한 나무인지라 여자가 그 실과를 따먹고 자기와 함께한 남편에게도 주매 그도 먹은지라(창 3:6). 이것이 인간에게 죄가 들어오게 된 기원입니다. 죄의 속성은 이처럼 속이고 거짓된 것입니다.

예수님은 마귀의 본성을 이렇게 규명하셨습니다. 『너희는 너희 아비 마귀에게서 났으니 너희 아비의 욕심을 너희도 행하고자 하느니라 저는 처음부터 살인한 자요 진리가 그 속에 없으므로 진리에 서지 못하고 거짓을 말할 때마다 제 것으로 말하나니 이는 저가 거짓말장이요 거짓의 아비가 되었음이니라(요 8:44)』, 『뱀이 그 간계로 이와를 미혹케 한 것 같이(고후 11:3)』.

아담의 불순종

하나님의 명령을 받은 사람은 아담입니다. 하나님께서 인류의 대표자로서 아담과 언약을 체결하셨습니다. 언약의 직접 당사자가 아니었던 하와는 언약 준수에 있어 아담보다 철저하지 못할 수도 있습니다. 그러므로 간교한 사탄은 언약의 직접 대상자가 아닌 하와를 통하여 자기의 계략을 이루어냅니다. 이와 같이 인류의 대표자인 첫 사람 아담이 하나님의 말씀에 불순종하게 되므로 죄가 인류 가운데 들어오게 되었습니다. 로마서는 이렇게 말씀합니다. 이러므로 한 사람으로 말미암아 죄가 세상에 들어오고 죄로 말미암아 사망이 왔나니 이와 같이 모든 사람이 죄를 지었으므로 사망이 모든 사람에게 이르렀느니라(롬 5:12).

타락한 이후에 아담은 자신의 범죄 행위에 대한 책임을 하나님께 전가(轉嫁)하려고 하였습니다. 아담이 가로되 하나님이 주셔서 나와 함께 하게 하신 여자 그가 그 나무 실과를 내게 주므로 내가 먹었나이다(창 3:12). 아담의 이 말은 하나님께서 주신 여자가 그로 하여금 실과를 먹게 하였으므로 결국 그 여자를 주신 하나님 때문에 자신이 범죄하게 되었다는 의미입니다. 타락한 후 아담의 핑계와 변명이 이처럼 추악하게 드러나고 있습니다. 그리하여 사탄의 도구가 되었던 뱀은 저주를 받아 배로 다니게 되었고, 여자는 해산의 고통을 겪으며 남편의 권위 아래 놓이게 되었으며, 아담은 힘겨운 노동의 형벌을 받게 되었습니다.

인간은 무흠한 상태로 창조되었지만 아담의 불순종으로 말미암아 하나님과의 관계가 끊어지고 각종 저주와 고통 속에 처하게 되었습니다. 인간의 타락으로 말미암아 땅은 가시와 엉겅퀴를 내게 되었습니다. 그리하여 모든 피조세계가 다 고통 받으며 인간의 구속을 고대합니다. 그 바라는 것은 피조물도 썩어짐의 종노릇한 데서 해방되어 하나님의 자녀들의 영광의 자유에 이르는 것이니라 피조물이 다 이제까지 함께 탄식하며 함께 고통하는 것을 우리가 아나니(롬 8:21-22).

아담의 불순종으로 인하여 인간은 자신의 창조주조차 몰라볼 정도로 타락하였습니다. 창조주이자 구원자이신 성자 하나님께서 인간을 사랑하여 세상에 오셨으나 그의 피조물인 인간은 그리스도를 받아들이지 않고 거부하였습니다. 요한복음은 인간의 죄악상을 이렇게 말씀합니다. 『그가 세상에 계셨으며 세상은 그로 말미암아 지은 바 되었으되 세상이 그를 알지 못하였고 자기 땅에 오매 자기 백성이 영접지 아니하였으나(요 1:10-11)』.

원시복음

첫 사람 아담은 행위언약의 준수에 실패하였습니다. 그러나 인간을 사랑하시고 그와 함께 교제 나누기를 원하셨던 하나님은 단절된 인간과의 교제를 회복하시려고 이같이 말씀하셨습니다. 내가 너로 여자와 원수가 되게 하고 너의 후손도 여자의 후손과 원수가 되게 하리니 여자의 후손은 네 머리를 상하게 할 것이요 너는 그의 발꿈치를 상하게 할 것이니라(창 3:15). 이는 장차 오실 그리스도께서 사탄을 이김으로 성도들의 구원을 성취하실 것을 예언하신 말씀으로, '원시복음(原始福音 : protevangelism)' 이라고 일컫습니다. 또한 구원은 인간의 행위로써가 아니라 오직 그리스도를 믿는 믿음으로 구원받기 때문에 '은혜언약(恩惠言約)' 이라고 합니다. 하나님은 타락한 인간에게 심판을 선언하셨지만, 믿는 자에게는 구원을 약속하시고 구속의 역사를 이루어 가십니다.

"너는 그의 발꿈치를 상하게 할 것이니라"는 말씀은 예수님께서 인류의 조상인 아담으로 인하여 죽을 수밖에 없는 우리의 죄값을 대신 치르시며 십자가에 못 박히시게 될 고난을 예시합니다. 또한 "여자의 후손은 네 머리를 상하게 할 것이라"는 말씀은 예수님께서 십자가에서 죽으시지만 부활하심으로 사탄의 사망 권세를 이기실 것을 예언합니다. 사탄은 여인의 후손의 발꿈치만 상하게 할 뿐이지만 여인의 후손은 사탄의 머리를 상하게 하여 그 권세를 완전히 깨뜨리실 것입니다. 자녀들은 혈육에 함께 속하였으매 그도 또한 한 모양으로 혈육에 함께 속하심은 사망으로 말미암아 사망의 세력을 잡은 자 곧 마귀를 없이 하시며(히 2:14).

아담은 자신의 아내를 하와[2]라고 이름하였습니다. 아담 자신은 타락하여 하나님께로부터 죽음을 선고 받았지만 자기의 아내에게 죽음의 정반대인 '하와' 곧 '생명' 을 의미하는 이름을 지어 주었습니다. 아담이 그 아내를 하와라 이름하였으니 그는 모든 산 자의 어미가 됨이더라(창 3:20). 이것은 아담이 "여자의 후손"(창 3:15)

---

2) 아담의 아내는 히브리어로 하와, 헬라어로 이와, 영어로 이브라고 표현합니다. 『이는 아담이 먼저 지음을 받고 이와가 그 후며(딤전 2:13)』.

에 관한 하나님의 약속을 믿음으로 받아들였다는 증거입니다.

하나님은 아담과 하와를 위하여 가죽옷을 지어 주셨습니다. 여호와 하나님이 아담과 그 아내를 위하여 가죽옷을 지어 입히시니라(창 3:21). 이는 범죄한 인간에 대한 하나님의 사랑이 여전함을 보여 주신 것입니다. 가죽옷은 하나님께서 지어 주신 것인데, 아담이 죄를 범한 직후 일시적으로 엮어 입었던 무화과나무 잎의 치마와는 대조적으로 반영구적으로 입을 수 있는 옷입니다. 또한 가죽옷을 만들기 위해서는 동물이 희생되어 피를 흘려야 하는데, 이는 피 흘리심을 통한 예수 그리스도의 대속을 예표(豫表)합니다. 하나님이 죄를 알지도 못하신 자로 우리를 대신하여 죄를 삼으신 것은 우리로 하여금 저의 안에서 하나님의 의가 되게 하려 하심이니라(고후 5:21), 피흘림이 없은즉 사함이 없느니라(히 9:22).

하나님은 범죄한 인간이 생명나무의 실과를 따먹고 영생하지 못하도록 에덴동산에서 추방하셨습니다. 여호와 하나님이 가라사대 보라 이 사람이 선악을 아는 일에 우리 중 하나 같이 되었으니 그가 그 손을 들어 생명나무 실과도 따 먹고 영생할까 하노라 하시고 …… 이같이 하나님이 그 사람을 쫓아내시고 에덴동산 동편에 그룹들과 두루 도는 화염검을 두어 생명나무의 길을 지키게 하시니라(창 3:22,24). 이는 인간이 타락한 상태로 영생하는 비참한 상태에 빠지지 않도록 배려하신 하나님의 은혜입니다. 하나님은 타락한 인간이 하나님과 단절된 상태로 영생하지 않도록 동산에서 추방하셨으며, 우리를 긍휼히 여기사 자녀로 택하시고 구원하셨습니다. 훗날 우리는 천국에서 생명나무 과실을 먹게 될 것입니다. 귀 있는 자는 성령이 교회들에게 하시는 말씀을 들을지어다 이기는 그에게는 내가 하나님의 낙원에 있는 생명나무의 과실을 주어 먹게 하리라(계 2:7).

원시복음(창 3:15)은 구속사적으로 매우 중요합니다. 이 말씀을 통해서 우리는 인간의 타락과 형벌 이면에 하나님의 공의와 사랑이 드러나는 인간 구원의 방법을 알 수 있기 때문입니다. 성경은 이렇게 말씀합니다. 『한 사람의 범죄를 인하여 사망이 그 한 사람으로 말미암아 왕 노릇 하였은즉 더욱 은혜와 의의 선물을 넘치게 받는 자들이 한 분 예수 그리스도로 말미암아 생명 안에서 왕 노릇 하리로다(롬 5:17)』, 『아담 안에서 모든 사람이 죽은 것 같이 그리스도 안에서 모든 사람이 삶을 얻으리라(고전 15:22)』.

+ 죽음의 실제화

창세기 4장은 하나님의 형상으로 지음 받은 인간이 타락한 이후에 얼마나 잔인하게 변모하였는지 보여줍니다. 아담의 부패한 본성은 그의 자손을 통해 이어졌으며, 결국 가인은 동생 아벨을 죽이는 살인죄를 범하고 말았습니다. 가인이 그 아우 아벨에게 고하니라 그후 그들이 들에 있을 때에 가인이 그 아우 아벨을 쳐죽이니라(창 4:8). 여기서 "쳐죽이니라"는 죽일 의도를 갖고서 힘껏 내리치는 행위를 말합니다. 이는 하나님께서 자신의 제물은 받지 않으시고 아벨의 제물은 받으셨기 때문입니다. 여호와께서 아벨과 그

제물은 열납하셨으나 가인과 그 제물은 열납하지 아니하신지라 가인이 심히 분하여 안색이 변하니(창 4:4-5). 아벨의 제물이 열납된 것은 그의 믿음 때문입니다. "아벨과 그 제물은 열납하셨으나"라는 말씀이 이를 증명합니다. 하나님은 먼저 사람을 살피신 다음 예물을 보십니다. 믿음으로 아벨은 가인보다 더 나은 제사를 하나님께 드림으로 의로운 자라 하시는 증거를 얻었으니 하나님이 그 예물에 대하여 증언하심이라 그가 죽었으나 그 믿음으로써 지금도 말하느니라(히 11:4). 성경은 이렇게 말씀합니다. 가인 같이 하지 말라 저는 악한 자에게 속하여 그 아우를 죽였으니 어찌 연고로 죽였느뇨 자기의 행위는 악하고 그 아우의 행위는 의로움이니라(요일 3:12).

가인을 통하여 타락한 인간의 흉악한 죄상이 드러났으며, 가인은 하나님의 벌을 받게 됩니다. 땅이 그 입을 벌려 네 손에서부터 네 아우의 피를 받았은즉 네가 땅에서 저주를 받으리니 네가 밭 갈아도 땅이 다시는 그 효력을 네게 주지 아니할 것이요 너는 땅에서 피하며 유리하는 자가 되리라(창 4:11-12). 이에 가인은 자신의 형벌이 너무 무겁다고 하나님께 호소합니다. 주께서 오늘 이 지면에서 나를 쫓아내시온즉 내가 주의 낯을 뵈옵지 못하리니 내가 땅에서 피하며 유리하는 자가 될지라 무릇 나를 만나는 자가 나를 죽이겠나이다(창 4:14). 여기 "나를 만나는 자"라는 구절은 당시 아담과 하와에게 많은 아들과 딸들이 있었음을 보여줍니다. 창조 시 하나님께서 아담에게 주신 "생육하고 번성하여 땅에 충만하라"(창 1:28)는 말씀에 근거해 볼 때, 셋이 출생하기 전 130년 동안 아담의 자손을 가인과 아벨 두 형제로만 국한시킬 수 없기 때문입니다. 성경은 역사책이 아니라 구원의 길을 제시하는 책이기 때문에 모든 역사적 사실을 상세히 다 기록하지 않고, 구원의 역사와 관련된 사건들을 중심으로 구속사적인 맥락에서 기록하고 있습니다. 따라서 우리의 구원과 직접적으로 상관이 없는 부분은 제외되고 우리의 구속과 관련된 부분이 집중 조명되고 있다는 사실을 이해해야 합니다.

이제 가인은 하나님의 구원의 반열에서 제외됩니다. 가인이 여호와의 앞을 떠나 나가 에덴 동편 놋 땅에 거하였더니(창 4:16). 아담에게 가인과 아벨이 있었지만 아벨은 이미 가인에 의해 죽임을 당했고 가인도 이제 여호와 앞을 떠나갔습니다. 이는 하나님의 구원사역이 가인이 아니라 아벨 대신에 주신 셋에 의해 진행될 것임을 예고합니다. 아담이 일백삼십 세에 자기 모양 곧 자기 형상과 같은 아들을 낳아 이름을 셋이라 하였고(창 5:3). 아담 자손의 계보가 가인이 아니라 셋에 의해 계승되며, 하나님께서 택하신 셋의 후손으로 말미암아 구원의 역사가 흐르고 있음을 알 수 있습니다. 가인의 후손들은 하나님 없는 세상 문명을 이루었지만, 셋과 에노스 때에 사람들은 여호와의 이름을 부르며 하나님을 섬겼습니다. 셋도 아들을 낳고 그 이름을 에노스라 하였으며 그 때에 사람들이 비로소 여호와의 이름을 불렀더라(창 4:26). 여기 "여호와의 이름을 불렀더라"는 일반적으로 공적(公的) 예배와 관련하여 사용된 말씀으로 이때에야 비로소 하나님께 공식적인 예배를 드리게 되었다는 의미입니다. 그가 그곳에서 여호와를 위하여 단을 쌓고 여호와의 이름을 부르더니(창 12:8), 여호와께 감사하며 그 이름을 불러 아뢰며 그 행사를 만민 중에 알게 할지어다(시 105:1).

창세기 5장 4절부터 31절의 말씀은 죄로 인하여 인간에게 죽음이 시작된 것을 깨닫게 하는 말씀입니다. 하나님께서 "네가 먹는 날에는 정녕 죽으리라"(창 2:17)고 하신 말씀이 아담으로부터 노아의 아버지 라멕에 이르기까지 9대에 걸쳐 실제로 적용되고 있음을 생생하게 보여주고 있습니다. 아담(930) - 셋(912) - 에노스(905) - 게난(910) - 마할랄렐(895) - 야렛(962) - 에녹(365 승천) - 므두셀라(969) - 라멕(777).

에녹의 승천

'에녹'은 '봉헌된 자'라는 의미입니다. 에녹의 짧은 기사 가운데 "하나님과 동행"이라는 말이 두 번(창 5:22,24) 나오는데, 이는 에녹의 생애가 하나님과 동행하는 삶이었음을 말해줍니다. 므두셀라를 낳은 후 삼백 년을 하나님과 동행하며 자녀를 낳았으며(창 5:22). 여기서 '동행하다'라는 말은 '좇아가다'라는 의미로, 에녹이 하나님의 뜻을 따라 올바른 삶을 살았다는 것을 의미합니다. 에녹은 365세에 죽음을 보지 않고 하나님께로 갔습니다. 그가 삼백육십오 세를 향수하였더라 에녹이 하나님과 동행하더니 하나님이 그를 데려가시므로 세상에 있지 아니하였더라(창 5:23-24). 여기 '데려가다'라는 말은 '취하다'라는 뜻으로, 하나님께서 에녹의 육체를 그대로 하늘로 들어 올리셨다는 의미입니다.[3)]

---

3) 엘리야 역시 죽음을 맛보지 않고 승천하였습니다. 『두 사람이 행하며 말하더니 홀연히 불수레와 불말들이 두 사람을 격하고 엘리야가 회리바람을 타고 승천하

에녹은 당시 사람들의 타락에도 불구하고 하나님과 교제하며 성결한 삶을 살아 하나님을 기쁘시게 하였습니다. 히브리서에 에녹은 하나님을 기쁘시게 한 믿음의 사람으로 묘사되어 있습니다. 믿음으로 에녹은 죽음을 보지 않고 옮기웠으니 하나님이 저를 옮기심으로 다시 보이지 아니하니라 저는 옮기우기 전에 하나님을 기쁘시게 하는 자라 하는 증거를 받았느니라(히 11:5). 또한 에녹은 거룩한 하나님의 임재를 경험하고 불의한 자들을 책망하며 심판을 선포했습니다. 아담의 칠세 손 에녹이 사람들에게 대하여도 예언하여 이르되 보라 주께서 그 수만의 거룩한 자와 함께 임하셨나니 이는 뭇사람을 심판하사 모든 경건치 않은 자의 경건치 않게 행한 모든 경건치 않은 일과 또 경건치 않은 죄인의 주께 거스려 한 모든 강팍한 말을 인하여 저희를 정죄하려 하심이라 하였느니라(유 1:14-15).

아담의 범죄로 인해 인간은 반드시 죽을 수밖에 없지만 경건한 삶을 살았던 에녹은 죽지 않고 하나님께로 갔습니다. 이는 세상 끝날에 있을 휴거(携擧)를 미리 이해할 수 있게 합니다. 에녹은 65세에 므두셀라를 낳았는데, '창을 던지는 자'라는 의미의 이름을 가진 '므두셀라'는 969세를 살았으며 인류 역사상 최장수의 삶을 살았습니다. 므두셀라의 아들이자 노아의 아버지인 라멕은 홍수가 있기 5년 전에 죽었으며, 므두셀라가 969세로 죽은 해, 곧 노아가 600세 된 때에 물로 인한 세상의 심판이 있게 됩니다.

더라(왕하 2:11)』.

에녹의 승천은 아담이 죽은 뒤 57년 후에 있게 됩니다. 아담(130세) - 셋(105세) - 에노스(90세) - 게난(70세) - 마할랄렐(65세) - 야렛(162세) - 에녹(65세) 〈괄호속의 나이는 아들을 낳을 당시의 나이임〉. 이는 하나님께서 죄의 결과가 죽음인 것을 아담의 후손들에게 분명히 보여주신 후에, 에녹의 승천을 통하여 믿음과 경건의 삶을 사는 자는 죽음도 극복할 수 있음을 확신시켜 주신 것입니다.

제 3 장
노아의 방주

구원의 방주

에녹의 증손인 노아는 의인이었으며 하나님과 동행하는 사람이었습니다. 노아는 의인이요 당세에 완전한 자라 그가 하나님과 동행하였으며(창 6:9). 노아는 480세에 방주를 지으라는 하나님의 명령을 받게 됩니다. 그리고 방주를 짓고 있던 중 그의 나이 500세가 된 후에 셈과 함과 야벳을 낳았습니다. 노아가 오백 세 된 후에 셈과 함과 야벳을 낳았더라(창 5:32). 사람의 죄악이 세상에 가득하게 되고 그들의 생각과 계획이 항상 악했으므로 하나님께서 노아와 그의 가족을 제외한 모든 사람을 멸하시기로 작정하셨습니다. 여호와께서 가라사대 나의 신이 영원히 사람과 함께 하지 아니하리니 이는 그들이 육체가 됨이라 그러나 그들의 날은 일백이십 년이 되리라(창 6:3). 여기의 "일백이십 년"은 120년 후에 있을 대홍수를 의미합니다. 하나님은 자신이 창조하신 모든 사람과 동물을 다 멸하시기로 작정하셨습니다. 나의 창조한 사람을 내가 지면에서 쓸어버리되 사람으로부터 육축과 기는 것과 공중의 새까지 그리하리니 이는 내가 그것을 지었음을 한탄함이니라(창 6:7).

타락한 시대상으로 인하여 심판은 불가피하게 되었지만 하나님은 노아에게 은혜를 베풀어 주셨습니다. 그러나 노아는 여호와께 은혜를 입었더라(창 6:8). '노아'는 '휴식'이라는 의미입니다. 하나님은 노아에게 다른 사람이 아닌 바로 노아 자신을 위하여 그를 구원할 방주를 짓도록 명하셨습니다. 너는 잣나무로 너를 위하여 방주를 짓되 그 안에 간들을 막고 역청으로 그 안팎에 칠하라(창 6:14). 노아는 하나님께서 명하신 대로 방주를 만들었습니다. 방주의 크기는 다음과 같습니다. 그 방주의 제도는 이러하니 장이 삼백 규빗, 광이 오십 규빗, 고가 삼십 규빗이며(창 6:15). 방주의 길이는 137.2m, 넓이는 22.86m, 높이는 13.72m입니다. 이 정도 방주의 크기라면 보통의 3층 빌딩보다도 높고 축구 경기장의 1.5배 가량되는 규모이며 가축운반 화차 569개와 맞먹는 용량이라고 합니다.[4] 그리고 방주에는 대략 17,600여 종류의 동물 약 4~5만 마리를 태웠을 것으로 추정하는데, 동물은 어둡고 습한 상황이 되면 동면을 취하기 때문에 노아의 여덟 식구가 홍수기간 동안 이 많은 동물들을 돌볼 수 있었을 것이라고 추측합니다.[5]

때가 이르러 하나님께서 노아에게 방주로 들어가라고 말씀하십니다. 여호와께서 노아에게 이르시되 너와 네 온 집은 방주로 들어가라 네가 이 세대에 내 앞에서 의로움을 내가 보았음이니라(창 7:1). 노아 한 사람으로 인하여 노아는 물론 자신의 처와 세 아들 및 자

---

4) www.kacr.or.kr/library/listview.asp?category=C02, Henry M. Morris, 2004-7-26.
5) 한국창조과학회/자료실/노아의 홍수/노아홍수(15), '방주에서 동물들을 어떻게 돌보았나?', 이재만, 2005-3-3.

부가 멸망으로부터 구원을 받게 되었습니다. 옛 세상을 용서치 아니하시고 오직 의를 전파하는 노아와 그 일곱 식구를 보존하시고 경건치 아니한 자들의 세상에 홍수를 내리셨으며(벧후 2:5). **노아의 방주는 우리의 구원과 밀접한 관계가 있습니다. 방주(ark)는 일반 배(ship)와는 달리 움직일 수 없으며 오직 떠있을 뿐입니다. 이는 노아의 방주가 우리의 구원에 대한 표상(表象)이라는 것을 깨닫게 합니다. 지금 구원의 방주는 교회입니다.** 고린도에 있는 하나님의 교회 곧 그리스도 예수 안에서 거룩하여지고 성도라 부르심을 입은 자들과 또 각처에서 우리의 주 곧 저희와 우리의 주 되신 예수 그리스도의 이름을 부르는 모든 자들에게(고전 1:2), 그를 만물 위에 교회의 머리로 주셨느니라 교회는 그의 몸이니(엡 1:22-23). **교회의 머리 되신 예수 그리스도 안에 있는 자만이 구원을 받게 됩니다.** 다른 이로서는 구원을 얻을 수 없나니 천하 인간에 구원을 얻을 만한 다른 이름을 우리에게 주신 일이 없음이니라(행 4:12), 가로되 주 예수를 믿으라 그리하면 너와 네 집이 구원을 얻으리라(행 16:31).

노아 방주에는 노(櫓)도 없고 방향을 잡는 키도 없으며 하나님께서 이끄시는 대로 따라갈 뿐입니다. 우리의 구원도 마찬가지입니다. 구원에 있어서 우리가 할 수 있는 것은 아무 것도 없습니다. 전적으로 하나님의 사역입니다. 구원은 우리의 의(義)로 되는 것이 아니라 하나님의 선물(膳物)입니다. 『너희가 그 은혜를 인하여 믿음으로 말미암아 구원을 얻었나니 이것이 너희에게서 난 것이 아니요 하나님의 선물이라(엡 2:8)』.

홍수심판

노아의 여덟 식구가 방주에 들어가고 난 뒤, 7일 후에 비가 40일을 밤낮으로 내려 땅의 짐승과 공중의 새가 모두 죽게 됩니다. 노아가 하나님의 명령을 받은 후 120년이라는 긴 세월이 흐른 뒤 노아가 600세 되던 해 2월 17일에 드디어 홍수가 시작되었습니다. 40일 동안 비가 쏟아졌는데 깊음의 샘들이 솟구치고 하늘의 창들이 열려 폭우를 쏟아 부었습니다. 노아 육백 세 되던 해 이월 곧 그 달 십칠일이라 그 날에 큰 깊음의 샘들이 터지며 하늘의 창들이 열려 사십 주야를 비가 땅에 쏟아졌더라(창 7:11-12). 노아의 여덟 식구와 모든 동물이 다 들어간 후에 하나님께서 방주의 문을 닫아 주셨습니다. 들어간 것들은 모든 것의 암수라 하나님이 그에게 명하신 대로 들어가매 여호와께서 그를 닫아 넣으시니라(창 7:16). 여기 "그를 닫아 넣으시니라"는 말씀은 '그를 넣고 닫으셨다'라는 뜻으로 노아 가족과 동물들이 방주 안으로 들어가자 하나님께서 신속하게 방주 문을 닫아 주셨다는 의미입니다. 노아와 모든 동물들이 방주에 들어간 날은 2월 10일인데, 하나님께서 그들에게 적응기간을 주시고 7일이 지난 2월 17일에 비가 내리기 시작하였습니다. 그 비는 40일간 쏟아졌고, 물이 150일간 땅에 가득했습니다. 물이 일백오십 일을 땅에 창일하였더라(창 7:24), 주께서 저희를 홍수처럼 쓸어 가시나이다 저희는 잠간 자는 것 같으며 아침에 돋는 풀 같으니이다(시 90:5).

창세기 1장에서 하나님은 궁창 위의 물과 궁창 아래의 물을 만드셨는데, 궁창은 지구 표면의 물과 하늘의 물을 나누는 역할을 합니다. 하나님이 궁창을 만드사 궁창 아래의 물과 궁창 위의 물로 나뉘게 하시매 그대로 되니라(창 1:7). 궁창 위의 물이 존재하다가 그 물이 다 쏟아지면서 전 세계적인 홍수가 그 짧은 시기에 일어날 수 있었던 것입니다. 홍수 이전에는 궁창 위의 물층으로 인한 온실효과 때문에 따뜻하고 평온한 지구였었습니다. 그러나 궁창 위의 물이 사라짐으로 인체에 유해한 고주파 방사선이 쉽게 지표에까지 도달하게 되어 생명체에 나쁜 영향을 주게 되고 수명을 단축시키게 되었습니다. 그리하여 노아홍수 이후 인간의 수명이 급격히 줄어든 것을 보게 됩니다.

방주에 들어간 노아의 식구와 동물들을 제외하고는 육지의 모든 생물이 다 죽었습니다. 육지에 있어 코로 생물의 기식을 호흡하는 것은 다 죽었더라(창 7:22), 옷으로 덮음 같이 땅을 바다로 덮으시매 물이 산들 위에 섰더니(시 104:6). 물이 점차 줄어들면서 7월 17일에 방주가 아라랏(Ararat) 산에 머물게 되었습니다. 칠월 곧 그 달 십칠일에 방주가 아라랏 산에 머물렀으며(창 8:4). 아라랏 산은 오늘날 터키의 동부 아르메니아 고원에 있는 사화산으로 그 높이는 5,137m입니다.[6] 하나님은 노아뿐만이 아니라 방주에 있는 모든 들짐승과 육축도 사랑하사 관심을 가져 주셨습니다. 하나님이 노아와 그와 함께 방주에 있는 모든 들짐승과 육축을 권념하사 바람으로 땅 위에 불게 하시매 물이 감하였고(창 8:1). 여기 "권념하사"라는 말은 문자적으로 '기억하다' 또는 '생각하다'라는 뜻으로, 하나님께서 홍수가

---

6) *Britannica Concise Encyclopaedia* (Chicago: Encyclopaedia Britannica, Inc., 2006), 95.

계속되고 있는 동안에도 노아와 방주에 있는 모든 동물들을 늘 기억하시고 보호해 주셨다는 의미입니다. 여호와께서 홍수 때에 좌정하셨음이여 여호와께서 영영토록 왕으로 좌정하시도다(시 29:10).

모든 사람들이 세상과 더불어 짝하며 정욕을 따라 살았지만, 노아는 하나님과 동행하며 하나님의 말씀에 순종하는 삶을 살았습니다. 그들은 전에 노아의 날 방주 예비할 동안 하나님이 오래 참고 기다리실 때에 순종치 아니하던 자들이라 방주에서 물로 말미암아 구원을 얻은 자가 몇 명뿐이니 겨우 여덟 명이라(벧전 3:20). 히브리서는 노아에 대하여 이렇게 말씀합니다. 믿음으로 노아는 아직 보지 못하는 일에 경고하심을 받아 경외함으로 방주를 예비하여 그 집을 구원하였으니 이로 말미암아 세상을 정죄하고 믿음을 좇는 의의 후사가 되었느니라(히 11:7). 홍수 심판은 죄악된 세상을 쓸어버리고 새로운 세상으로 만들었는데, 이는 주님께서 재림하실 때를 예고하는 예표입니다. 노아의 때와 같이 인자의 임함도 그러하리라 홍수 전에 노아가 방주에 들어가던 날까지 사람들이 먹고 마시고 장가들고 시집가고 있으면서 홍수가 나서 저희를 다 멸하기까지 깨닫지 못하였으니 인자의 임함도 이와 같으리라(마 24:37-39).

예수님의 재림시에도 노아의 때와 같을 것입니다. 『먼저 이것을 알지니 말세에 기롱하는 자들이 와서 자기의 정욕을 좇아 행하며 기롱하여 가로되 주의 강림하신다는 약속이 어디 있느뇨 조상들이 잔 후로부터 만물이 처음 창조할 때와 같이 그냥 있다 하니 이는 하늘이 옛적부터 있는 것과 땅이 물에서 나와 물로 성립한 것도 하나님의 말씀으로 된 것을 저희가 부러 잊으려 함이로다 이로 말미암아 그 때 세상은 물의 넘침으로 멸망하였으되 이제 하늘과 땅은 그 동일한 말씀으로 불사르기 위하여 간수하신 바 되어 경건치 아니한 사람들의 심판과 멸망의 날까지 보존하여 두신 것이니라(벧후 3:3-7)』. **지금은 하나님의 심판을 기억하며 깨어있어 다시 오실 주님을 맞이할 준비 기간입니다.**

✚ 무지개 언약

601년 1월 1일에 물이 걷히므로 노아가 방주 뚜껑을 제치고 내다보았습니다. 육백일년 정월 곧 그 달 일일에 지면에 물이 걷힌지라 노아가 방주 뚜껑을 제치고 본즉 지면에 물이 걷혔더니(창 8:13). 그들이 방주에 들어간 지 10개월 20여일 만에 다시 땅을 보게 되었습니다. 그리고 그 날로부터 다시 57일이 지난 601년 2월 27일에 그들 모두가 방주에서 나오게 되었습니다. 곧 그들이 방주에 들어간 지 1년 17일 만에 드디어 땅을 밟게 된 것입니다. 이월 이십칠일에 땅이 말랐더라 …… 너는 네 아내와 네 아들들과 네 자부들로 더불어 방주에서 나오고(창 8:14,16). 이같이 땅이 마른 후에 노아의 가족들과 짐승들이 새롭게 된 바깥 땅으로 나오게 되었습니다. 노아는 방주를 만들 때나 방주에 들어갈 때 그리고 방주에서 나올 때도 하나님의 말씀에 따랐습니다. 땅에 물이 걷힌 것을 알면서도 하나님의 명을 기다렸습니다. 일 년이 넘도록 방주에 있었기 때문에 지루하였겠지만 하나님께서 말씀하실 때까지 기다린 것입니다. 더디고 답답하여도 노아는 하나님의 때를 묵묵히 인내하며 기다렸습니다.

방주에서 나온 후 노아는 제일 먼저 단을 쌓고 하나님께 번제를 드렸습니다. 노아가 여호와를 위하여 단을 쌓고 모든 정결한 짐승 중에서와 모든 정결한 새 중에서 취하여 번제로 단에 드렸더니(창 8:20). 번제란 제물 전체를 다 불태워 향기로 드리는 제사로 완전한 헌신을 의미합니다. 그 내장과 정갱이를 물로 씻을 것이요 제사장은 그 전부를 단 위에 불살라 번제를 삼을지니 이는 화제라 여호와께 향기로운 냄새니라(레 1:9). 하나님은 그 향기를 흠향하시고 첫 사람 아담에게 주셨던 사명을 다시 그들에게 주셨습니다. 하나님이 노아와 그 아들들에게 복을 주시며 그들에게 이르시되 생육하고 번성하여 땅에 충만하라(창 9:1). 홍수 심판으로 모든 생물들을 다 멸하신 후에, 하나님은 본래 의도하셨던 창세기 1장 28절의 사명을 이제 노아와 그의 세 아들들을 통하여 이루고자 하십니다.

홍수 이후부터 하나님은 채소뿐만이 아니라 동물도 그들에게 양식으로 주셨습니다. 무릇 산 동물은 너희의 식물이 될지라 채소 같이 내가 이것을 다 너희에게 주노라(창 9:3). 그러나 고기는 피 채 먹지 말도록 엄중히 명하셨습니다. 그러나 고기를 그 생명 되는 피채 먹지 말 것이니라(창 9:4). 성경은 생명이 피에 있다고 말씀합니다. 육체의 생명은 피에 있음이라 내가 이 피를 너희에게 주어 단에 뿌려 너희의 생명을 위하여 속하게 하였나니 생명이 피에 있으므로 피가 죄를 속하느니라(레 17:11), 율법을 좇아 거의 모든 물건이 피로써 정결케 되나니 피흘림이 없은즉 사함이 없느니라(히 9:22). 여기서 우리는 피가 생명을 구원한다는 사실을 알게 됩니다. 곧 예수 그리스도의 피가 우리의 모든 죄를 속량해 주신다는 진리를 깨달을 수 있습니다. 이것은 죄 사함을 얻게 하려고 많은 사람을 위하여 흘리는 바 나의 피 곧 언약의 피니라(마 26:28), 우리가 그리스도 안에서 그의 은혜의 풍성함을 따라 그의 피로 말미암아 구속 곧 죄 사함을 받았으니(엡 1:7).

하나님은 노아와 그 아들들에게 언약을 맺으셨습니다. 내가 너희와 언약을 세우리니 다시는 모든 생물을 홍수로 멸하지 아니할 것이라 땅을 침몰할 홍수가 다시 있지 아니하리라(창 9:11). 하나님은 홍수 후에 무지개를 징표로 언약을 체결하시며 다시는 이 땅에서 사람들을 물로 심판하지 않으시겠다고 약속하셨습니다. 이 언약이 무지개 언약입니다. 무지개가 구름 사이에 있으리니 내가 보고 나 하나님과 땅의 무릇 혈기 있는 모든 생물 사이에 된 영원한 언약을 기억하리라(창 9:16). 무지개 언약은 하나님께서 노아와 그의 아들들 및 모든 세대와 생물에게 세우신 일반 언약으로 영원히 지속될 것입니다.

하나님께서 세우신 무지개 언약은 영원한 언약입니다. 이는 하나님께서 다시는 땅을 멸하지 않으시겠다는 것이 아니라 물로 심판하지 않으시겠다는 것입니다. 장차 예수님께서 다시 오실 때 최후의 심판이 있게 됩니다. 우리는 하늘과 땅이 모두 불타게 될 마지막 심판이 기다리고 있음을 기억해야 합니다. 『하나님의 날이 임하기를 바라보고 간절히 사모하라 그 날에 하늘이 불에 타서 풀어지고 체질이 뜨거운 불에 녹아지려니와 우리는 그의 약속대로 의의 거하는 바 새 하늘과 새 땅을 바라보도다(벧후 3:12-13)』.

제 4 장 민족의 기원

노아의 아들들

홍수 심판 때 노아의 나이는 600세이었습니다. 노아의 방주는 120년에 걸쳐 만들어졌는데, 노아가 하나님의 말씀대로 방주를 준비하면서 경건한 삶을 살던 중에 셈과 함과 야벳을 낳은 것입니다(창 5:32). 하나님은 노아가 하나님의 말씀에 순종하여 방주를 지으면서 낳은 세 아들들로 하여금 홍수 후에 인류가 퍼지도록 하셨습니다. 그리하여 홍수 이후 노아의 세 아들의 후손들은 종족을 이루어 각기 방언과 족속과 나라별로 퍼져 나가 민족을 이루고 국가를 형성했습니다. 창세기 10장의 족보는 약속의 메시야가 오시게 될 셈의 자손과 다른 자손들을 구분하여 보여줍니다. 성경은 구속 역사의 주역이 될 셈의 후손에게 초점을 맞추기 위해 야벳과 함을 먼저 기술한 다음 셈의 후손에 관해 기록하고 있습니다. 구속의 역사를 주도할 아브라함과 이삭과 야곱 그리고 그 후손인 이스라엘 민족이 셈의 후예들이기 때문에 언약의 계승자인 셈의 계보를 마지막으로 기록한 것입니다.

홍수 이후 인류의 모든 종족이 노아의 세 아들 곧 셈과 함과 야벳으로부터 퍼져나가 온 땅에 편만하였습니다. 노아의 이 세 아들로 좇아 백성이 온 땅에 퍼지니라(창 9:19), 이들로부터 여러 나라 백성으로 나뉘어서 각기 방언과 종족과 나라대로 바닷가의 땅에 머물렀더라(창 10:5). '셈' 은 '명성', '함' 은 '뜨거운', '야벳' 은 '확장' 이란 뜻입니다. 창세기 10장에 보면, 당시에

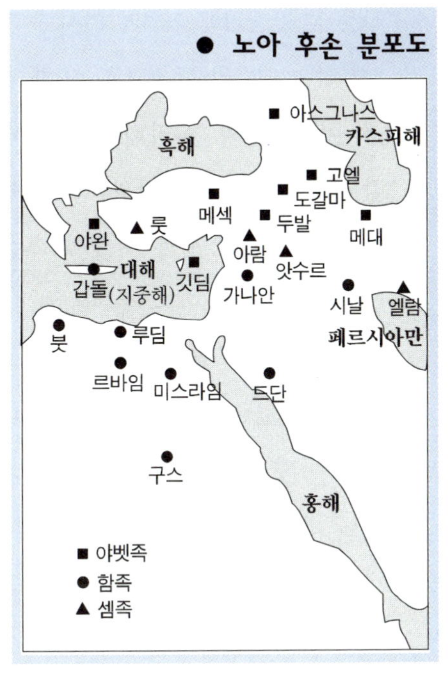

● 노아 후손 분포도

야벳 후손 14족속, 함 후손 30족속, 셈 후손 26족속, 도합 70족속이 있었음을 알 수 있습니다. 노아의 세 아들 중 셈은 근동 지역을 중심으로 히브리인, 수리아인, 앗수르인과 같은 북부 셈족과 아랍인들로 구성된 남부 셈족으로 이루어지며, 함은 아프리카를 중심으로 애굽인, 에디오피아인, 남아랍인으로 구성되고, 야벳의 후손들은 유럽계로서 오늘날 유럽인의 주종을 이루는 민족입니다.

야벳의 후손들은 흑해와 카스피해 및 스페인 해안 지역에 이르는 광대한 지역으로 퍼져 나갔으며 유럽(코카시안) 족속을 형성합니다. 복음이 이들에게 전파된 것은 야벳이 셈의 장막에 거하게 될 것이라는 노아 예언의 성취입니다. 하나님이 야벳을 창대케

하사 셈의 장막에 거하게 하시고 가나안은 그의 종이 되게 하시기를 원하노라 하였더라(창 9:27). 또한 함의 후손들은 지구의 남쪽 지역, 곧 아프리카와 아라비아 지역에 주로 거주했습니다. 함은 나일강 유역의 기름진 땅과 넓은 영토를 바탕으로 번창하였지만, 노아의 예언대로 셈과 야벳의 후손들에 의해 점차 정복되었습니다. 이에 가로되 가나안은 저주를 받아 그 형제의 종들의 종이 되기를 원하노라(창 9:25). 셈은 에벨 모든 자손의 조상(창 10:21)으로 셈과 에벨[7] 그리고 아브라함에게로 선민의 혈통이 이어집니다. "셈의 하나님 여호와를 찬송하리로다"(창 9:26)라는 노아의 예언과 같이 셈의 후손 가운데 히브리 족속이 나왔고, 그 족속으로부터 여자의 후손 곧 그리스도가 태어나시게 됩니다. 여기서 '히브리'는 인종적 특성을, 그리고 '이스라엘'은 종교적 특성을 강조한 용어입니다.[8]

홍수 이후 "생육하고 번성하여 땅에 충만하라"(창 9:1)는 하나님의 명령대로 인류가 번성하여 하나님의 말씀 그대로 이루어진 것을 알 수 있습니다. 이것은 이 세상에 다양한 종족들이 있지만 모두가 홍수 이전에는 아담, 그리고 홍수 이후에는 노아라는 한 조상에 근거를 둔 한 형제임을 보여줍니다.

---

7) 에벨의 두 아들 벨렉과 욕단을 통해 아브라함 족속과 아라비아 족속이 갈라졌습니다(창 10:25; 11:10-26).

8) 정인찬 편, 『성서대백과 제8권』(서울: 기독지혜사, 1981), 669.

바벨탑 사건

바벨탑 사건은 인류가 어떻게 각기 다른 언어를 사용하며 온 땅으로 흩어져 살게 되었는지 알려줍니다. 홍수 후에 노아의 세 아들로 인하여 후손이 계승되었기 때문에 언어가 동일하였습니다. 온 땅의 구음이 하나이요 언어가 하나이었더라(창 11:1). 그런데 그들이 동방으로 옮겨 시날 평지[9]에 거주하면서 바벨탑을 쌓기 시작했습니다. 그들은 시날 평지에 거하면서 그곳에 성을 쌓아 온 땅으로 흩어지지 않고 붙박아 살려고 시도했습니다. 이에 그들이 동방으로 옮기다가 시날 평지를 만나 거기 거하고 …… 또 말하되자, 성과 대를 쌓아 대 꼭대기를 하늘에 닿게 하여 우리 이름을 내고 온 지면에 흩어짐을 면하자 하였더니(창 11:2,4).

이 바벨탑은 함의 손자인 니므롯에 의하여 주도된 듯합니다. 함의 아들은 구스와 미스라임과 붓과 가나안이요 …… 구스가 또 니므롯을 낳았으니 그는 세상에 처음 영걸이라(창 10:6,8), 그의 나라는 시날 땅의 바벨과 에렉과 악갓과 갈레에서 시작되었으며 …… 니느웨와 갈라 사이의 레센(이는 큰 성이라)을 건축하였으며(창 10:10,12). '니므롯'은 '반역자'란 뜻으로, 하나님의 뜻을 대적하여 바벨탑을 쌓도록 주동한 사람으로 생각됩니다. 하나님은 인간이 하나님만 의지하

9) 시날은 오늘날 이라크 지역으로 유프라테스와 티그리스 강 사이 메소포타미아 계곡 하류 지대를 가리키는데, 북쪽 카스피해 지역에서 건너온 수메르족(Sumerians)이 살았던 지역으로 추정합니다(B.C. 3500년경). 이들은 상형문자와 설형문자를 개발하였으며 셈계의 문학과 언어에 많은 영향을 주었는데, 후에 아카드족(Accadians)에 의해 정복당했습니다. 제자원 편, 『그랜드 종합주석 제1권』(서울: 성서교재주식회사, 1997), 135, 328.

며 살기를 원하셨지만, 인간은 바벨탑을 쌓으므로 자신의 힘을 의지하고 자신의 안전과 영역을 지키고자 이런 불신앙적인 행동을 하였습니다. 저들은 교만하여 업적을 통하여 자신들의 이름을 높이고 또 온 땅으로 흩어지지 않기를 꾀했습니다.

그러나 이는 하나님께서 그들로 번성하며 땅에 편만하라고 하신 명령에 반(反)하는 것이며, 하나님께서 노아와 그 아들들에게 명하신 말씀에 정면으로 도전하는 행위입니다. 너희는 생육하고 번성하며 땅에 편만하여 그 중에서 번성하라 하셨더라(창 9:7). 이러한 행동은 하나님의 명령을 거역하는 악한 행위이므로 하나님은 그들의 언어를 혼잡케 하여 바벨탑 건설을 막으시고 그들을 온 땅으로 흩어지게 하셨습니다. 바벨은 '혼란'이란 뜻입니다. 자, 우리가 내려가서 거기서 그들의 언어를 혼잡케 하여 그들로 서로 알아듣지 못하게 하자 하시고 …… 그러므로 그 이름을 바벨이라 하니 이는 여호와께서 거기서 온 땅의 언어를 혼잡케 하셨음이라 여호와께서 거기서 그들을 온 지면에 흩으셨더라(창 11:7,9).

바벨탑 사건은 인간의 어떠한 능력과 지혜로도 하나님의 뜻을 거역할 수 없다는 사실을 깨닫게 합니다. 이 사건에서 인간의 반역이 있었지만 결국 하나님께서 간섭하심으로 하나님의 뜻대로 인류의 역사를 이어가게 하시고 생육하고 번성하여 온 땅에 편만하게 하셨습니다.

제 2 부

아브라함

제 5 장
아브라함의 소명

이스라엘의 기원

하나님은 노아의 세 아들 중 셈의 후손인 아브라함을 선택하시고 그를 통하여 이스라엘을 세우시며 장차 온 인류를 구원할 구세주를 보내실 기틀을 마련하십니다. 창세기 1장부터 11장까지는 인류 전체에 대한 기록이지만, 창세기 12장부터는 전 인류가 아니라 택하신 민족 이스라엘에 대한 기록입니다. 믿음의 조상이며 영적 이스라엘의 조상인 아브라함에 관한 내용으로 하나님의 구속의 역사가 어떻게 구체적으로 실현되어 가는지 보여줍니다.

데라에게는 아브람, 나홀, 하란 이렇게 세 아들이 있었는데 그 중 하란은 갈대아 우르에서 죽었습니다. 데라는 칠십 세에 아브람과 나홀과 하란을 낳았더라 데라의 후예는 이러하니라 데라는 아브람과 나홀과 하란을 낳았고 하란은 롯을 낳았으며(창 11:26-27). 데라는 205세에 죽었고(창 11:32) 당시 아브람은 75세였으므로(창 12:4) 아브람은 데라의 나이 130세 때에 태어난 것입니다. 따라서 데라가 70세에 낳은 아들은 아브람이 아니라 하란입니다. 그런데 나홀이 하란의 딸과 결혼했다는 사실(창 11:29)로 볼 때, 하란이 데라의 장남이라고 생각됩니다. 여기서 아브람이 먼저 언급된 것은 성경이 연대기적 순서에 의한 것이 아니라 구속사적인 관점에서 기록되었기 때문입니다. 또한 사래는 아브람의 아내이지만 데라의 딸이기도 합니다. 또 그는 실로 나의 이복누이로서 내 처가 되었음이니라(창 20:12).

데라의 가정은 우상을 숭배하던 가정이었습니다. 여호수아가 모든 백성에게 이르되 이스라엘 하나님 여호와의 말씀에 옛적에 너희 조상들 곧 아브라함의 아비, 나홀의 아비 데라가 강 저편에 거하여 다른 신들을 섬겼으나(수 24:2). 하나님은 노아의 축복대로 셈의 후손인 아브라함을 택하시고 그의 씨를 통하여 하나님이 친히 통치하시는 신정국가 세우기를 원하셨습니다. 또 가로되 셈의 하나님 여호와를 찬송하리로다(창 9:26). 데라는 아브람과 사래, 그리고 먼저 죽은 하란의 아들 롯과 함께 우르를 떠나 가나안 땅으로 가고자 하였습니다. 데라가 그 아들 아브람과 하란의 아들 그 손자 롯과 그 자부 아브람의 아내 사래를 데리고 갈대아 우르에서 떠나 가나안 땅으로 가고자 하더니 하란에 이르러 거기 거하였으며(창 11:31). 이 말씀은 데라가 아브람과 사래와 롯을 데리고 갈대아 우르를 떠난 것처럼 언급되고 있지만, 실상은 하나님의 부름을 받은 아브람의 주도하에 그의 가족들이 우르를 떠난 것입니다. 내가 너희 조상 아브라함을 강 저편에서 이끌어내어 가나안으로 인도하여 온 땅을 두루 행하게 하고(수 24:3), 주는 하나님 여호와시라 옛적에 아브람을 택하시고 갈대아 우르에서 인도하여 내시고 아브라함이라는 이름을 주시고(느 9:7).

우르(Ur)는 메소포타미아 문명의 중심지로 수메르인에 의해 세워진 도시입니다. 메소포타미아 지역은 티그리스와 유프라테스 강을 중심으로 생겨난 초승달 모양의 비옥한 지역인데, 우르는 초승달의 맨 아래 부분에 위치해 있습니다. 당시 도시마다 주요 신(神)과 사원을 가지고 있었는데 갈대아 우르는 '신(Sin : 月神)' 숭배에 빠져 있었습니다. 또한 우르에는 바벨론의 탑 모양으로 쌓아 올린 신전 지구라트(Ziggurat)가 있었습니다.[10] B.C. 2370년경 셈계의 아카드족이 수메르를 정복하여 그들의 문자, 문학, 종교를 대부분 수용하였으며, 사르곤(Sargon)의 통치하에 남메소포타미아 지역 최초의 제국이 되었고, 후에 바벨론이 되었습니다.[11] 아브람은 이러한 수메르와 아카드의 영향 속에서 성장하였습니다.

데라가 가나안을 향해 가던 도중에 하란(Haran)에서 그의 생을

10) 『성서대백과 제4권』, 506 & 『성서대백과 제7권』, 637. 우르는 오늘날 이라크의 수도인 바그다드 남동쪽 200mile에 위치한 Mughair이라고 합니다. *Britannica Encyclopaedia of World Religions* (Chicago: Encyclopaedia Britannica, Inc., 2006), 6.

11) Stanley Chodorow, Macgregor Knox, Conrad Schirokauer, Joseph R. Strayer and Hans W. Gatzke, *The Mainstream of Civilization* (USA: Thomson Learning Academic Resource Center, 1994), 13~14.

마치게 됩니다. 데라는 이백오 세를 향수하고 하란에서 죽었더라(창 11:32). 데라는 B.C. 2296년경에 출생하여 B.C. 2091년경에 사망한 것으로 추정됩니다. 하란은 메소포타미아의 한 도시로 중요한 상업 중심지였습니다.[12] 또한 아브람의 형제 나홀이 이곳에 머물렀기 때문에, '나홀의 성' (창 24:10)이라고 불리기도 했습니다. 아브람은 하나님의 계시를 받고 우르를 출발하여 하란에 도착하였으며 데라의 죽음 이후에 다시 계시를 받고 가나안으로 향하게 됩니다. 그리고 가나안 땅에 들어와 세겜에 이르렀는데, 우르에서 하란을 거쳐 가나안의 세겜까지 대략 1,600km의 거리를 이동한 것입니다.

창세기 11장은 또 다시 셈의 후손 중 데라의 후손에 대하여 자세히 기록하고 있습니다. 이는 믿음의 조상 아브라함의 배경을 설명하기 위한 것입니다. 인류의 구원의 역사는 택함을 받은 믿음의 백성들을 통해서 계승됩니다. 아브라함은 데라의 아들로 셈의 십대손입니다. 셈 - 아르박삿 - 셀라 - 에벨 - 벨렉 - 르우 - 스룩 - 나홀 - 데라 - 아브라함.

---

12) 하란은 B.C. 612년 앗수르 최후의 왕인 아술 울발릿(Ashur-urballit)에 의해 수도가 되었으며, 하란 역시 A.D. 11세기까지 달신을 숭배하였습니다. 『성서대백과 제8권』, 333.

부름받은 아브람

하나님은 아브람에게 자신이 지시할 땅으로 가라고 말씀하십니다. 여호와께서 아브람에게 이르시되 너는 너의 본토 친척 아비 집을 떠나 내가 네게 지시할 땅으로 가라(창 12:1). 하나님께서 아브람에게 어디로 가라는 구체적인 언급 없이 다만 "내가 네게 지시할 땅으로 가라"고만 말씀하십니다. 하나님은 아브람에게 약속하십니다. 내가 너로 큰 민족을 이루고 네게 복을 주어 네 이름을 창대케 하리니 너는 복의 근원이 될지라(창 12:2), 그러나 여기서 발 붙일 만큼도 유업을 주지 아니하시고 다만 이 땅을 아직 자식도 없는 저와 저의 씨에게 소유로 주신다고 약속하셨으며(행 7:5). 하나님께서 아브라함을 선택하시고 이스라엘 국가를 이루어 가심에 대하여 사도행전은 이렇게 말씀합니다. 스데반이 가로되 여러분 부형들이여 들으소서 우리 조상 아브라함이 하란에 있기 전 메소보다미아에 있을 때에 영광의 하나님이 그에게 보여 …… 아브라함이 갈대아 사람의 땅을 떠나 하란에 거하다가 그 아비가 죽으매 하나님이 그를 거기서 너희 시방 거하는 이 땅으로 옮기셨느니라(행 7:2,4).

75세인 아브람은 하나님의 말씀대로 하란을 떠나 오직 믿음으로 어느 곳으로 가야할지 모르는 가운데 미지의 세계로 나아갔습니다. 히브리서는 이렇게 말씀합니다. 믿음으로 아브라함은 부르심을 받았을 때에 순종하여 장래 기업으로 받을 땅에 나갈새 갈 바를 알지 못하고 나갔으며(히 11:8). 이때가 B.C. 2091년경입니다. 아브라함이 100세에 이삭을 낳고, 이삭은 60세에 야곱을 낳았으며, 야곱은 130세에 애굽으로 갔습니다. 이 290년과 애굽 체류기간 430년을 더하면 720년이 됩니다. 그런데 출애굽 시기를 B.C. 1446년으로 본다면 아브라함은 720년 전인 B.C. 2166년경에 출생하여 175년을 살고 B.C. 1991년경에 사망한 것이 됩니다. 출애굽의 연대는 솔로몬성전 기초의 시작을 B.C. 966년으로 보아 B.C. 1446년으로 추정됩니다.[13)]

세겜 땅은 아브람이 가나안[14)]에 들어와 처음으로 머문 곳입니다. 아브람이 그 땅을 통과하여 세겜 땅 모레 상수리나무에 이르니 그 때에 가나안 사람이 그 땅에 거하였더라(창 12:6). **이곳에서 하나님은 아브람에게 나타나셨습니다.** 여호와께서 아브람에게 나타나 가라사대 내가 이 땅을 네 자손에게 주리라 하신지라 그가 자기에게 나타나신 여호와를 위하여 그 곳에 단을 쌓고(창 12:7). **구약에서 하나님은 자신을 계시하시기 위하여 여러 번 인간의 모습으로 나타나셨습니다. 이러한 현현(顯現)은 삼위 하나님의 제 2위이신 성자 하나님께서**

---

13) 역사상 솔로몬은 B.C. 970년에 이스라엘 왕으로 등극하였으므로, 그의 통치 4년은 B.C. 966년이 됩니다. Merrill C. Tenney, ed., *Pictorial Bible Dictionary* (Grand Rapids: Zondervan Publishing House, 1967), 392. 이에 480년을 빼면 출애굽 연대가 B.C. 1446년이 됩니다. 『이스라엘 자손이 애굽 땅에서 나온지 사백팔십 년이요 솔로몬이 이스라엘 왕이 된지 사년 시브월 곧 이월에 솔로몬이 여호와를 위하여 전 건축하기를 시작하였더라(왕상 6:1)』.

14) 당시 가나안 땅은 일반적으로 단에서 브엘세바까지(북에서 남으로) 150mile, 곧 대략 240km입니다. Charles F. Pfeiffer & Howard F. Vos, *The Wycliffe Historical Geography of Bible Lands* (Chicago: Moody Press, 1979), 95. 『단에서부터 브엘세바까지의 온 이스라엘이 사무엘은 여호와의 선지자로 세우심을 입은 줄을 알았더라(삼상 3:20)』. 현재 이스라엘은 남북이 약 400km에 달하며 면적은 20,770 평방km로 대략 남한(99,678 평방km, 2006년)의 1/5에 해당합니다. www.mltm.go.kr/NoticeHome/CommonSense/list.jsp?&HOMEPAGENAME=&DEPT=&UID=, www.kida.re.kr/neowoww/asp/content_detail.asp?regno=51.

성육신하심으로 절정에 이르게 됩니다. 아브람은 벧엘 동편 산으로 옮겨가 단을 쌓고 여호와의 이름을 불렀습니다. 그가 그곳에서 여호와를 위하여 단을 쌓고 여호와의 이름을 부르더니(창 12:8). 벧엘은 아브람 당시 '루스' 였으나 야곱의 돌베개 사건 이후 '벧엘' 로 불리어지게 되었습니다(창 28:19). 벧엘은 '하나님의 집' 이라는 뜻입니다.

하나님은 아브람을 부르시고 복의 근원이 되게 하시며 땅의 모든 족속이 그를 통하여 복을 받게 하려 하셨습니다. 그리고 말씀대로 모든 족속을 죄에서 구원하실 그리스도께서 아브라함의 후손으로 오시게 됩니다. 『아브라함과 다윗의 자손 예수 그리스도의 세계라(마 1:1)』. 아브람의 소명은 이러한 인류의 구속주 메시야의 도래를 준비하는 것입니다.

✚ 애굽으로의 이주

B.C. 2090년경에 가나안에 기근이 심하므로 아브람이 애굽으로 내려갔습니다. 그곳에서 아브람은 자신의 아내인 사래를 누이라고 속이게 됩니다. 원컨대 그대는 나의 누이라 하라 그리하면 내가 그대로 인하여 안전하고 내 목숨이 그대로 인하여 보존하겠노라 하니라(창 12:13). 아브람은 하나님의 약속을 믿고 그의 인도하심을 따라 사는 믿음의 사람이었지만 기근으로 인해 약속의 땅을 떠나

애굽으로 내려갔습니다. 그리고 아브람은 낯선 땅에서 인간의 수단으로 위기를 모면하려는 나약한 모습을 보입니다. 이는 당시 아브람이 하나님의 보호하심에 대한 확고한 신념이 부족했기 때문입니다.

그러나 하나님께서 이 모든 상황을 바로잡아 주십니다. 여호와께서 아브람의 아내 사래의 연고로 바로와 그 집에 큰 재앙을 내리신지라(창 12:17). 바로(Pharaoh)는 '큰 집'이란 뜻으로 왕궁을 가리키는 말이었으나, 후에 왕을 가리키는 용어로 사용되었습니다. 바로가 아브람을 평안히 보내주었습니다. 바로가 사람들에게 그의 일을 명하매 그들이 그 아내와 그 모든 소유를 보내었더라(창 12:20). 아브람은 그곳에서 얻은 많은 재물과 육축을 이끌고 가나안으로 돌아오게 됩니다. 아브람에게 육축과 은금이 풍부하였더라(창 13:2). 그리하여 애굽에서 돌아온 아브람은 하나님의 부르심을 받고 그의 인도하심을 따라 약속의 땅인 가나안에 들어와 처음으로 하나님의 성호를 부르며 제단을 쌓았던 벧엘로 다시 돌아오게 됩니다. 그가 남방에서부터 발행하여 벧엘에 이르며 벧엘과 아이 사이 전에 장막 쳤던 곳에 이르니 그가 처음으로 단을 쌓은 곳이라 그가 거기서 여호와의 이름을 불렀더라(창 13:3-4).

역대상 16장 말씀을 보면 하나님은 아브람의 실수에도 불구하고 그를 지키시며 보호해 주셨습니다. 『때에 너희 인수가 적어서 매우 영성(零星)[15]하며 그 땅에 객이 되어 이 족속에게서

15) '수효가 적어서 보잘 것 없다'라는 의미입니다.

저 족속에게로, 이 나라에서 다른 민족에게로 유리하였도다 사람이 그들을 해하기를 용납지 아니하시고 그들의 연고로 열왕을 꾸짖어 이르기를 나의 기름 부은 자를 만지지 말며 나의 선지자를 상하지 말라 하셨도다(대상 16:19-22)』. **이와 같이 하나님은 자신의 자녀가 믿음이 연약하여 실패할 때에라도 끝까지 지키시며 인도하십니다.**

+ 아브람과 롯

아브람과 롯은 소유가 너무 많아 그들이 함께 살 수 없게 되었으므로 서로 갈라서게 되었습니다. 아브람은 조카 롯에게 우선권을 주고 거할 곳을 정하게 하였습니다. 이에 롯이 눈을 들어 요단 들을 바라본즉 소알까지 온 땅에 물이 넉넉하니 여호와께서 소돔과 고모라를 멸하시기 전이었는고로 여호와의 동산 같고 애굽 땅과 같았더라 그러므로 롯이 요단 온 들을 택하고 동으로 옮기니 그들이 서로 떠난지라(창 13:10-11). 소알은 오늘날에도 주변 지역과 달리 비옥한 평야가 사해 남쪽 해안까지 펼쳐 있어 농사를 짓는다고 합니다.[16] 그들이 서로 떠나 아브람은 약속의 땅 가나안에 거하였고 롯은 소돔에 머물게 되었습니다. 아브람은 가나안 땅에 거하였고 롯은 평지 성읍들에 머무르며 그 장막을 옮겨 소돔까지 이르렀더라(창 13:12).

16) 이원희, 『성서속의 도시 이야기』(서울: 민영사, 2006), 26.

아브람은 조카 롯이 떠난 후 이국 땅에서 외로웠을 것인데 하나님께서 구체적으로 아브람과 언약을 체결하십니다. 보이는 땅을 내가 너와 네 자손에게 주리니 영원히 이르리라(창 13:15). 이에 아브람이 마므레 상수리 수풀에 거하며 여호와를 위하여 단을 쌓았습니다. 이에 아브람이 장막을 옮겨 헤브론에 있는 마므레 상수리 수풀에 이르러 거하며 거기서 여호와를 위하여 단을 쌓았더라(창 13:18). 아브람은 하나님의 은혜에 감사드리며 제단을 쌓았습니다. 여기 "여호와를 위하여"라는 말씀에 주목할 필요가 있습니다. 홍수 후에 노아가 방주에서 나온 후 여호와를 위하여 단을 쌓았습니다. 노아가 여호와를 위하여 단을 쌓고 모든 정결한 짐승 중에서와 모든 정결한 새 중에서 취하여 번제로 단에 드렸더니(창 8:20). 또한 이전에 아브람도 세겜과 벧엘에서 처음으로 여호와를 위하여 단을 쌓았었습니다(창 12:7-8).

구약에는 "여호와를 위하여"라는 말씀이 37차례 나타나고 있습니다(출 30:37, 삼하 24:25, 겔 45:23 등). 하나님께서 열납하시고 기뻐하시는 제사는 우리 자신을 위한 것이 아니라 하나님 중심의 제사이어야 합니다. 오늘날 예배도 마찬가지입니다. 우리의 취향을 따라 우리의 감정을 만족시키는 예배가 아니라 하나님께서 기뻐 받으시는 예배, 곧 신령과 진정으로 드리는 예배가 되어야 합니다. 하나님은 영이시니 예배하는 자가 신령과 진정으로 예배할지니라(요 4:24), 그러므로 형제들아 내가 하나님의 모든 자비하심으로 너희를 권하노니 너희 몸을 하나님이 기뻐하시는 거룩한 산 제사로 드리라 이는 너희의 드릴 영적 예배니라(롬 12:1).

롯은 물이 풍부하고 토양이 기름진 소돔과 고모라를 택하였습니다. 그러나 이곳은 죄악이 가득한 땅이고 세속적인 향락의 도시로 결국 유황불로 멸망당하게 되며 롯도 자신의 모든 소유를 다 잃고 맙니다. 『소돔과 고모라 성을 멸망하기로 정하여 재가 되게 하사 후세에 경건치 아니할 자들에게 본을 삼으셨으며(벧후 2:6)』.

멜기세덱의 축복

창세기 14장에서 아브람이 사로잡혀간 롯을 구하여 돌아올 때에 살렘 왕 멜기세덱이 아브람을 축복하였습니다. 살렘 왕 멜기세덱이 떡과 포도주를 가지고 나왔으니 그는 지극히 높으신 하나님의 제사장이었더라(창 14:18) 여기 "지극히 높으신 하나님의 제사장"이라는 말씀에서 멜기세덱의 신분을 알 수 있습니다. 멜기세덱은 예루살렘의 왕이며 제사장으로 여호와 신앙을 가진 자이었습니다. 살렘은 '평화'라는 뜻이며 '멜기세덱'은 '의의 왕'이라는 뜻입니다. 아브람이 멜기세덱에게 십일조를 주었습니다. 너희 대적을 네 손에 붙이신 지극히 높으신 하나님을 찬송할지로다 하매 아브람이 그 얻은 것에서 십분 일을 멜기세덱에게 주었더라(창 14:20). 이곳에만 등장하는 멜기세덱에 관하여 우리가 이해하기란 쉽지 않습니다. 멜기세덱에 관하여는 우리가 할 말이 많으나 너희의 듣는 것이 둔하므로 해석하기 어려우니라(히 5:11). 멜기세덱에 관하여 히브리서는 이렇게 기록합니다. 이 사람의 어떻게 높은 것을 생각하라 조상 아브라함이 노략물 중 좋은 것으로 십분의 일을 저에게 주었느니라 …… 멜기세덱이 아브라함을 만날 때에 레위는 아직 자기 조상의 허리에 있었음이니라(히 7:4,10).

예수님께서 대제사장 가문인 아론의 후손으로 오신 것은 아니지만 이 멜기세덱의 반차(班次)를 따라 영원한 대제사장이 되신 것입니다. 레위 계통의 제사 직분으로 말미암아 온전함을 얻을 수 있었으면 (백성이 그 아래서 율법을 받았으니) 어찌하여 아론의 반차를 좇지 않고 멜기세덱의 반차를 좇는 별다른 한 제사장을 세울 필요가 있느뇨(히 7:11). 예수님은 유다의 후손으로 다윗 왕의 계보에서 나셨기 때문에 그리스도께서 대제사장이 되신 것은 아론 계통의 대제사장이 아닌, 하나님의 임명에 의한 것으로 멜기세덱의 반차를 따라 세움을 받은 것입니다. 여호와는 맹세하고 변치 아니하시리라 이르시기를 너는 멜기세덱의 반차를 좇아 영원한 제사장이라 하셨도다(시 110:4), 그는 육체에 상관된 계명의 법을 좇지 아니하고 오직 무궁한 생명의 능력을 좇아 된 것이니 증거하기를 네가 영원히 멜기세덱의 반차를 좇는 제사장이라 하였도다(히 7:16-17).

히브리서는 왕이면서 동시에 제사장인 멜기세덱을 아론의 반차보다 더 높은 그리스도의 모형으로 말합니다. 멜기세덱이 예수그리스도를 예표한 것은 그가 가나안의 다른 타락한 족속들과 달리 신실한 믿음을 소유한 의(義)의 왕이고, 출생이나 기원이 알려지지 않아 신비로우며, 또한 왕이면서도 제사장 직분을 수행하는 특별한 위치에 있었기 때문입니다. 이 멜기세덱은 대제사장 아론의 반차를 초월하여 하나님만이 알고 계신 인물로, 멜기세덱의 반차를 좇아 영원한 대제사장의 직무를 수행하시며 장차 이 세상에 만왕의 왕으로 오실 예수 그리스도를 예시하는 인물입니다.

그리로 앞서 가신 예수께서 멜기세덱의 반차를 좇아 영원히 대제사장이 되어 우리를 위하여 들어가셨느니라(히 6:20).

히브리서는 멜기세덱에 관하여 이렇게 설명합니다. 『아브라함이 일체 십분의 일을 그에게 나눠 주니라 그 이름을 번역한 즉 첫째 의의 왕이요 또 살렘 왕이니 곧 평강의 왕이요 아비도 없고 어미도 없고 족보도 없고 시작한 날도 없고 생명의 끝도 없어 하나님 아들과 방불하여 항상 제사장으로 있느니라(히 7:2-3)』. 역사적으로 멜기세덱은 그에 관한 족보의 기록이나 그의 시작과 종말에 대한 기록이 없기 때문에 영원한 인물로 생각되었습니다. 이것이 마치 하나님의 아들을 방불케 하므로 멜기세덱을 그리스도의 모형이라고 합니다.

제 6 장
하나님의 약속

✚ 아브람의 믿음

아브람은 이미 하나님께로부터 "너로 큰 민족을 이루고"(창 12:2), "네 자손으로 땅의 티끌 같게 하리니"(창 13:16)라는 말씀을 받았습니다. 그렇지만 아직까지 후사가 없는 아브람에게 하나님께서 다시 말씀하십니다. 여호와의 말씀이 그에게 임하여 가라사대 그 사람은 너의 후사가 아니라 네 몸에서 날 자가 네 후사가 되리라 하시고(창 15:4). 하나님은 아브람의 후손이 하늘의 별들처럼 많게 될 것이라고 말씀하십니다. 그를 이끌고 밖으로 나가 가라사대 하늘을 우러러 뭇별을 셀 수 있나 보라 또 그에게 이르시되 네 자손이 이와 같으리라(창 15:5). 하나님은 아브람에게 이전에 약속하셨던 큰 민족에 대한 언약을 좀 더 구체적이고 분명하게 알려 주십니다. 아브람은 이 말씀에 대하여 의심하지 않고 그대로 믿었습니다. 아브람이 여호와를 믿으니 여호와께서 이를 그의 의로 여기시고(창 15:6).

당시 아브람은 75세로 아직 자식이 없었습니다. 그럼에도 불구하고 아브람은 하나님께서 자신에게 약속하신 것을 그대로 이루어 주실 것으로 믿었기 때문에 하나님은 이를 그의 의로 여겨 주셨습니다. 약속하신 그것을 또한 능히 이루실 줄을 확신하였으니 그러므로 이것을 저에게 의로 여기셨느니라(롬 4:21-22). 그리하여 아브라함은 언약 백성의 조상이요 믿음의 조상이 되었습니다. 저가 할례의 표를 받은 것은 무할례시에 믿음으로 된 의를 인친 것이니 이는 무할례자로서 믿는 모든 자의 조상이 되어 저희로 의로 여기심을 얻게 하려 하심이라(롬 4:11). 이는 행위로 말미암은 것이 아니라 오직 믿음에 의한 것입니다. 이와 같이 하나님의 구원은 아브라함이 할례를 행하기 전에 그리고 모세를 통하여 율법을 받기 이전에(출 20:1-17) 주어진 것입니다.

마찬가지로 우리도 구원받을 만한 아무 공로가 없지만 예수님께서 우리의 모든 죄 값을 치르시고 죄를 도말하셨기 때문에, 이제 예수님과 연합하여 그의 안에 있는 우리는 하나님께서 의롭다고 선언하신 사실을 믿는 믿음으로 구원을 얻는 것입니다. 저에게 의로 여기셨다 기록된 것은 아브라함만 위한 것이 아니요 의로 여기심을 받을 우리도 위함이니 곧 예수 우리 주를 죽은 자 가운데서 살리신 이를 믿는 자니라(롬 4:23-24), 이는 그리스도 예수 안에서 아브라함의 복이 이방인에게 미치게 하고 또 우리로 하여금 믿음으로 말미암아 성령의 약속을 받게 하려 함이니라(갈 3:14).

아브라함이 하나님의 약속을 그대로 믿을 때 이것을 아브라함의 의로 여기신 것처럼, 오늘날도 하나님께서 그 아들 예수 그리스도를 보내사 피 흘려 죽게 하심으로 우리의 모든 죄를 사하셨다는 그 사실을 믿기만 하면 구원을 얻습니다. 『네가 만일 네 입으로 예수를 주로 시인하며 또 하나님께서 그를 죽은 자 가운데서 살리신 것을 네 마음에 믿으면 구원을 얻으리니(롬 10:9)』, 『사람이 의롭게 되는 것은 율법의 행위에서 난 것이 아니요 오직 예수 그리스도를 믿음으로 말미암는 줄 아는 고로 우리도 그리스도 예수를 믿나니(갈 2:16)』.

+ 언약의 체결

하나님은 아브람에게 가나안 땅을 주시려고 그를 갈대아 우르에서 이끌어 내셨다고 말씀하십니다. 아브람은 그 여부를 어떻게 알 수 있는지 하나님께 여쭈었습니다. 이에 하나님은 제물을 준비하도록 하셨습니다. 그가 가로되 주 여호와여 내가 이 땅으로 업을 삼을 줄을 무엇으로 알리이까 여호와께서 그에게 이르시되 나를 위하여 삼 년 된 암소와 삼 년 된 암염소와 삼 년 된 수양과 산비둘기와 집비둘기 새끼를 취할지니라 아브람이 그 모든 것을 취하여 그 중간을 쪼개고 그 쪼갠 것을 마주 대하여 놓고 그 새는 쪼개지 아니하였으며(창 15:8-10). 이는 하나님께서 아브람과 언약을 체결하시는 의식입니다. 동물을 쪼개고 그 쪼개진 사이로 하나님께서 지나가심으로 언약이 성립됩니다. '언약(בְּרִית : berit)' 이란 '쪼개다' 라는 말에서 파생되었으며, 당사자 간의 엄숙한 계약의 표시로 짐승을 잡아 둘로 쪼갠 후 그 사이를 지나면서 맹세를 합니다. 송아지를 둘에 쪼개고 그 두 사이로 지나서 내 앞에 언약을 세우고(렘 34:18). 여기에는 계약의 불이행시 희생된 짐승처럼 죽음을 담보한다는 의미가 담겨져 있습니다.

하나님은 아브람의 후손에 대하여 상세히 말씀하십니다. 여호와께서 아브람에게 이르시되 너는 정녕히 알라 네 자손이 이방에서 객이 되어 그들을 섬기겠고 그들은 사백 년 동안 네 자손을 괴롭게 하리니 …… 네 자손은 사대 만에 이 땅으로 돌아오리니 이는 아모리 족속의 죄악이 아직 관영치 아니함이니라 하시더니(창 15:13,16). 여기서 "사백 년"은 대략적인 기한으로 정확하게 430년입니다. 이스라엘 자손이 애굽에 거주한지 사백삼십 년이라(출 12:40), 내가 이것을 말하노니 하나님의 미리 정하신 언약을 사백삼십 년 후에 생긴 율법이 없이하지 못하여 그 약속을 헛되게 하지 못하리라(갈 3:17). 하나님은 장차 아브람의 손자 야곱이 그 자손들과 더불어 애굽으로 내려가게 될 일도 말씀하십니다. 하나님이 또 이같이 말씀하시되 그 씨가 다른 땅에 나그네 되리니 그 땅 사람이 종을 삼아 사백 년 동안을 괴롭게 하리라 하시고(행 7:6). 또한 그곳에서 400여 년간 이방의 나그네로 지내다가 사대(四代) 만에 돌아오게 될 것을 미리 알려 주십니다. 그 섬기는 나라를 내가 징치할지며 그 후에 네 자손이 큰 재물을 이끌고 나오리라(창 15:14), 또 가라사대 종 삼는 나라를 내가 심판하리니 그 후에 저희가 나와서 이곳에서 나를 섬기리라 하시고(행 7:7).

이처럼 하나님은 아브람의 질문에 구체적으로 답변해 주셨습니다. 그리고 이전에 아브람과 맺으셨던 언약에 대하여 그 땅의 지경을 더욱 구체적으로 명시해 주셨습니다. 그 날에 여호와께서 아브람으로 더불어 언약을 세워 가라사대 내가 이 땅을 애굽강에서부터 그 큰 강 유브라데까지 네 자손에게 주노니 곧 겐 족속과 그니스 족속과 갓몬 족속과 헷 족속과 브리스 족속과 르바 족속과 아모리 족속과 가나안 족속과 기르가스 족속과 여부스 족속의 땅이니라 하셨더라(창 15:18-21). **느헤미야서는 이 말씀의 성취를 기록하고 있습니다.** 주는 하나님 여호와시라 옛적에 아브람을 택하시고 갈대아 우르에서 인도하여 내시고 아브라함이라는 이름을 주시고 그 마음이 주 앞에서 충성됨을 보시고 더불어 언약을 세우사 가나안 족속과 헷 족속과 아모리 족속과 브리스 족속과 여부스 족속과 기르가스 족속의 땅을 그 씨에게 주리라 하시더니 그 말씀대로 이루셨사오니 주는 의로우심이로소이다(느 9:7-8).

당시 아브람은 75세입니다. 그런데 그가 100세에 이삭을 낳게 되고(창 25:7), 이삭은 60세에 야곱을 낳게 됩니다(창 25:26). 그리고 야곱이 130세에(창 47:9) 애굽왕 바로 앞에 선 것을 감안한다면, 215년 후에 시작될 야곱 일가의 애굽 이주에 대하여 하나님께서 미리 말씀해 주신 것입니다.

+ 이스마엘의 출생

10년이 지나도 사래가 자식을 생산치 못하자 자신의 여종 하갈을 아브람에게 첩으로 줍니다. 아브람의 아내 사래가 그 여종 애굽 사람 하갈을 가져 그 남편 아브람에게 첩으로 준 때는 아브람이 가나안 땅에 거한지 십 년 후이었더라 아브람이 하갈과 동침하였더니 하갈이 잉태하매 그가 자기의 잉태함을 깨닫고 그 여주인을 멸시한지라(창 16:3-4). 하갈이 잉태하자 사래를 멸시하였습니다. 여기 "멸시한지라"는 말은 얕잡아보며 무례하게 행동하는 것을 의미합니다. 이에 사래가 아브람의 허락을 받아내고 자신이 당한 모욕 그 이상으로 하갈을 학대하였습니다. 아브람이 사래에게 이르되 그대의 여종은 그대의 수중에 있으니 그대의 눈에 좋은 대로 그에게 행하라 하매 사래가 하갈을 학대하였더니 하갈이 사래의 앞에서 도망하였더라(창 16:6). 여기 "학대하였더니"라는 말은 심신을 괴롭히고 들볶는 것(afflict), 곧 거칠고 난폭하게 다루는 것을 의미합니다.

그리하여 하갈이 도망하는 중에 여호와의 사자를 만나게 됩니다. 가로되 사래의 여종 하갈아 네가 어디서 왔으며 어디로 가느냐 그가 가로되 나는 나의 여주인 사래를 피하여 도망하나이다(창 16:8). 여호와의 사자는 하갈에게 '하갈아'라고 하지 않고, "사래의 여종 하갈아"라고 부릅니다. 이는 지금 하갈의 신분을 정확하게 묘사한 표현입니다. 하나님의 사자는 하갈에게 그녀의 주인에게로 돌아가 복종하라고 명합니다. 여호와의 사자가 그에게 이르되 네 여주인에게로 돌아가서 그 수하에 복종하라(창 16:9). 또한 하나님의 사자는 하갈에게 하나님께서 그녀의 고통을 들으셨다고 말합니다. 여호와의 사자가 또 그에게 이르되 네가 잉태하였은즉 아들을 낳으리니 그 이름을 이스마엘이라 하라 이는 여호와께서 네 고통을 들으셨음이니라(창 16:11).

이와 같이 하나님의 뜻은 각자가 처해 있는 상황, 곧 자신에게 주어진 위치에서 순리를 따라 행동해야 하는 것임을 알 수 있습니다. 또한 각각의 환경 속에서 겪는 고통을 하나님께서 감찰하고 계신다는 사실은 크게 위로가 되는 말씀입니다. 하갈이 자기에게 이르신 여호와의 이름을 감찰하시는 하나님[17]이라 하였으니 이는 내가 어떻게 여기서 나를 감찰하시는 하나님을 뵈었는고 함이라(창 16:13), 그런즉 너희는 여호와를 두려워하는 마음으로 삼가 행하라 우리의 하나님 여호와께서는 불의함도 없으시고 편벽됨도 없으시고 뇌물을 받으심도 없으시니라(대하 19:7). 그리고 아브람은 86세에 이스마엘을 얻게 됩니다. 하갈이 아브람에게 이스마엘을 낳을 때에 아브람이 팔십육 세이었더라(창 16:16). '이스마엘' 이라는 이름은 '하나님께서 들으심' 이라는 의미입니다.

10년이 지나도록 자식이 없자 사래가 여종 하갈을 아브람에게 첩으로 줍니다. 사래가 자신의 여종인 하갈을 통해 아들을 낳도록 하였는데, 하나님의 때를 기다리지 않고 인간적인 방법을 통한 이 일로 인하여 아브람은 고통을 겪게 됩니다.

---

17) "감찰하시는 하나님"은 **엘 로이**(El Roi)입니다. 이 외에 창세기에 나타난 하나님의 성호입니다. **엘로힘**(Elohim, 창 1:1): 오직 한 분이신 창조주 하나님, **엘 엘욘**(El Elyon, 창 14:18-20): 지극히 높으신 하나님, **엘 솨다이**(El Shaddai, 창 17:1): 전능하신 하나님, **여호와 이레**(Yahweh Yireh, 창 22:14): 준비하시는 하나님.

+ 언약의 확인과 아브람의 개명(改名)

이스마엘을 낳은 지 13년이 지난 후, 이제 아브람이 하나님의 약속을 따라 가나안에 거한지 24년이 흘렀습니다. 하나님이 99세가 된 아브람에게 나타나셨습니다. 아브람의 구십구 세 때에 여호와께서 아브람에게 나타나서 그에게 이르시되 나는 전능한 하나님이라 너는 내 앞에서 행하여 완전하라(창 17:1). 하나님은 "나는 전능한 하나님이라"고 말씀하심으로 후손에 대한 모든 소망이 이미 사라진 절망적인 상황에서 아브람을 위하여 크고 놀라운 일을 행하실 것임을 예시하십니다. 그리고 이전에 말씀하셨던 언약을 다시 확인시켜 주십니다. 이제 후로는 네 이름을 아브람이라 하지 아니하고 아브라함이라 하리니 이는 내가 너로 열국의 아비가 되게 함이니라 내가 너로 심히 번성케 하리니 나라들이 네게로 좇아 일어나며 열왕이 네게로 좇아 나리라 내가 내 언약을 나와 너와 네 대대 후손의 사이에 세워서 영원한 언약을 삼고 너와 네 후손의 하나님이 되리라 내가 너와 네 후손에게 너의 우거하는 이 땅 곧 가나안 일경으로 주어 영원한 기업이 되게 하고 나는 그들의 하나님이 되리라(창 17:5-8)』.

하나님은 '존귀한 아버지'라는 뜻의 '아브람'에서 '열국의 아버지'를 뜻하는 '아브라함'이라 칭하시며 그에게 축복을 약속하십니다. 또한 아브라함이 복의 근원이 될 것임을 말씀하시며 그 언약의 징표로 할례를 행하게 하십니다. 너희는 양피를 베어라 이것이 나와 너희 사이의 언약의 표징이니라(창 17:11). 할례는 남자 아이가 태어나면 생후 팔 일만에 행하는 의식입니다. 할례는 '잘라내다' 라는 뜻으로 남자 성기의 포피를 약간 베어내는 것인데, 언약 공동체의 일원이 되었음을 나타내는 표징입니다. 너희 집에서 난 자든지 너희 돈으로 산 자든지 할례를 받아야 하리니 이에 내 언약이 너희 살에 있어 영원한 언약이 되려니와 할례를 받지 아니한 남자 곧 그 양피를 베지 아니한 자는 백성 중에서 끊어지리니 그가 내 언약을 배반하였음이니라(창 17:13-14).

하나님께서 온 인류 가운데 아브람을 선택하셨고 그에게 언약하신지 24년이 흐른 지금, 아브라함과 사라는 이미 나이 많아 늙은 뒤입니다. 인간의 눈으로 본다면 절대 불가능한 일이지만, 아브라함은 하나님께서 말씀하셨기 때문에 말씀대로 이루어질 것을 믿었습니다. 『아브라함이 바랄 수 없는 중에 바라고 믿었으니 이는 네 후손이 이같으리라 하신 말씀대로 많은 민족의 조상이 되게 하려 하심을 인함이라(롬 4:18)』.

+ 언약의 표 할례

할례는 이스라엘이 하나님의 언약 백성이 되는 필수요건으로, 이스라엘을 이방인과 구별하며 하나님 말씀에 순종하고 하나님 경외함을 상징하는 외적 표입니다. 하나님은 아브라함과 이삭과 야곱에게 가나안 땅을 그들의 자손에게 영원히 주시겠다고 약속하셨습니다. 이 언약의 표징이 할례이며, 이 언약에 참예하는 자가 할례를 받았습니다. 할례는 하나님의 백성 된 언약의 표시로 이스라엘 백성 누구나 생후 8일째에 이를 행합니다. 제팔일에는 그 아이의 양피를 벨 것이요(레 12:3). 생후 8일째가 되면 몸에서 프로트롬빈(prothrombin)이라는 물질이 가장 많이 분비되어 할례를 행하여도 통증을 많이 느끼지 않으며 지혈도 잘 된다고 합니다. 그런데 하나님께서 아브라함과 그의 자손에게 가나안 땅을 즉시 주지 않으셨기 때문에 이 할례는 약속의 표징이 되었습니다.

또한 하나님은 아브라함의 아내 '사래'의 이름도 '왕비'를 의미하는 '사라'로 고쳐주셨습니다. 내가 그에게 복을 주어 그로 네게 아들을 낳아 주게 하며 내가 그에게 복을 주어 그로 열국의 어미가 되게 하리니 민족의 열왕이 그에게서 나리라(창 17:16). 99세의 아브라함은 자신의 노쇠함과 89세가 된 사라에게 이미 경수가 사라짐으로 인하여 하나님의 말씀을 의심합니다. 그러나 하나님은 아브라함이 하나님의 말씀에 대하여 갖는 의구심에 관계없이 자신의 뜻을 이루십니다. 하나님이 가라사대 아니라 네 아내 사라가 정녕 네게 아들을 낳으리니 너는 그 이름을 이삭이라 하라 내가 그와 내 언약을 세우리니 그의 후손에게 영원한 언약이 되리라(창 17:19). 하나님은 아브라함에게 약속하신 언약이 이스마엘이 아니라 다음 해에 사라에게서 태어날 이삭을 통하여 계승되어질 것을 확약하십니다. 하나님의 주권적인 은혜로 구원의 역사가 아브라함과 이삭으로 이어져 세상으로 퍼지게 될 것임을 예고하신 것입니다.

하나님은 이스마엘에게도 하나님의 은총이 임하길 바라는 아브라함을 생각하시고 그에게도 복을 주시겠다고 약속하십니다. 이스마엘에게 이르러는 내가 네 말을 들었나니 내가 그에게 복을 주어 생육이 중다하여 그로 크게 번성케 할지라 그가 열두 방백을 낳으리니 내가 그로 큰 나라가 되게 하려니와(창 17:20). **하나님은 이스마엘도 열두 방백을 낳아 크게 번성하게 하겠다고 말씀하십니다. 하나님께서 이 언약의 말씀을 주신 바로 그 날에 아브라함은 자신과 이스마엘 그리고 자신의 집 모든 남자에게 할례를 행하였습니다.**[18)] 이에 아브라함이 하나님이 자기에게 말씀하신 대로 이 날에 그 아들 이스마엘과 집에서 생장한 모든 자와 돈으로 산 모든 자 곧 아브라함의 집 사람 중 모든 남자를 데려다가 그 양피를 베었으니(창 17:23). **아브라함과 그의 집 모든 남자들은 다 할례를 받았으며 이 언약의 표는 그들의 표징이 되었습니다. 아브라함은 하나님의 말씀을 들을 때 지체하지 않고 즉시 순종하였습니다.**

하나님은 아브라함을 택하여 인류를 구원할 믿음의 조상으로 삼으셨으며, 아브라함은 언제나 하나님의 말씀에 주저함 없이 순종하는 믿음의 삶을 살았습니다. 하나님은 아브라함에게 언약의 표인 할례를 받게 하신 다음, 언약의 자손인 이삭을 낳게 하셨습니다.

18) 아랍 족속들은 그들의 조상 이스마엘과 같이 13세가 된 후에 할례를 행한다고 합니다. William Whiston, tr., *Josephus* (Grand Rapids: Kregel Publications, 1982), 36.

할례와 세례와의 관계

육체의 할례는 내적 순종으로 나타나야 합니다. 성경은 자신의 주장을 버리고 하나님의 뜻에 전적으로 순종할 것을 말씀합니다. 그러므로 너희는 마음에 할례를 행하고 다시는 목을 곧게 하지말라(신 10:16), 네 하나님 여호와께서 네 마음과 네 자손의 마음에 할례를 베푸사 너로 마음을 다하며 성품을 다하여 네 하나님 여호와를 사랑하게 하사(신 30:6), 대저 표면적(表面的) 유대인이 유대인이 아니요 표면적 육신의 할례가 할례가 아니라 오직 이면적(裏面的) 유대인이 유대인이며 할례는 마음에 할지니 신령(神靈)에 있고 의문(儀文)에 있지 아니한 것이라(롬 2:28-29). 성경은 할례의 본질을 깨닫지 못하고 불순종한 유대 민족에 대하여 할례 받지 못한 마음과 귀라고 말씀하고 있습니다. 유다인과 예루살렘 거민들아 너희는 스스로 할례를 행하여 너희 마음 가숙을 베고 니 어호와께 속하라(렘 4:4), 목이 곧고 마음과 귀에 할례를 받지 못한 사람들아 너희가 항상 성령을 거스려 너희 조상과 같이 너희도 하는도다(행 7:51).

신약시대도 이 할례에 대하여 말합니다. 신약시대 초기에는 이방인들이 예수님을 믿을 때 이 할례를 요구했습니다. 그러나 예루살렘 공회에서 할례를 억지로 받게 하지 말 것을 결의했습니다. 바리새파 중에 믿는 어떤 사람들은 이방인에게 할례를 주고 모세의 율법을 지키게 하는 것이 마땅하다고(행 15:5) 하였으나, 예루살렘 공회는 다음과 같이 결정했습니다. 성령과 우리는 이 요긴한 것들 외에 아무 짐도 너희에게 지우지 아니하는 것이 가한 줄 알았노니 우상의 제물과 피와 목매어 죽인 것과 음행을 멀리 할지니라(행

15:28-29). 할례 받은 유대인이 율법을 범하면 할례가 무할례가 되고, 율법의 저주에서 구원되면 무할례가 할례가 됩니다. 네가 율법을 행한즉 할례가 유익하나 만일 율법을 범한즉 네 할례가 무할례가 되었느니라 그런즉 무할례자가 율법의 제도를 지키면 그 무할례를 할례와 같이 여길 것이 아니냐(롬 2:25-26).

바울은 아브라함과 그의 자손이 하나님의 후사(롬 8:17)가 되는 것이 믿음에 의한 것이라고 밝힙니다. 할례자도 믿음으로 말미암아 또는 무할례자도 믿음으로 말미암아 의롭다 하실 하나님은 한 분이시니라(롬 3:30; 참고, 롬 4:9-12). 이방인의 세례는 유대인의 할례와 같은 역할을 합니다. 할례는 하나님과의 언약에 자신을 의탁하는 예식입니다. 믿음에 의하여 받는 세례는 할례와 같은 의미를 지닙니다. 그러므로 세례를 그리스도의 할례라고 합니다. 또 그 안에서 너희가 손으로 하지 아니한 할례를 받았으니 곧 육적 몸을 벗는 것이요 그리스도의 할례니라 너희가 세례로 그리스도와 함께 장사한 바 되고 또 죽은 자들 가운데서 그를 일으키신 하나님의 역사를 믿음으로 말미암아 그 안에서 함께 일으키심을 받았느니라(골 2:11-12).

구약의 할례는 신약의 세례로 대체되었습니다. 세례는 죄 씻음과 회개의 표로서 이제 과거의 나는 죽고 하나님의 백성으로, 그리스도와 연합한 새생명으로 다시 태어났다고 하는 공식적인 선언인 것입니다. 『무릇 그리스도 예수와 합하여 세례를 받은 우리는 그의 죽으심과 합하여 세례 받은 줄을 알지 못하느뇨(롬 6:3)』, 『누구든지 그리스도와 합하여 세례를 받은 자는 그리스도로 옷 입었느니라(갈 3:27)』.

언약의 재확인

아브라함은 롯과 헤어진 후 헤브론의 마므레 상수리 수풀 근처에 거주하고 있었습니다. 어느 오정 즈음에 하나님께서 아브라함에게 나타나셨을 때 아브라함이 급히 달려 나가 영접하였습니다. 눈을 들어 본즉 사람 셋이 맞은편에 섰는지라 그가 그들을 보자 곧 장막 문에서 달려나가 영접하며 몸을 땅에 굽혀(창 18:2). 여기 "사람 셋"은 하나님과 두 명의 천사로 여겨집니다.[19] 아브라함은 서둘러 음식을 장만하여 대접합니다. 아브라함이 뻐터와 우유와 하인이 요리한 송아지를 가져다가 그들의 앞에 진설하고 나무 아래 모셔 서매 그들이 먹으니라(창 18:8). 하나님은 아브라함이 정성을 다하여 마련한 음식을 잡수셨습니다. 이에 대해 히브리서는 이렇게 기록합니다. 손님 대접하기를 잊지 말라 이로써 부지중에 천사들을 대접한 이들이 있었느니라(히 13:2). 아직 삼위일체 하나님의 제 2위 되시는 성자 하나님께서 육신을 입고 이 땅에 오시기 전이지만, 구약시대에 하나님은 가끔 이러한 사람의

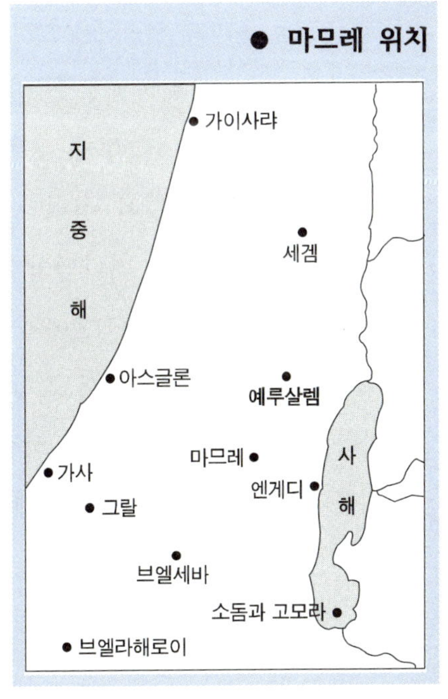

19) 참고, 『날이 저물 때에 그 두 천사가 소돔에 이르니(창 19:1)』.

모습으로 현현하셨습니다. 하나님께서 이같이 인간의 모습으로 나타나시고 음식을 드신 것은 처음입니다.[20]

하나님께서 아브라함에게 말씀하십니다. 그가 가라사대 기한이 이를 때에 내가 정녕 네게로 돌아오리니 네 아내 사라에게 아들이 있으리라 하시니 사라가 그 뒤 장막 문에서 들었더라(창 18:10). 하나님께서 아브라함에게 언약하신지 24년이 흘러 아브라함은 나이 많아 늙었고 사라의 경수도 끊어진 뒤입니다. 이런 그들이 자식을 낳는다는 것은 불가능한 일이었지만 아브라함은 하나님의 말씀대로 이루어질 것을 믿었습니다. 그가 백 세나 되어 자기 몸의 죽은 것 같음과 사라의 태의 죽은 것 같음을 알고도 믿음이 약하여지지 아니하고 믿음이 없어 하나님의 약속을 의심치 않고 믿음에 견고하여져서 하나님께 영광을 돌리며 약속하신 그것을 또한 능히 이루실 줄을 확신하였으니 그러므로 이것을 저에게 의로 여기셨느니라(롬 4:19-20).

그러나 사라는 그렇지 못했습니다. 여기의 "들었더라"는 말씀은 단순히 듣는 것이 아니라 '귀를 기울이고 듣고 있었다'라는 의미입니다. 사라는 하나님의 약속을 믿지 못하고 속으로 웃었습니다. 여호와께서 아브라함에게 이르시되 사라가 왜 웃으며 이르기를 내가 늙었거늘 어떻게 아들을 낳으리요 하느냐(창 18:13). 이 말씀은 하나님께서 직접 사라에게 하실 말씀인데 아브라함에게 말씀하고 계십니다. 이는 지금 하나님께서 말씀하시는 내용이 개인에 관한

---

20) 성자 하나님이신 예수님께서 부활 하신 후에 제자들에게 나타나셔서 생선 한 토막을 잡수신 적이 있습니다. 『저희가 너무 기쁘므로 오히려 믿지 못하고 기이히 여길 때에 이르시되 여기 무슨 먹을 것이 있느냐 하시니 이에 구운 생선 한 토막을 드리매 받으사 그 앞에서 잡수시더라(눅 24:41-43)』.

사항이 아니라 전 인류를 구원할 구속사역이 아브라함에게서 이삭을 통하여, 그리고 마침내 그의 후손으로 오실 예수 그리스도를 통하여 이루어지는 중대한 사건이기 때문입니다.

하나님께서 계속하여 말씀하십니다. 여호와께 능치 못한 일이 있겠느냐 기한이 이를 때에 내가 네게로 돌아오리니 사라에게 아들이 있으리라(창 18:14). "여호와께 능치 못한 일이 있겠느냐"라는 말씀은 '하나님께 어려운 일이 있느냐'라는 뜻으로 인간으로 할 수 없는 일을 오직 하나님께서 이루신다는 의미입니다. 이는 하나님의 구속사역이 인간의 힘으로는 불가능한 것임을 보여주는 말씀입니다. 죄악 가운데 빠진 인간으로서는 스스로의 구원을 위해서 아무것도 할 수 없지만 오직 하나님께서 우리의 구원을 이루어 주신다는 말씀입니다. 이는 우리가 율법의 행위에서 아니고 그리스도를 믿음으로서 의롭다 함을 얻으려 함이라 율법의 행위로서는 의롭다 함을 얻을 육체가 없느니라(갈 2:16). 그러므로 이 말씀은 "나는 전능한 하나님이라"(창 17:1)고 하시면서 이삭을 주시겠다고 약속하신 말씀과 연관지어 살펴보아야 더 잘 이해할 수 있습니다. 이삭의 출생과 관련된 말씀은 그것이 모두 초자연적인 기적임을 말합니다. 전능하신 하나님께 능치 못한 일이 없기 때문에 성취될 수 있는 것입니다.

하나님의 질책에 사라가 두려워하며 웃지 않았다고 변명하지만 인간의 마음을 창조하신 하나님께서 분명히 말씀하십니다. 사라가 두려워서 승인치 아니하여 가로되 내가 웃지 아니하였나이다 가라사대 아니라 네가 웃었느니라(창 18:15), 주께서 나의 앉고 일어섬을 아시며 멀리서도 나의 생각을 통촉하시오며 나의 길과 눕는 것을 감찰하시며 나의 모든 행위를 익히 아시오니 여호와여 내 혀의 말을 알지 못하는 것이 하나도 없으시니이다(시 139:2~4). 결국 사라는 자신의 은밀한 생각을 아시고 불신앙을 책망하시는 전지전능하신 하나님의 말씀을 믿게 되었습니다. 히브리서 기자는 이렇게 기록합니다. 믿음으로 사라 자신도 나이 늙어 단산하였으나 잉태하는 힘을 얻었으니 이는 약속하신 이를 미쁘신 줄 앎이라 이러므로 죽은 자와 방불한 한 사람으로 말미암아 하늘에 허다한 별과 또 해변의 무수한 모래와 같이 많이 생육하였느니라(히 11:11-12).

여기 하나님께서 다시 나타나심은 사라가 언약의 자손 이삭을 잉태하기 전에 사라의 믿음을 확고히 하며 일 년 후에 아들을 낳을 것이라는 구체적인 확신을 주시기 위함입니다. 이제 곧 사라가 하나님의 능력을 체험하고 이삭을 잉태하게 될 터인데 아브라함과 마찬가지로 사라도 언약의 자손을 생산할 합당한 믿음이 필요했기 때문입니다.

제 7 장
소돔과 고모라

롯을 위한 기도

소돔과 고모라로 향하시면서 하나님은 아브라함에게 다음과 같이 말씀하십니다. 여호와께서 또 가라사대 소돔과 고모라에 대한 부르짖음이 크고 그 죄악이 심히 중하니(창 18:20). 하나님께서 소돔과 고모라를 멸하려 하신다는 말씀에 아브라함은 조카 롯을 위하여 기도를 드립니다. 두 천사가 소돔으로 떠난 후 아브라함은 하나님 앞에 서서 소돔의 구원을 위하여 간구합니다. 그 사람들이 거기서 떠나 소돔으로 향하여 가고 아브라함은 여호와 앞에 그대로 섰더니(창 18:22). 그리하여 아브라함은 하나님께로부터 의인 오십에서 사십오 인으로, 사십 인으로, 삼십 인으로, 이십 인으로, 마지막으로 십 인의 의인만 있으면 그 성을 멸하지 않으시리라는 응답을 받았습니다. 아브라함이 또 가로되 주는 노하지 마옵소서 내가 이번만 더 말씀하리이다 거기서 십인을 찾으시면 어찌 하시려나이까 가라사대 내가 십인을 인하여도 멸하지 아니하리라(창 18:32).

긴박한 상황 속에서도 하나님은 아브라함에게 인자를 더하시며 그의 기도를 끝까지 다 듣고 계셨습니다. 여기서 우리는 조금이나마 하나님 아버지의 심경을 헤아려 볼 수 있습니다. 하나님은 자녀들의 필요를 아시며 심판보다 자비와 긍휼을 베푸시기 원하십니다. 여호와는 자비로우시며 은혜로우시며 노하기를 더디하시며 인자하심이 풍부하시도다(시 103:8), 여인이 어찌 그 젖먹는 자식을 잊겠으며 자기 태에서 난 아들을 긍휼히 여기지 않겠느냐 그들은 혹시 잊을지라도 나는 너를 잊지 아니할 것이라(사 49:15). 본문은 도고(禱告 : intercessionary prayer)가 얼마나 소중한지 알려줍니다. 주변에 우리의 기도를 필요로 하는 사람들을 위해 기도하는 일은 매우 중요합니다.

말씀을 마치신 하나님께서 즉시 떠나십니다. 여호와께서 아브라함과 말씀을 마치시고 즉시 가시니 아브라함도 자기 곳으로 돌아갔더라(창 18:33). 여기 "즉시 가시니"라는 말씀은 '사라지셨다' 라는 뜻으로, 하나님께서 아브라함의 간구가 끝났기 때문에 자취를 감추셨다는 것을 의미합니다. 곧 하나님께서 사람의 형상을 벗으시고 하늘로 올라가신 것을 의미합니다.

아브라함은 참으로 끈기있게 하나님께 간구합니다. 하나님은 롯에 대한 아브라함의 안타까운 심정을 아시고 소돔을 멸망시키실 때에 아브라함을 생각하사 강권적으로 롯을 구해 내십니다. 『하나님이 들의 성들을 멸하실 때 곧 롯의 거하는 성을 엎으실 때에 아브라함을 생각하사 롯을 그 엎으시는 중에서 내어 보내셨더라(창 19:29)』.

소돔과 고모라의 타락상

두 천사가 저녁때에 소돔에 이르게 되고 마침 롯의 영접을 받게 됩니다. 날이 저물 때에 그 두 천사가 소돔에 이르니 마침 롯이 소돔 성문에 앉았다가 그들을 보고 일어나 영접하고 땅에 엎드리어 절하여(창 19:1). 여기 "마침"이라는 단어에 유의해야 합니다. 많은 경우에 '마침'이라는 부사를 무의미하게 지나쳐 버리기 쉽지만 그래서는 안 됩니다. 성경에서 말씀하고 있는 '마침' 또는 '우연히'란 아무런 의미 없이 되어졌다는 것을 말하는 것이 아니라, 전적으로 하나님의 주권에 의한 것임을 보여주는 의미심장한 단어입니다. 표면적으로 인간의 눈에 그처럼 자연스럽게 보여진 것일 뿐, 실제로는 만사(萬事)를 하나님의 섭리(攝理)대로 이끄시는 보이지 않는 하나님의 손길에 의한 것입니다.

하나님께서 창조하신 피조 세계에 우연이란 없습니다. 믿지 않는 사람들은 우연이라 생각하지만 믿음의 눈으로 보면 모든 것이 하나님의 뜻 가운데서 하나님의 계획대로 움직이고 있는 것입니다. 다음 말씀들을 살펴봅시다. 룻이 가서 베는 자를 따라 밭에서 이삭을 줍는데 **우연히** 엘리멜렉의 친족 보아스에게 속한 밭에 이르렀더라 **마침** 보아스가 베들레헴에서부터 와서 베는 자들에게 이르되 여호와께서 너희가 함께 하시기를 원하노라(룻 2:3-4), 왕이 가로되 누가 뜰에 있느냐 **마침** 하만이 자기가 세운 나무에 모르드개 달기를 왕께 구하고자 하여 왕궁 바깥뜰에 이른지라(더 6:4), 베드로가 본 바 환상이 무슨 뜻인지 속으로 의심하더니 **마침** 고넬료의 보낸 사람들이 시몬의 집을 찾아 문 밖에 서서(행 10:17). 이와 같이 하나님의 계획대로 되어지고 있는 모든 일들이 인간의 눈에는 자연스럽고 당연하게 비쳐지고 있는 것, 바로 이것이 하나님의 능력입니다.

롯의 간청으로 두 천사가 그의 집에 들어가 저녁 식사를 마치고 잠자리에 들기 전에 소돔 사람들이 몰려왔습니다. 그들의 눕기 전에 그 성 사람 곧 소돔 백성들이 무론 노소하고 사방에서 다 모여 그 집을 에워싸고(창 19:4). 행동이 올바르지 못한 몇 사람이 온 것이 아니라 늙은 사람이나 젊은 사람을 무론하고 사방에서 몰려든 것입니다. 그들이 롯에게 말합니다. 롯을 부르고 그에게 이르되 이 저녁에 네게 온 사람이 어디 있느냐 이끌어 내라 우리가 그들을 상관하리라(창 19:5). 이것은 소돔의 타락상을 극명하게 보여주는 단적인 예입니다. 하나님께서 소돔과 고모라에 대한 부르짖음이 크고 그 죄악이 심히 중하다고(창 18:20) 말씀하셨던 그대로입니다. 이 소돔이란 이름에서 동성연애를 뜻하는 남색(sodomy)이란 단어가 유래되었습니다. 성경은 이같이 말씀합니다. 너는 여자와 교합함 같이 남자와 교합하지 말라 이는 가증한 일이니라(레 18:22), 이와 같이 남자들도 순리대로 여인 쓰기를 버리고 서로 향하여 음욕이 불 일듯 하매 남자가 남자로 더불어 부끄러운 일을 행하여 저희의 그릇됨에 상당한 보응을 그 자신에 받았느니라(롬 1:27), 소돔과 고모라와 그 이웃 도시들도 저희와 같은 모양으로 간음을 행하며 다른 색을 따라 가다가 영원한 불의 형벌을 받음으로 거울이 되었느니라(유 1:7).

롯이 그들에게 이런 악을 행치 말라고 하자 그들이 이렇게 말합니다. 그들이 가로되 너는 물러나라 또 가로되 이놈이 들어와서 우거하면서 우리의 법관이 되려 하는도다 이제 우리가 그들보다 너를 더 해하리라 하고 롯을 밀치며 가까이 나아와서 그 문을 깨치려 하는지라(창 19:9). **그러므로 베드로후서는 이렇게 기록하고 있습니다.** 무법한 자의 음란한 행실을 인하여 고통하는 의로운 롯을 건지셨으니(벧후 2:7). **이에 두 천사가 문밖의 무리로 보지 못하게 하여 그들로 문을 찾지 못하게 했습니다.**[21] 문밖의 무리로 무론 대소하고 그 눈을 어둡게 하니 그들이 문을 찾느라고 곤비하였더라(창 19:11). **천사가 롯에게 말합니다.** 그 사람들이 롯에게 이르되 이 외에 네게 속한 자가 또 있느냐 네 사위나 자녀나 성중에 네게 속한 자들을 다 성 밖으로 이끌어내라(창 19:12). **이처럼 하나님은 롯에게 인자를 더하시므로 롯에게 속한 모든 자들을 구하시기 원하셨습니다. 롯이 나가서 자기의 딸들과 정혼한 사위들에게 말하였으나 그들은 농담으로 받아들였습니다.** 롯이 나가서 그 딸과 정혼한 사위들에게 고하여 이르되 여호와께서 이 성을 멸하실 터이니 너희는 일어나 이곳에서 떠나라 하되 그 사위들이 농담으로 여겼더라(창 19:14).

부패하고 타락한 인간은 하나님의 말씀을 경홀히 여기며 우습게 생각합니다. 노아의 때에나 지금이나 장차 주님의 재림 시에도 마찬가지일 것입니다. 오직 하나님께서 구원하시고자 택하신 자녀만이 하나님의 말씀을 믿음으로 받아들입니다. 그러므로 예수님은 이렇게 말씀하셨습니다. 『또 롯의 때와 같으리

---

21) 열왕기하에도 이같은 기록이 있습니다. 『아람 사람이 엘리사에게 내려오매 엘리사가 여호와께 기도하여 가로되 원컨대 저 무리의 눈을 어둡게 하옵소서 하매 엘리사의 말대로 그 눈을 어둡게 하신지라(왕하 6:18)』.

니 사람들이 먹고 마시고 사고 팔고 심고 집을 짓더니 롯이 소돔에서 나가던 날에 하늘로서 불과 유황이 비오듯 하여 저희를 멸하였느니라 인자의 나타나는 날에도 이러하리라(눅 17:28-30)』.

✚ 불타는 소돔과 고모라

동틀 즈음 천사가 롯을 재촉하지만 그들이 지체하므로 천사들이 롯과 아내와 두 딸의 손을 잡고 강제로 성 밖으로 피신시킵니다. 그러나 롯이 지체하매 그 사람들이 롯의 손과 그 아내의 손과 두 딸의 손을 잡아 인도하여 성밖에 두니 여호와께서 그에게 인자를 더하심이었더라(창 19:16). 아마도 롯과 그 가족들은 자신들의 모든 소유를 버리고 가는 아쉬움 때문에 지체하였던 모양입니다. 그러므로 천사들이 롯과 그의 가족들을 재촉하여 성 밖으로 이끌어 내었습니다. 이와 같이 하나님은 심판 중에라도 그의 사랑하시는 자녀들을 위해 인자를 더하사 강권적으로 우리 손을 잡아 안전한 곳으로 인도하시는 은혜를 베푸십니다. 우리의 구원 역시 전적으로 하나님의 은혜로 말미암은 것임을 알 수 있습니다. 그리로 속히 도망하라 네가 거기 이르기까지는 내가 아무 일도 행할 수 없노라 하였더라 그러므로 그 성 이름을 소알[22]이라 불렀더라(창 19:22).

---

22) 소알은 '미미함'이라는 의미로 사해 남쪽 저지대에 위치한 작은 성읍이며, 소돔과 고모라는 사해의 남쪽 싯딤 골짜기 근처에 위치했던 것으로 추정됩니다. 자동차로는 10분 정도의 거리지만 당시 소돔의 멸망을 피해 온 롯에게는 소알까지 상당히 먼 거리였을 것입니다.(『성서속의 도시이야기』, 25-26). 또한 모세가 죽기 전 비스가 산 위에서 가나안 땅을 바라보았는데 최후로 본 성이 바로

천사가 그들에게 돌아보거나 들에 머무르지 말라고 경고합니다. 그 사람들이 그들을 밖으로 이끌어 낸 후에 이르되 도망하여 생명을 보존하라 돌아보거나 들에 머무르거나 하지 말고 산으로 도망하여 멸망함을 면하라(창 19:17). 그러나 천사의 말을 따르지 않은 롯의 아내는 세상과 재물에 대한 미련으로 뒤를 돌아보아 소금 기둥이 되었습니다. 롯의 아내는 뒤를 돌아본 고로 소금 기둥이 되었더라(창 19:26). 여기 "뒤를 돌아본 고로"는 '뒤를 주의 깊게 바라보다'라는 뜻으로 뒤에 남겨둔 것에 대한 아쉬움 때문에 돌아보는 것을 의미합니다. 누가복음은 이렇게 경고합니다. 그 날에 만일 사람이 지붕 위에 있고 그 세간이 집 안에 있으면 그것을 가지러 내려오지 말 것이요 밭에 있는 자도 이와 같이 뒤로 돌이키지 말 것이니라 롯의 처를 생각하라(눅 17:31-32). 소돔과 고모라의 멸망은 이삭이 태어나기 바로 전(前) 해인 B.C. 2065년경으로 추정합니다.

한편, 아브라함은 소돔과 고모라가 멸망하는 그 날 아침 일찍 일어나 그 성들이 멸망하는 순간을 보고 있었습니다. 아브라함이 그 아침에 일찍이 일어나 여호와의 앞에 섰던 곳에 이르러 소돔과 고모라와 그 온 들을 향하여 눈을 들어 연기가 옹기점 연기 같이 치밀음을 보았더라(창 19:27-28). "옹기점 연기"란 화덕의 연기와 같이 그 땅에 솟아오르는 연기를 말하는 것으로, 아브라함은 실제로 하나님의 심판이 임한 것을 목도하고 있는 것입니다. 하나님은 아브라함을 생각하사 롯을 구원하셨습니다. 이는 하나님께서 아브라함을 얼마나 사랑하시는지 짐작할 수 있게 합니다.

이 소알 성이었습니다(신 34:1,3).

그 후 롯은 두 딸과 함께 굴에 거하였는데 롯의 두 딸이 자신들의 아버지로 말미암아 잉태하게 되었습니다. 그리하여 롯은 모압과 암몬 자손의 조상이 되었습니다. 큰 딸은 아들을 낳아 이름을 모압이라 하였으니 오늘날 모압 족속의 조상이요 작은 딸도 아들을 낳아 이름을 벤암미라 하였으니 오늘날 암몬 족속의 조상이었더라(창 19:37-38). '모압'은 '그 아버지로부터'라는 뜻이며, 암몬 족속의 조상이 된 '벤암미'는 '나의 백성의 아들'이란 뜻입니다. 이 사건 이후 성경은 롯에 대하여 언급하지 않습니다. 후에 모압과 암몬 족속은 이스라엘을 괴롭히는 대적이 됩니다. 암몬 사람과 모압 사람은 여호와의 총회에 들어오지 못하리니 그들에게 속한 자는 십대뿐 아니라 영원히 여호와의 총회에 들어오지 못하리라(신 23:3), 그러므로 만군의 여호와 이스라엘의 하나님이 말하노라 내가 나의 삶을 두고 맹세하노니 장차 모압은 소돔 같으며 암몬 자손은 고모라 같을 것이라 찔레가 나며 소금 구덩이가 되어 영원히 황무하리니 나의 끼친 백성이 그들을 노략하며 나의 남은 국민이 그것을 기업으로 얻을 것이라(습 2:9).

소돔이 멸망할 당시의 상황을 성경은 이렇게 설명합니다. 『여호와께서 하늘 곧 여호와에게로서 유황과 불을 비 같이 소돔과 고모라에 내리사(창 19:24)』, 『전에 소돔이 사람의 손을 대지 않고 경각간에 무너지더니(애 4:6)』, 『롯이 소돔에서 나가던 날에 하늘로서 불과 유황이 비오듯하여 저희를 멸하였느니라(눅 17:29)』.

제 8 장
이삭의 출생

아비멜렉을 속인 아브라함

창세기 20장의 기록은 이삭이 출생하기까지 하나님께서 어떻게 사라를 지켜주셨는지 알게 해줍니다. 소돔과 고모라가 멸망하고 롯이 떠난 후, 아브라함도 그동안 지내왔던 마므레 상수리 수풀을 떠나 남방으로 이사하여 그랄에 거하게 되었습니다. 그런데 이번에도 아브라함은 24년 전(前)과 마찬가지로 자기 아내를 누이라 속였으므로 그랄 왕 아비멜렉이 사라를 자신의 아내로 삼으려 하였습니다. 아비멜렉은 '왕이신 나의 아버지' 란 뜻입니다. '바로' 는 애굽 왕의 칭호이며(창 12:15) '아비멜렉' 은 블레셋 왕의 칭호입니다. 하나님께서 아비멜렉의 꿈속에 나타나셨습니다. 그 밤에 하나님이 아비멜렉에게 현몽하시고 그에게 이르시되 네가 취한 이 여인을 인하여 네가 죽으리니 그가 남의 아내임이니라(창 20:3).

예전과 달리 이번에는 하나님께서 즉각 개입하셨습니다. 왜냐하면 아브람과 사래가 이제 아브라함과 사라가 되었으며, 내년에 사라를 통하여 언약의 자손 이삭이 태어날 것이기 때문에 하나님께서 강권적으로 역사하신 것입니다. 성경이 없었던 족장 시대에 꿈은 하나님께서 자신의 뜻을 계시하시는 하나의 수단이었습니다. 이제 그 사람의 아내를 돌려 보내라 그는 선지자라 그가 너를 위하여 기도하리니 네가 살려니와 네가 돌려 보내지 않으면 너와 네게 속한 자가 다 정녕 죽을 줄 알지니라(창 20:7). 아브라함은 실수를 범했지만 하나님은 초자연적인 방법으로 이를 제지해 주셨습니다. 이같이 아브라함의 나약함에도 불구하고 하나님은 주권적으로 구속의 역사를 이루어 가십니다.

이에 아비멜렉이 하나님 말씀에 순종하여 사라를 돌려보내면서 아브라함에게 후하게 대접했습니다. 아브라함이 하나님께 기도합니다. 아브라함이 하나님께 기도하매 하나님이 아비멜렉과 그 아내와 여종을 치료하사 생산케 하셨으니(창 20:17). 아브라함의 기도로 아비멜렉은 자녀를 갖게 되는 하나님의 축복을 받게 되었습니다. 믿음의 아버지 아브라함도 주위의 환경에 의해 믿음이 약하여지고 인간적인 방법을 사용하여 위기를 모면하려 하였습니다. 이것은 연약한 인간의 속성입니다. 그러나 하나님께서 간섭하여 주심으로 아름다운 결과를 낳게 되었습니다.

하나님은 비록 우리가 나약하여 실수하는 자리에 이르더라도 그의 자녀들을 보호하시며 바른 길로 인도하여 주십니다. 『아비가 자식을 불쌍히 여김같이 여호와께서 자기를 경외하는 자를 불쌍히 여기시나니 이는 저가 우리의 체질을 아시며 우리가 진토임을 기억하심이로다(시 103:13-14)』, 『내 영혼을 소생시키시고 자기 이름을 위하여 의의 길로 인도하시는도다(시 23:3)』, 『나는 네게 유익하도록 가르치고 너를 마땅히 행할 길로 인도하는 너희 하나님 여호와라(사 48:17)』.

언약의 실현

창세기 18장 말씀은 이미 사라가 노쇠했음을 보여줍니다. 아브라함과 사라가 나이 많아 늙었고 사라의 경수는 끊어졌는지라 사라가 속으로 웃고 이르되 내가 노쇠하였고 내 주인도 늙었으니 내게 어찌 낙이 있으리요(창 18:11,12). 이처럼 노쇠했던 사라에게 하나님께서 말씀하셨습니다. 여호와께 능치 못한 일이 있겠느냐 기한이 이를 때에 내가 네게로 돌아오리니 사라에게 아들이 있으리라(창 18:14). 그리고 소돔과 고모라의 멸망 후 그들이 그랄로 오게 되었는데, 그랄 왕 아비멜렉이 사라를 아내로 맞아들이게 된 것입니다. 89세 된 사라를 왕이 후궁으로 맞이하고 싶을 정도로 그녀가 아름다웠던 모양입니다. 이는 하나님께서 사라에게 젊음을 되돌려주셨다는 의미이기도 합니다. 사라는 본래 몹시 아름다운 여인이었습니다. 창세기 12장 말씀이 이를 입증합니다. 아브람이 애굽에 이르렀을 때에 애굽 사람들이 그 여인의 심히 아리따움을 보았고 바로의 대신들도 그를 보고 바로 앞에 칭찬하므로 그 여인을 바로의 궁으로 취하여 들인지라(창 12:14-15). 이 일이 있었던 것은 24년 전이었습니다.

이제 세월이 흐르고 노쇠해진 사라에게 하나님은 그녀의 젊음을 되찾아 주셨습니다. 약속의 아들은 하갈이 아닌 사라에게서 태어날 것이며, 바로 그 아들이 아브라함을 이어 구원의 계보를 이어갈 언약의 자손이기 때문입니다. 아브라함이 그 낳은 아들 곧 사라가 자기에게 낳은 아들을 이름하여 이삭이라 하였고(창 21:3). 아브라함은 그 아들의 이름을 이삭이라 하였는데, 이는 창세기 17장 말씀의 성취입니다. 하나님이 가라사대 아니라 네 아내 사라가 정녕 네게 아들을 낳으리니 너는 그 이름을 이삭이라 하라 내가 그와 내 언약을 세우리니 그의 후손에게 영원한 언약이 되리라(창 17:19). 여기 '이삭' 이라는 이름은 일 년 전에 하나님께서 아브라함에게 언급하셨던 이름입니다. 내 언약은 내가 명년 이 기한에 사라가 네게 낳을 이삭과 세우리라(창 17:21). 아브라함은 이삭[23]이 태어난지 팔 일만에 할례를 행하였습니다. 그 아들 이삭이 난지 팔일만에 그가 하나님의 명대로 할례를 행하였더라(창 21:4). 사도행전도 이를 언급하고 있습니다. 할례의 언약을 아브라함에게 주셨더니 그가 이삭을 낳아 여드레만에 할례를 행하고(행 7:8).

아브라함이 100세, 그리고 사라가 90세에 이삭을 낳았습니다. 아브라함과 사라가 늙고 노쇠하여 불가능했던 일이 하나님께서 말씀하신 대로 지금 현실이 되어 이루어진 것입니다. 가라사대 내가 반드시 너를 복주고 복주며 너를 번성케 하고 번성케 하리라 하셨더니 저가 이같이 오래 참아 약속을 받았느니라(히 6:14-15). 이것은 아브라함이 상상조차 할 수 없었던 일이었습니다. 이 이삭은 하나님의 능력으로 태어난 독자로 장차 동정녀의 몸으로 오실 예수 그리스도를 예표합니다. 마찬가지로 우리의 구원도 우리 행위로

23) 이미 언급한 대로 출애굽 연도를 B.C. 1446년경으로 볼 때, 언약의 자손 이삭은 B.C. 2066년경에 태어나 180세를 살고 B.C. 1886년경에 사망합니다.

는 실현 불가능한 일이지만 하나님께서 말씀하셨기 때문에 말씀하신 바를 믿는 그 믿음으로 우리가 구원을 얻는 것입니다. 곧 성자 하나님이신 예수님께서 인간의 몸을 입고 이 땅에 오셔서 우리의 모든 죄를 담당하사 십자가에서 죽으셨고 사흘 만에 다시 살아나셨으며 하늘에 오르사 마지막 때에 다시 오실 것을 믿음으로 우리가 구원을 받는 것입니다.

전에 하나님께서 말씀하실 때는 사라가 웃었지만 후에는 하나님의 말씀을 믿음으로 받아들였습니다. 믿음으로 사라 자신도 나이 늙어 단산하였으나 잉태하는 힘을 얻었으니 이는 약속하신 이를 미쁘신 줄 앎이라(히 11:11). 그리고 그들은 하나님의 권능으로 원기가 회복되었으며 약속하신 아들 이삭을 낳았습니다. 이삭은 '웃음'이라는 뜻입니다. 사라가 이렇게 말합니다. 사라가 가로되 하나님이 나로 웃게 하시니 듣는 자가 다 나와 함께 웃으리로다(창 21:6). 이제 사라는 진정으로 행복하여 웃고 있습니다. 사라는 "하나님이 나로 웃게 하시니"라고 고백합니다. 하나님께서 사라로 웃게 하셨는데 웃음을 선사하시는 주체가 하나님이심을 깨닫게 해주는 말씀입니다. 이삭은 오랫동안 고대하던 언약의 상속자로 하나님께서 약속하신 선물이었습니다. 따라서 아브라함뿐 아니라 구속사적인 의미에서도 그 소식을 듣는 모든 자가 다 그의 출생을 기뻐하여 웃는 웃음인 것입니다.

"여호와께서 그 말씀대로 사라를 권고하셨고 여호와께서 그 말씀대로 사라에게 행하셨으므로"(창 21:1)라는 말씀은 하

나님께서 말씀하신 대로 행하시고 이루신다는 하나님의 주권적 인 섭리가 강조되고 있습니다. 『일을 행하는 여호와, 그것을 지어 성취하는 여호와, 그 이름을 여호와라 하는 자가 이같이 이르노라(렘 33:2)』. **하나님은 말씀대로 아브라함과 사라에게 아기를 잉태할 수 있는 힘을 부여해 주셨습니다.** 『사라가 잉태하고 하나님의 말씀하신 기한에 미쳐 늙은 아브라함에게 아들을 낳으니(창 21:2)』.

제 9 장
언약의 자손 이삭

언약의 계보

이삭이 젖을 떼는 날 아브라함이 잔치를 베풀었는데, 이스마엘이 이삭을 조롱했습니다. 사라가 본즉 아브라함의 아들 애굽 여인 하갈의 소생이 이삭을 희롱하는지라(창 21:9). 히브리인들은 일반적으로 젖을 떼는 날 큰 잔치를 여는데 주로 3세경이라고 합니다.[24)] 그렇다면 이때 이스마엘은 17세 정도가 되었을 것입니다. 성경은 이스마엘이라고 직접 언급하지 않고 "애굽 여인 하갈의 소생"이라고 말하고 있습니다. 이는 아브라함의 언약의 계보가 애굽 여인 하갈로부터가 아니라 사라를 통하여 계승되기 때문입니다. 하나님이 가라사대 아니라 네 아내 사라가 정녕 네게 아들을 낳으리니 너는 그 이름을 이삭이라 하라 내가 그와 내 언약을 세우리니 그의 후손에게 영원한 언약이 되리라(창 17:19). 로마서는 이렇게 말씀합니다.

---

24) 참고, Machabaeorum II. 7:27, in *Septuaginta* (Stuttgart: Deutsche Bibelgesellschaft, 1979), 1117. '셉튜아진타'는 70을 뜻하는 라틴어 septuaginta에서 유래된 것으로, 이집트에 있는 유대인들이 사용하도록 히브리어 성경을 헬라어로 번역한 것입니다. 우리는 이를 '70인경'이라고 부릅니다.

또한 아브라함의 씨가 다 그 자녀가 아니라 오직 이삭으로부터 난 자라야 네 씨라 칭하리라 하셨으니 곧 육신의 자녀가 하나님의 자녀가 아니라 오직 약속의 자녀가 씨로 여기심을 받느니라(롬 9:7-8).

이삭과 함께 기업을 얻지 못하도록 이스마엘을 내어 쫓으라는 사라의 요구에 하나님은 아브라함에게 그렇게 하라고 말씀하십니다. 하나님이 아브라함에게 이르시되 네 아이나 네 여종을 위하여 근심치 말고 사라가 네게 이른 말을 다 들으라 이삭에게서 나는 자라야 네 씨라 칭할 것임이니라(창 21:12). **약속을 따라 언약의 씨인 이삭이 태어나고 육신을 따라 난 이스마엘이 쫓겨나게 된 것은 하나님께 택함을 입은 자만이 구원받는다는 사실을 깨닫게 합니다.** 그러나 그 때에 육체를 따라 난 자가 성령을 따라 난 자를 핍박한 것 같이 이제도 그러하도다 그러나 성경이 무엇을 말하느뇨 계집종과 그 아들을 내어 쫓으라 계집종의 아들이 자유하는 여자의 아들로 더불어 유업을 얻지 못하리라 하였느니라 그런즉 형제들아 우리는 계집종의 자녀가 아니요 자유하는 여자의 자녀니라(갈 4:29-31).

이에 아브라함이 아침 일찍 그들로 떠나가게 합니다. 아브라함은 언제든지 하나님 말씀에 즉각 순종합니다. 아브라함이 아침에 일찍이 일어나 떡과 물 한 가죽부대를 취하여 하갈의 어깨에 메워 주고 그 자식을 이끌고 가게 하매(창 21:14). **하나님은 이스마엘로도 큰 민족을 이루게 하시겠다고 하십니다.** 일어나 아이를 일으켜 네 손으로 붙들라 그로 큰 민족을 이루게 하리라 하시니라(창 21:18). **후에 이스마엘은 바란 광야에 거하며 활 쏘는 자가 되었습니다**(창 21:20).

우리는 이삭처럼 구원받은 약속의 자녀입니다. 『형제들아 너희는 이삭과 같이 약속의 자녀라(갈 4:28)』. 이삭이 태어나기도 전에 하나님께서 아브라함에게 이삭을 주신다고 약속하신 것처럼, 우리도 만세 전부터 하나님께서 우리를 자녀로 택정하시고 구원받게 하신 것입니다.

+ 브엘세바의 맹세

그랄왕 아비멜렉과 그의 군대장관 비골이 아브라함에게 와서 말합니다. 때에 아비멜렉과 그 군대장관 비골이 아브라함에게 말하여 가로되 네가 무슨 일을 하든지 하나님이 너와 함께 계시도다(창 21:22). 비골은 '모든 사람을 지휘하는' 이라는 뜻으로 그랄 군대를 총괄하는 사령관입니다. 그들은 이전에 아브라함이 사라를 자신의 누이라고 속였으나 하나님께서 현몽하셔서 많은 재물과 함께 사라를 돌려보낸 것과 아브라함의 기도로 자기 집안의 막힌 태문이 열려 자식들이 태어나게 된 것, 그리고 아브라함이 백 세에 이삭을 낳은 것 등, 이 모든 일에 있어 하나님께서 아브라함과 함께 하신다고 생각했습니다. 이방인인 저들의 눈에도 이같이 보인 것입니다.

이처럼 다른 사람이 하나님께서 우리와 함께 계신다고 인정하는 것이 중요합니다. 타인으로 너를 칭찬하게 하고 네 입으로는 말며 외인으로 너를 칭찬하게 하고 네 입술로는 말지니라(잠 27:2). 우리가 스스로 말하게 되면 하나님의 은혜로우신 역사가 드러나기보다 자칫 자기 자랑이 되기 쉽기 때문입니다. 신앙 간증도 마찬가지입니다. 간증을 하게 되는 경우 자신의 체험한 일들을 신앙이 가장 정점(頂點)일 때 나누게 되기 쉬운데 우리가 사는 동안 항상 최상의 믿음을 유지하기란 쉽지 않습니다. 믿음의 생활도 기복이 있기 마련입니다. 믿음이 약해져 있을 때 자신이 간증했을 때만큼의 신앙적 행동이 따라주지 못한다면 그 간증을 들었던 많은 사람들이 상처를 받게 됩니다. 그러므로 신앙 간증은 극히 신중해야 합니다.

그들은 아브라함이 자신들을 선대하여 주기를 요구합니다. 아브라함도 이에 동조합니다만 먼저 아비멜렉의 종들이 자신의 우물을 빼앗은 일에 대하여 언급합니다. 아비멜렉이 가로되 누가 그리하였는지 내가 알지 못하노라 너도 내게 고하지 아니하였고 나도 듣지 못하였더니 오늘이야 들었노라(창 21:26). 이 말씀에서 알 수 있듯이 아브라함이 이전에는 그러한 일에 대하여 아무 언급도 하지 않았습니다. 묵묵히 참고 있다가 지금에야 사실을 알리고 바로잡습니다. 아브라함이 시날과 엘람 왕에게 사로잡혔던 롯을 구해온 것을 보면 그가 많은 사병을 보유하고 있었지만(창 14:1,14), 우물물을 빼앗겼을 때 즉시 반격하지 않고 때를 기다렸습니다. 아브라함은 때를 기다리며 하나님께서 해결해 주시길 기다린 것입니다.

아브라함처럼 모든 것을 하나님께 맡기고 그의 인도하심을 받는 것이 믿음으로 사는 길입니다. 후에 이삭도 아브라함처럼 행동했습니다. 자녀들은 부모의 행동을 보고 자라납니다. 자녀가 하나님께 은총을 입고 하나님의 뜻을 따라 살기를 원한다면 먼저 부모가 본을 보여야 합니다. 신앙은 언어로만 표현되는 것이 아니라 행동으로 나타나기 때문입니다. 이제 아브라함과 아비멜렉이 서로 맹세하고 그곳을 브엘세바라 칭하였습니다. 두 사람이 거기서 서로 맹세하였으므로 그곳을 브엘세바라 이름 하였더라(창 21:31).

브엘세바는 '맹세의 우물'이라는 뜻입니다. 아브라함과 블레셋 왕 아비멜렉이 평화조약을 맺음으로써 아브라함은 하나님께서 주신 언약의 땅 가나안에서 터전을 마련하게 되었습니다. 이는 하나님의 약속이 점진적으로 성취되어 가고 있음을 보여주는 것입니다.

제 10 장
아브라함의 믿음

✚ 아브라함의 시험

세월이 흐른 뒤 하나님께서 아브라함을 시험하시려고 부르셨습니다. 그 일 후에 하나님이 아브라함을 시험하시려고 그를 부르시되 아브라함아 하시니 그가 가로되 내가 여기 있나이다(창 22:1). 여기 "시험하시려고"는 '검사하다' 또는 '입증하다'라는 뜻입니다. 하나님의 시험은 인간으로 범죄케 하려는 유혹(temptation)이 아니라 믿음을 굳건히 하게 하는 테스트(test)입니다. 사람이 시험을 받을 때에 내가 하나님께 시험을 받는다 하지 말지니 하나님은 악에게 시험을 받지도 아니하시고 친히 아무도 시험하지 아니하시느니라(약 1:13). 성경은 이렇게 말씀합니다. 네 하나님 여호와께서 이 사십 년 동안에 너로 광야의 길을 걷게 하신 것을 기억하라 이는 너를 낮추시며 너를 시험하사 네 마음이 어떠한지 그 명령을 지키는지 아니 지키는지 알려 하심이라(신 8:2), 나의 가는 길을 오직 그가 아시나니 그가 나를 단련하신 후에는 내가 정금 같이 나오리라(욥 23:10).

하나님께서 아브라함이 예기치 못한 일을 명하셨습니다. 여호와께서 가라사대 네 아들 네 사랑하는 독자 이삭을 데리고 모리아 땅으로 가서 내가 네게 지시하는 한 산 거기서 그를 번제로 드리라(창 22:2). 하나님께서 아브라함이 100세에 얻은 아들 이삭을 번제로 바치라고 하십니다. 번제란 제물을 단 위에서 온전히 태우는 것을 말합니다. 그 수양의 전부를 단 위에 불사르라 이는 여호와께 드리는 번제요 이는 향기로운 냄새니 여호와께 드리는 화제니라(출 29:18). 이삭을 "번제로 드리라"는 것은 실제로 이삭의 배를 가르고 피를 내어 제물로 바치라는 하나님의 명령입니다. 하나님은 아브라함이 이삭을 얼마나 사랑하는지 알고 계십니다. 그러므로 하나님은 "네 아들 네 사랑하는 독자"라고 말씀하셨습니다. 이삭은 아브라함이 하나님께로부터 약속을 받고 무려 25년이란 긴 세월을 기다려 얻은 독자입니다.

이제 하나님께서 그 아들을 제물로 바치라고 하시는 것입니다. 그렇지만 아브라함은 하나님께 대한 원망이나 믿음의 동요 없이 그 명령에 순종합니다. 아브라함이 아침에 일찍이 일어나 나귀에 안장을 지우고 두 사환과 그 아들 이삭을 데리고 …… 하나님의 자기에게 지시하시는 곳으로 가더니(창 22:3). 언제나 하나님의 말씀에 즉시 순종하는 아브라함은 이번에도 "아침에 일찍이 일어나" 말씀대로 순종합니다. 그리고 사흘 길을 떠나왔습니다. 제삼일에 아브라함이 눈을 들어 그곳을 멀리 바라본지라(창 22:4). 여기 "멀리"라는 말씀에 비추어 볼 때 아직도 목적지까지 상당한 거리가 있음을 알 수 있습니다. 또한 "바라본지라"는 생각에 잠겨 자세히 쳐다보는 것을 의미합니다. 이에 아브라함이 사환에게 이르되 너희는 나귀와 함께 여기서 기다리라 내가 아이와 함께 저기 가서 경배하고 너희에게로 돌아오리라(창 22:5).

하나님은 아무도 유혹하시지 않습니다. 단지 우리가 때때로 시험을 받는 것은 우리로 하여금 하나님을 더 깊이 알고 영적인 성숙을 이루게 하기 위함입니다. 『사람이 감당할 시험 밖에는 너희에게 당한 것이 없나니 오직 하나님은 미쁘사 너희가 감당치 못할 시험 당함을 허락지 아니하시고 시험 당할 즈음에 또한 피할 길을 내사 너희로 능히 감당하게 하시느니라(고전 10:13)』, 『이는 너희 믿음의 시련이 인내를 만들어 내는 줄 너희가 앎이라(약 1:3)』, 『너희 믿음의 시련이 불로 연단하여도 없어질 금보다 더 귀하여 예수 그리스도의 나타나실 때에 칭찬과 영광과 존귀를 얻게 하려 함이라(벧전 1:7)』.

+ 아브라함의 순종

아브라함은 불과 칼을 들고, 이삭은 번제 나무를 등에 지고 하나님께서 지시하신 산으로 오르고 있습니다. 이는 이삭이 장성하였음을 알게 해줍니다. 이삭이 번제 나무를 등에 지고 모리아 산으로 오르는 모습은 마치 예수님께서 우리 죄 짐을 대신 지시고 갈보리로 오르시는 십자가의 구속사역을 연상케 합니다. 저희가 예수를 맡으매 예수께서 자기의 십자가를 지시고 해골(히브리말로 골고다)이라 하는 곳에 나오시니(요 19:17). 이삭이 아브라함에게 묻습니다. 이삭이 그 아비 아브라함에게 말하여 가로되 내 아버지여 하니 그가 가로되 내 아들아 내가 여기 있노라 이삭이 가로되 불과 나무는 있거니와 번제할 어린 양은 어디 있나이까(창 22:7). 여기 이삭의 "내 아버지여"라는 말과 아브라함의 "내 아들아"라는 말에서 부자(父子)의 깊은 정을 느낄 수 있습니다. 아브라함과 이삭 단 둘이서 산에 오르고 있습니다. 상당히 먼 거리를 가다보면 적지 않은 마음의 동요가 있을만하고, 이삭의 직접적인 질문에 더욱 그럴 수 있을 텐데도 아브라함은 흔들리지 않았습니다. 아브라함이 가로되 아들아 번제할 어린 양은 하나님이 자기를 위하여 친히 준비하시리라 하고 두 사람이 함께 나아가서(창 22:8). 여기서 아브라함의 믿음을 엿볼 수 있습니다. 하나님께서 친히 준비하실 것이라는 이 말 속에서 아브라함은 백 세에 이삭을 주신 하나님께서 언약의 아들인 이삭을 어떻게든 다시 살려내실 것이라고 확신하고 있음을 알 수 있습니다.

제단의 준비를 마친 후에 아브라함은 이삭을 결박하여 그 번제단 나무 위에 이삭을 번제물로 놓았습니다. 하나님이 그에게 지시하신 곳에 이른지라 이에 아브라함이 그 곳에 단을 쌓고 나무를 벌여 놓고 그 아들 이삭을 결박하여 단 나무 위에 놓고(창 22:9). 아브라함은 하나님께서 지시하신 곳에 단을 쌓고 나무를 벌여 놓은 다음, 짐승을 잡아 희생 제물로 드릴 때와 똑같은 방법으로 이삭을 결박하여 단 위에 올려놓고 칼을 들어 아들을 잡으려 합니다(창 22:10). 그러면서도 아브라함은 이삭을 통한 하나님의 약속이 성취되어야 하기 때문에 어떠한 방식을 통해서라도 이삭이 다시 살아날 것이라고 믿어 의심치 않았습니다.

여기서 우리는 하나님께 대한 아브라함의 순종뿐만 아니라 이삭의 순종에 대해서도 생각해 볼 수 있습니다. 이삭은 번제에 쓸 나무를 지고 갈 만큼 성장했습니다. 이삭은 얼마든지 아브라함에 대항할 수 있었습니다. 그러나 이삭은 아버지의 뜻에 순종하여 그의 결박을 순순히 받고 번제단 위에 소나 양처럼 제물이 되어 누워 있습니다. 이삭의 믿음과 순종도 대단한 것임을 알 수 있습니다. 이러한 이삭의 순종은 십자가를 지시고 죽기까지 순종하신 예수 그리스도를 예표합니다. 사람의 모양으로 나타나셨으매 자기를 낮추시고 죽기까지 복종하셨으니 곧 십자가에 죽으심이라(빌 2:8).

이제 아브라함이 칼을 들어 이삭을 죽이려 할 때, 하나님께서 급하게 아브라함을 두 번 부르시며 이같이 말씀하십니다. 여호와의 사자가 하늘에서부터 그를 불러 가라사대 아브라함아 아브라함아 하시는지라 아브라함이 가로되 내가 여기 있나이다 하매 사자가 가라사대 그 아이에게 네 손을 대지 말라 아무 일도 그에게 하지 말라 네가 네 아들 네 독자라도 내게 아끼지 아니하였으니 내가 이제야 네가 하나님을 경외하는 줄을 아노라(창 22:11-12). 하나님은 자신의 말에 아브라함이 얼마만큼 순종하는지 여부를 알고자 하셨습니다. 아브라함은 하나님의 말씀에 온전히 순종하여 하나님 마음에 합한 자가 되었습니다. 이제 아브라함은 실로 믿음의 조상이라 칭함을 받기에 합당한 믿음의 사람이 된 것입니다.

아브라함은 불가능이 현실로 되어 자신이 백 세에 이삭을 낳은 것처럼 자신이 이삭을 번제로 하나님께 드린다고 해도 그로 말미암아 큰 국가를 이루시겠다고 약속하신 하나님께서 반드시 이삭을 다시 살려내실 것이라고 굳게 믿었습니다. 히브리서가 이를 증거합니다. 『아브라함은 시험을 받을 때에 믿음으로 이삭을 드렸으니 저는 약속을 받은 자로되 그 독생자를 드렸느니라 저에게 이미 말씀하시기를 네 자손이라 칭할 자는 이삭으로 말미암으리라 하셨으니 저가 하나님이 능히 죽은 자 가운데서 다시 살리실 줄로 생각한지라 비유컨대 죽은 자 가운데서 도로 받은 것이니라(히 11:17-19)』.

+ 여호와 이레

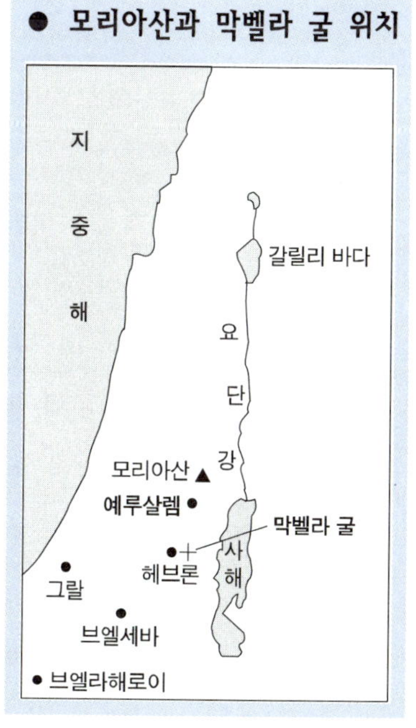

아브라함은 수풀에 걸린 수양을 발견하고서 이삭을 대신하여 번제로 드렸습니다. 아브라함은 하나님께서 이삭을 죽이지 말라고 하셨기 때문에 이삭을 대신 할 번제물이 틀림없이 있을 것이라고 믿었습니다. 하나님께서 아브라함에게 뒤에 수양이 수풀에 걸려있다고 말씀하신 것이 아닙니다. 아브라함이 즉시 발견한 것도 아니며 두루 살펴보았던 것입니다. 아브라함이 눈을 들어 살펴본즉 한 수양이 뒤에 있는데 뿔이 수풀에 걸렸는지라 아브라함이 가서 그 수양을 가져다가 아들을 대신하여 번제로 드렸더라(창 22:13). 여기 "눈을 들어 살펴본즉"은 고개를 들고 눈을 들어 올려 기대감을 가지고 살펴보는 것을 의미합니다. 곧 하나님께서 어떠한 방법으로 역사하실는지 전혀 알 수 없는 상황에서 분명히 하나님께서 일하실 것이라는 믿음으로 주위를 살펴보고 거기서 답을 찾은 것입니다.

아브라함은 그곳을 '여호와 이레'라고 하였습니다. 여호와 이레는 '여호와께서 준비하심'이라는 의미입니다. 아브라함이 그 땅 이름을 여호와이레라 하였으므로 오늘까지 사람들이 이르기를 여호와의 산에서 준비되리라 하더라(창 22:14). 후에 솔로몬은 이곳 모리아 산에 하나님의 성전을 건축하게 됩니다. 솔로몬이 예루살렘 모리아 산에 여호와의 전 건축하기를 시작하니 그곳은 전에 여호와께서 그 아비 다윗에게 나타나신 곳이요 여부스 사람 오르난의 타작마당에 다윗이 정한 곳이라(대하 3:1).

이제 하나님께서 두 번째 아브라함을 부르시고 이같이 말씀하십니다. 가라사대 여호와께서 이르시기를 내가 나를 가리켜 맹세하노니 네가 이같이 행하여 네 아들 네 독자를 아끼지 아니하였은즉(창 22:16). "내가 나를 가리켜 맹세하노니"라는 말씀은 이곳에만 나타나지만 이와 유사한 표현은 하나님께서 자신의 언약을 준수하실 것임을 말씀하실 때 사용하십니다. 그들에게 이르기를 여호와의 말씀에 나의 삶을 가리켜 맹세하노라(민 14:28), 내가 하늘을 향하여 내 손을 들고 말하노라 나의 영원히 삶을 두고 맹세하노니(신 32:40), 나 여호와가 말하노라 나의 삶으로 맹세하노니(렘 22:24). **아브라함의 믿음의 행위에 대한 야고보서의 말씀입니다.** 우리 조상 아브라함이 그 아들 이삭을 제단에 드릴 때에 행함으로 의롭다 하심을 받은 것이 아니냐 네가 보거니와 믿음이 그의 행함과 함께 일하고 행함으로 믿음이 온전케 되었느니라(약 2:21-22).

하나님은 아브라함에게 주신 언약의 말씀이 반드시 성취될 것임을 다시 한 번 각인시켜 주십니다. 내가 네게 큰 복을 주고 네 씨로 크게 성하여 하늘의 별과 같고 바닷가의 모래와 같게 하리니 네 씨가 그 대적의 문을 얻으리라 또 네 씨로 말미암아 천하 만민이 복을 얻으리니 이는 네가 나의 말을 준행하였음이니라 하셨다 하니라(창 22:17-18). **이는 메시야에 관한 예언의 말씀입니다. "네 씨로 말미암아 천하 만민이 복을 얻으리니"라는 말씀은 아브라함의 자손에서 그리스도가 나시고 그로 말미암아 천하 만민이 영생의 복을 받을 것을 말씀하신 것입니다. 그리고 때가 되어 하나님은 약속하신 메시야를 보내 주셨습니다.** 때가 차매 하나님이 그 아들을 보내사 여자에게서 나게 하시고 율법 아래 나게 하신 것은(갈 4:4). **이는 그리스도를 통하여 복 주시겠다는 말씀입니다.** 찬송하리로다 하나님 곧 우리 주 예수 그리스도의 아버지께서 그리스도 안에서 하늘에 속한 모든 신령한 복으로 우리에게 복 주시되(엡 1:3).

위에서 살펴본 바와 같이 하나님의 말씀에 대한 아브라함의 순종은 절대적이었습니다. 이러한 아브라함의 순종은 모든 믿는 자들의 믿음의 조상으로서 본을 보여준 것입니다. 또 하나님이 이방을 믿음으로 말미암아 의로 정하실 것을 성경이 미리 알고 먼저 아브라함에게 복음을 전하되 모든 이방이 너를 인하여 복을 받으리라 하였으니 그러므로 믿음으로 말미암은 자는 믿음이 있는 아브라함과 함께 복을 받느니라(갈 3:8-9). 또한 "네 아들 네 독자를 아끼지 아니하였은즉"이라는 말씀에서 우리는 하나님께 대한 아브라함의 순종뿐 아니라 우리를 위하여 독생자도 아끼지 않고 내어 주신 하나님의 무한하신 사랑을 깨닫게 됩니다.

하나님은 아브라함의 순종과 믿음을 보시고 친히 수양을 준비하시어 이삭을 구하셨습니다. 그러므로 아브라함은 여호와의 산에서 준비되리라는 의미로 그곳을 '여호와 이레'라고 하였습니다. 하나님은 이 사건을 통하여 믿음으로 말미암아 의롭다 일컬음을 받는 이신칭의(以信稱義)의 진리와 예수 그리스도께서 우리를 위해 대신 죽으심으로 말미암아 구원을 얻는 대속(代贖)의 진리를 깨닫게 하십니다.

나홀의 계보

여호와 이레의 사건 이후 아브라함은 자신의 형제 나홀의 자녀에 대한 소식을 듣게 되었습니다. 나홀은 그의 아내 밀가로부터 여덟 명의 아들을 두었고 또 후처에게서도 네 명의 아들을 낳았습니다. 밀가는 아브라함의 조카로, 일찍 세상을 떠난 그의 형 하란의 딸이며, 롯의 누이입니다. 아브람과 나홀이 장가 들었으니 아브람의 아내 이름은 사래며 나홀의 아내 이름은 밀가니 하란의 딸이요 하란은 밀가의 아비며 또 이스가의 아비더라(창 11:29). 이 밀가의 소생 중 막내아들인 브두엘이 리브가를 낳았습니다. 이 여덟 사람은 아브라함의 동생 나홀의 처 밀가의 소생이며 브두엘은 리브가를 낳았고(창 22:23). 이삭의 사촌인 '브두엘'은 '하나님께 속한 자'라는 뜻이며 리브가의 아버지입니다.

여기에서 특별히 나홀의 손녀이자 브두엘의 딸인 리브가에 대해 언급한 것은 하나님께서 약속의 자손 이삭의 배우자가 될 리브가를 어떻게 예비하셨는지 보여주시기 위함입니다. 나의 고향 내 족속에게로 가서 내 아들 이삭을 위하여 아내를 택하라 …… 이에 종이 그 주인의 약대 중 열 필을 취하고 떠났는데 곧 그 주인의 모든 좋은 것을 가지고 떠나 메소보다미아로 가서 나홀의 성에 이르러(창 24:4,10). 지금 이삭은 가나안 땅의 브엘세바에 있고 리브가는 메소포다미아의 밧단아람에 있지만, 지역을 초월하여 역사하시는 하나님의 경륜에 따라 장차 리브가가 이삭의 아내가 된다는 것을 보여주시기 위한 것입니다.

나홀의 계보는 리브가와 라반을 낳은 브두엘에 관하여 말하므로 장차 구속사의 주역이 될 이삭과 그의 아들 야곱의 배우자들의 뿌리를 알게 해줍니다. 나홀의 손녀이자 브두엘의 딸인 리브가는 이삭의 아내가 될 것이고, 브두엘의 아들인 라반의 두 딸 레아와 라헬은 후에 야곱의 아내들이 될 것이기 때문에(창 29:16) 그들의 집안 배경을 설명해 주기 위한 것입니다.

막벨라 굴 매입

세월이 흘러 아브라함이 헤브론, 곧 기랏아르바에 거할 때 사라가 127세로 생을 마치게 되었습니다. 사라가 일백이십칠 세를 살았으니 이것이 곧 사라의 향년이라(창 23:1). 열국의 어머니(창 17:16) 사라는 모든 성도들의 믿음의 어머니로서 성경에서 죽을 때의 나이가 언급된 유일한 여성입니다. 사라는 65세의 나이로 아브라함을 따라 우르를 떠나 가나안 땅에 들어온 지 62년, 그리고 언약의 후손 이삭을 낳은 지 37년 만에 생을 마감하게 됩니다. 사라는 남편 아브라함을 주라 불러 순종하며 하나님께 소망을 두었던 믿음의 여인이었습니다. 전에 하나님께 소망을 두었던 거룩한 부녀들도 이와 같이 자기 남편에게 순복함으로 자기를 단장하였나니 사라가 아브라함을 주라 칭하여 복종한 것 같이(벧전 3:5-6).

아브라함은 그 땅 거민 헷 족속에게 사라를 장사하기 위한 매장지를 요청합니다. 그들이 대답합니다. 내 주여 들으소서 당신은 우리 중 하나님의 방백이시니 우리 묘실 중에서 좋은 것을 택하여 당신의 죽은 자를 장사하소서 우리 중에서 자기 묘실에 당신의 죽은 자 장사함을 금할 자가 없으리이다(창 23:6). 이는 아브라함의 일상적 삶이 하나님과 동행하는 아름다운 삶이었음을 증거합니다. 저들은 아브라함에게 "내 주여 들으소서 당신은 우리 중 하나님의 방백이시니"라고 말합니다. "내 주여"라는 말과 "하나님의 방백"이라는 말 속에 아브라함을 향한 존경심이 배어 있습니다. 비록 이방인이라 할지라도 저들은 하나님께서 아브라함과 함께 계심을 잘 알고 있었습니다. 그의 삶을 통해 하나님이 함께 하심을 알 수 있었기 때문입니다. 이와 같이 우리를 향한 주님의 뜻은 우리가 세상에서 소금과 빛의 역할을 다하는 것입니다. 너희는 세상의 소금이니 소금이 만일 그 맛을 잃으면 무엇으로 짜게 하리요 후에는 아무 쓸 데 없어 다만 밖에 버리워 사람에게 밟힐 뿐이니라 너희는 세상의 빛이라 …… 너희 빛을 사람 앞에 비취게 하여 저희로 너희 착한 행실을 보고 하늘에 계신 너희 아버지께 영광을 돌리게 하라(마 5:13-14,16).

아브라함은 에브론에게 은 400세겔의 땅 값을 치르고 마므레 앞 막벨라에 있는 그의 밭을 샀습니다. 아브라함이 에브론의 말을 좇아 에브론이 헷 족속의 듣는데서 말한 대로 상고의 통용하는 은 사백 세겔을 달아 에브론에게 주었더니(창 23:16). 1세겔은 11.5g입니다[25]. 당시 성인 노예가 은 30세겔에 팔렸습니다. 소가 만일 남종이나 여종을 받으면 소 임자가 은 삼십 세겔을 그 상전에게 줄 것이요 소는 돌에 맞아 죽을지니라(출 21:32). 그런데 다윗이 50세겔로 아라우나 타작마당과 소를 구입한(삼하 24:24) 사실이나 예레미야가 17세겔로 밭을 구입한(렘 32:9) 것과 비교해 볼 때, 밭의 크기는 알 수 없지만 은 400세겔이라 함은 상당한 댓가를 지불한 것임을 알 수 있습니다. 이에 헷 족속은 막벨라 밭과 그 속의 굴을 아브라함 소유 매장지로 정해 주었습니다. 이와 같이 그 밭과 그 속의 굴을 헷 족속이 아브라함 소유 매장지로 정하였더라(창 23:20).

아브라함은 그곳에 사라를 매장했습니다. 그 후에 아브라함이 그 아내 사라를 가나안 땅 마므레 앞 막벨라 밭 굴에 장사하였더라(마

25) Merrill C. Tenney, ed., *Pictorial Bible Dictionary*, 892.

므레는 곧 헤브론이라)(창 23:19). 아브라함이 에브론의 제의를 사양하고 정당한 값을 지불한 것은 그것이 가나안 땅의 극히 일부분이지만 그 땅을 합법적으로 매입함으로 장차 가나안 땅의 주인이 될 이스라엘의 조상으로서 그 땅을 인치기 위함이었습니다. 이는 아브라함이 하나님께서 언약하신 축복의 땅 가나안을 조금이나마 소유하게 된 의미심장한 사건입니다. 아브라함은 후손들에게 가나안 땅이 그들의 조상이 묻혀있는 약속의 땅임을 보여주고 그들로 하나님의 언약 백성인 것을 알게 하며 하나님의 약속이 반드시 성취될 것임을 확신시키고자 하였습니다.

후에 야곱도 임종 시 이곳에 묻어 달라고 유언했습니다. 내가 조상들과 함께 눕거든 너는 나를 애굽에서 매어다가 선영에 장사하라 요셉이 가로되 내가 아버지의 말씀대로 행하리이다(창 47:30). 요셉도 임종 시 약속의 땅에 이르게 될 때 자신의 해골을 메고 나가도록 부탁했습니다. 당시 요셉의 지위로 볼 때 야곱처럼 곧바로 자기 조상의 묘실에 매장하도록 요구할 수 있었지만, 애굽에 자신의 시신을 두게 한 것은 하나님께서 반드시 이스라엘 자손을 이끌어 내사 약속의 땅에 이르게 하실 것을 굳게 믿었기 때문입니다. 이는 자신의 후손들이 애굽에 안주하지 않고 가나안 땅을 사모하면서 살아가도록 하기 위함이었습니다. 요셉이 또 이스라엘 자손에게 맹세시켜 이르기를 하나님이 정녕 너희를 권고하시리니 너희는 여기서 내 해골을 메고 올라가겠다 하라 하였더라(창 50:25). 히브리서는 이를 요셉의 믿음에 의한 것으로 말씀합니다. 믿음으로 요셉은 임종시에 이스라엘 자손들의 떠날 것을 말하고 또 자기 해골을 위하여 명하였으며(히 11:22).

아브라함이 막벨라 굴을 산 것은 사라의 시신을 매장하기 위해서 뿐 아니라 하나님께서 주신 약속이 성취될 것임을 확신하였기 때문입니다. 이는 장차 이스라엘 백성들에게 가나안이 언약의 땅임을 분명히 하기 위함입니다. 아브라함이 막벨라 굴을 자신의 소유 매장지로 정하여 사라를 묻고 자신도 묻히고, 이삭과 리브가, 레아와 야곱도 그곳에 묻힘으로 후손들로 하여금 이 약속의 땅을 늘 고대하도록 하기 위함이었습니다. 『너희가 건너가서 얻을 땅은 산과 골짜기가 있어서 하늘에서 내리는 비를 흡수하는 땅이요 네 하나님 여호와께서 권고하시는 땅이라 세초부터 세말까지 네 하나님 여호와의 눈이 항상 그 위에 있느니라(신 11:11-12)』.

제 3 부
이삭

제 11 장
이삭의 아내 리브가

노종의 맹세

아브라함이 이제 매우 늙었으며 하나님은 그의 하는 모든 일에 복을 주셨습니다. 아브라함이 나이 많아 늙었고 여호와께서 그의 범사에 복을 주셨더라(창 24:1). 아브라함이 자신의 집사 늙은 종에게 그의 손을 자신의 환도뼈 밑에 넣고 맹세하게 합니다. 이 종은 아브라함이 자식이 없었을 때 자신의 상속자로 생각했었던 엘리에셀로 추정됩니다. 아브람이 가로되 주 여호와여 무엇을 내게 주시려나이까 나는 무자하오니 나의 상속자는 이 다메섹 엘리에셀이니이다(창 15:2). 아브라함은 노종에게 가나안 족속의 딸이 아니라 자신의 고향과 족속에게로 가서 이삭의 아내를 택하도록 합니다. 내 고향 내 족속에게로 가서 내 아들 이삭을 위하여 아내를 택하라(창 24:4). 아브라함은 하나님께서 자신을 본토에서 떠나게 하셨으며 또한 이 가나안 땅을 주신다고 약속하셨기 때문에 이삭의 아내 될 여자를 택하여 이곳으로 데려오도록 노종에게 분부합니다. 하늘의 하나님 여호와께서 나를 내 아버지의 집과 내 본토에서 떠나게 하시고 내게 말씀하시며 내게 맹세하여 이르시기를 이 땅을 네 씨에게 주리라 하셨으니 그가 그 사자를 네 앞서 보내실지라 네가 거기서 내 아들을 위하여 아내를 택할지니라(창 24:7).

아브라함은 하나님께서 사자를 자신의 종보다 앞서 보내실 것이므로 그 종의 길이 형통할 것이라 믿었습니다. 비록 지금은 가나안 땅에서 막벨라 굴밖에 소유한 것이 없지만 아브라함은 하나님께서 이 땅을 네 씨에게 주리라고 하신 약속의 말씀을 굳게 믿고 조금도 의심치 않았습니다. 종은 그대로 준행할 것을 맹세합니다. 종이 이에 주인 아브라함의 환도뼈 아래 손을 넣고 이 일에 대하여 그에게 맹세하였더라(창 24:9). 환도뼈 아래 손을 넣는다는 것은 맹세의 진실성을 드러내는 행위로 생명을 상징하는 생식기 밑에 손을 넣는 것을 의미합니다. 이제 종이 메소포타미아로 떠납니다. 이에 종이 그 주인의 약대 중 열 필을 취하고 떠났는데 곧 그 주인의 모든 좋은 것을 가지고 떠나 메소보다미아로 가서 나홀의 성에 이르러(창 24:10). 종은 약대 열 필에 주인의 소유 중에서 온갖 종류의 귀중품들을 싣고 떠났습니다. 약대는 보통 250~350kg의 짐을 싣고 시속 16km 정도의 속력으로 18시간을 갈 수 있다고 합니다.[26] 아브라함의 충복인 노종은 자신의 주인에게 있어서 가장 중요한 대사인 결혼을 위하여 신부에게 줄 귀한 예물들을 이처럼 정성스럽게 준비하였습니다.

배우자를 선택함에 있어 기도로 준비하고 하나님의 인도하심을 바라며 자신을 준비하는 것이 중요합니다. 또한 사랑이 결혼

---

26) *The New Encyclopaedia Britannica, v.2* (Chicago : Encyclopaedia Britannica, Inc., 2003), 764.

생활을 유지시켜 주는 것이 아니라 하나님의 명령에 순종하는 것이 가정을 지탱하는 비결임을 알아야 합니다. 하나님의 말씀이 가정의 근간(根幹)인 것입니다. 이스라엘의 하나님 여호와가 이르노니 나는 이혼하는 것과 학대로 옷을 가리우는 자를 미워하노라 만군의 여호와의 말이니라 그러므로 너희 심령을 삼가 지켜 궤사를 행치 말지니라(말 2:16), 이러한즉 이제 둘이 아니요 한 몸이니 그러므로 하나님이 짝지어 주신 것을 사람이 나누지 못할지니라(마 19:6), 아내들이여 자기 남편에게 복종하기를 주께 하듯 하라 남편들아 아내 사랑하기를 그리스도께서 교회를 사랑하시고 위하여 자신을 주심 같이 하라(엡 5:22,25). 종이 그곳에 도착하여 기도드립니다. 그가 가로되 우리 주인 아브라함의 하나님 여호와여 원컨대 오늘날 나로 순적히 만나게 하사 나의 주인 아브라함에게 은혜를 베푸시옵소서 …… 한 소녀에게 이르기를 청컨대 너는 물 항아리를 기울여 나로 마시게 하라 하리니 그의 대답이 마시라 내가 당신의 약대에게도 마시우리라 하면 그는 주께서 주의 종 이삭을 위하여 정하신 자라 이로 인하여 주께서 나의 주인에게 은혜 베푸심을 내가 알겠나이다(창 24:12,14). 종은 하나님께서 인도해 주실 것을 확신하고 이처럼 세세히 간구합니다.

이 종의 기도는 두 가지로 정리할 수 있습니다. 하나는 하나님께서 예비하신 처녀를 순조롭게 만날 수 있도록 해주시라는 기도이며, 다른 하나는 남을 배려할 줄 아는 아름다운 마음을 가진 처녀를 만나게 해주시라는 기도입니다. 결혼은 서로 다른 문화 속에서 성장한 두 남녀가 결합하는 것입니다. 그러므로 결혼을 위해 먼저 기도로 준비하고 남을 이해하고 배려하는 훈련을 쌓아가며 하나님의 인도하심을 받아야 합니다.

+ 리브가

종의 기도가 채 끝나기도 전에 리브가가 등장합니다. 말을 마치지 못하여서 리브가가 물 항아리를 어깨에 메고 나오니 그는 아브라함의 동생 나홀의 아내 밀가의 아들 브두엘의 소생이라(창 24:15). 하나님께서 아브라함과 노종의 기도대로 모든 일을 순조롭게 진행시키심을 알 수 있습니다. 이에 종이 달려가서 그 항아리의 물을 조금 달라고 하자 그녀가 말합니다. 그가 가로되 주여 마시소서 하며 급히 그 물 항아리를 손에 내려 마시게 하고 마시우기를 다하고 가로되 당신의 약대도 위하여 물을 길어 그것들로 배불리 마시게 하리이다 하고 급히 물 항아리의 물을 구유에 붓고 다시 길으려고 우물로 달려가서 모든 약대를 위하여 긷는지라(창 24:18-20). 낙타는 사막지대를 여행하는 교통수단인 만큼 한꺼번에 많은 양의 물을 마시고 저장할 수 있는 신체적 특징을 가지고 있습니다. 낙타는 며칠 동안 물을 마시지 않고도 살 수 있으며 낙타 한 마리 당 대략 100리터 정도의 물을 섭취한다고 합니다.[27] 그렇다면 낙타가 10마리이므로 상당히 많은 양의 물을 길어 날랐다고 볼 수 있습니다. 지금처럼 수도꼭지만 움직이면 물이 쏟아지는 것도 아니고 두레

---

27) *The New Encyclopaedia Britannica, v.2*, 764.

박으로 물을 길어 올려야 되는 상황인데, 낙타에게 "배불리 마시게" 하겠다는 그녀의 마음이 참으로 아름답습니다. 그녀는 "급히" 물을 구유에 붓고 다시 길으려고 달려가는, 이처럼 열성적이고 헌신적인 행동으로 모든 약대들로 배불리 마시게 하였습니다.

노종은 이러한 그녀의 행동을 유심히 살펴보았습니다. 그녀는 주변 모두를 배려하며 그들의 필요에 따라 신속하게 행동할 줄 아는 진정으로 내면이 아름다운 처녀였습니다. 그 사람이 그를 묵묵히 주목하며 여호와께서 과연 평탄한 길을 주신 여부를 알고자 하더니(창 24:21). 노종의 기도 중 하나는 이미 응답되었습니다. 그는 리브가에게 반 세겔인 금고리 하나와 열 세겔의 금 손목고리 한 쌍을 선물로 주었습니다. 혼신을 다해 공궤한 리브가의 마음도 아름답지만 이같이 후하게 답례한 종을 보면 지금 그가 얼마나 충실히 주인의 명을 잘 수행하고 있는지 알 수 있습니다.

노종은 다른 기도의 응답 여부도 알고자 했습니다. 종이 그녀에게 누구의 딸이며 그녀의 집에 유숙할 곳이 있는지 묻자 리브가는 조목조목 분명하게 대답합니다. 그 여자가 그에게 이르되 나는 밀가가 나홀에게 낳은 아들 브두엘의 딸이니이다 또 가로되 우리에게 짚과 보리가 족하며 유숙할 곳도 있나이다(창 24:24-25). 이에 종이 머리를 숙여 하나님께 경배하였습니다. 그의 기도가 모두 응답되고 있기 때문입니다. 자신의 고향, 자신의 족속 중에서 며느리를 구해오라는 아브라함의 바램대로(창 24:4), 종은 아브라함의 동생의 손녀를 만나게 된 것입니다. 리브가는 아브라함의 동생 나홀의 손녀이므로 이삭으로 볼 때는 사촌 형의 딸로 오촌 조카가 됩니다.[28]

리브가의 행동을 살펴보면 다음과 같은 특징이 있습니다. 첫째, "주여 마시소서"라고 예의를 갖추어 공손히 대답합니다. 둘째, "급히" 항아리를 내려 마시게 합니다. 그녀는 대답과 동시에 즉시 상대방의 요구에 응합니다. 셋째, "마시우기를 다하기"까지 서두르지 않으며 순리대로 행동합니다. 먼저 종이 다 마실 때까지 기다렸다가 다음 행동을 진행합니다. 넷째, 리브가는 말 못하는 짐승도 배려하는 아름다운 마음을 가졌습니다. 그녀는 약대들을 위해서도 물을 길어 그것들로 배불리 마시게 했습니다.

+ 충직한 종

종은 자신의 기도가 응답되자 먼저 하나님께 감사의 기도를 드렸습니다. 기도가 응답된 후 그 사실에 고무되어 하나님께 대한 감사를 잊어버릴 때도 있지만 노종은 먼저 하나님께 머리 숙여 감사의 경배를 올렸습니다. 나의 주인 아브라함의 하나님 여호와를 찬송하나이다 나의 주인에게 주의 인자와 성실을 끊이지 아니하셨사오며 여호와께서 길에서 나를 인도하사 내 주인의 동생집에 이르게 하셨나이다(창 24:27). 리브가가 집으로 달려가 이 모든 일을 설명하

---

28) 아브라함의 계보(→는 직계, +는 부부)

데라 → 하란 → 밀가, 롯 → 모압, 암몬
→ 아브라함 + 사라 → 이삭 + 리브가 (브두엘의 딸) → 야곱 + 레아와 라헬 (라반의 두 딸)
→ 나홀 + 밀가(하란의 딸) → 브두엘 → 라반, 리브가

였더니 그녀의 오라비 라반이 그 종에게로 달려왔습니다. 라반이 그 종 일행을 맞아들이며 음식을 베풀었으나 노종은 자신의 일을 진술하기 전에는 먹지 않겠다고 단호히 말합니다. 그 앞에 식물을 베푸니 그 사람이 가로되 내가 내 일을 진술하기 전에는 먹지 아니하겠나이다(창 24:33). 아브라함의 노종은 먼 길을 여행하느라 몹시 피곤하였으며 또한 시장하였을 것입니다. 그러나 그는 자신보다 주인이 자신에게 맡긴 일에 최선을 다했습니다.

노종은 한 순간도 자신의 직무를 망각하지 않았습니다. 그는 하나님의 인도하심에 감사드리며 무엇보다도 리브가가 이 결혼에 동의하고 자신을 따라 가나안 땅으로 갈 것인지의 여부를 알고자 했습니다. 아브라함이 이전에 "나의 상속자는 이 다메섹 엘리에셀이니이다"라고 했을 만큼 충직한 종이었습니다. 노종은 아브라함이 하나님께 얼마나 큰 복을 받았는지에 관하여, 그리고 이삭에 관하여 그들에게 진술합니다. 종은 자신의 주인 아브라함의 재산에 대한 내역과 독자 이삭이 주인의 유일한 상속자임을 상세하게 설명합니다. 또한 이 모든 것이 하나님께서 주신 복임을 강조합니다. 그리고 자신이 왜 이곳에 오게 되었으며, 어떻게 리브가를 만나게 되었는지 자세히 설명합니다. 노종은 지금 진행되어지고 있는 이 모든 일들은 아브라함이 섬기는 하나님께 자신이 드린 기도의 응답이며, 하나님께로부터 말미암은 것임을 분명히 밝힙니다. 나의 주인 아브라함의 하나님 여호와께서 나를 바른 길로 인도하사 나의 주인의 동생의 딸을 그 아들을 위하여 택하게 하셨으므로 내가 머리를 숙여 그에게 경배하고 찬송하였나이다(창 24:48).

라반과 브두엘이 그 종에게 대답합니다. 리브가가 그대 앞에 있으니 데리고 가서 여호와의 명대로 그로 그대의 주인의 아들의 아내가 되게 하라(창 24:51). 이에 노종이 하나님께 경배드립니다. 아브라함의 종이 그들의 말을 듣고 땅에 엎드리어 여호와께 절하고(창 24:52). 종은 준비해 간 패물과 보물을 그들에게 준 후 일행과 함께 식사를 하고 유숙했습니다. 다음날 아침 노종이 라반과 리브가의 어머니에게 이렇게 말합니다. 그 사람이 그들에게 이르되 나를 만류치 마소서 여호와께서 내게 형통한 길을 주셨으니 나를 보내어 내 주인에게로 돌아가게 하소서(창 24:56). 그 종은 자신의 사명을 완수할 때까지 철저하게 맡겨진 일을 감당하는 청지기였습니다. 그가 자기의 주인 아브라함에게 얼마나 충성하였으며 얼마나 경건하게 하나님을 의지하고 있는지 알 수 있습니다.

라반이 리브가에게 축복한 뒤에 노종은 리브가를 데리고 떠납니다. 리브가에게 축복하여 가로되 우리 누이여 너는 천만인의 어미가 될지어다 네 씨로 그 원수의 성문을 얻게 할지어다(창 24:60). 라반의 기도대로 리브가는 자신의 아들 야곱을 통해 열두 지파를 이루는 천만인의 어미가 되며 또한 야곱의 자손 유다 지파를 통해 구주가 오시는 영광을 누리게 됩니다. '리브가'는 '고리(binding)'라는 그녀의 이름대로 언약의 혈통을 잇는 역할을 감당하게 됩니다.

리브가의 행동을 묵묵히 지켜보던 종은 그녀가 브두엘의 딸이라는 것을 알았을 때 머리 숙여 하나님께 경배하였습니다(창 24:26). 그리고 모든 일이 성사된 지금 땅에 엎드려 하나님께 경배드립니다. 종은 자신의 기도대로 모든 일을 순조롭게 이루어주신 하나님께 감사의 경배를 올립니다. 이 종은 하나님을 전적으로 의지하며 기도로 시작하여 기도로 마치는 신앙의 모본(模本)을 보여줍니다.

리브가를 맞이하는 이삭

한편, 이삭은 들에 나가 신부를 맞이할 준비를 합니다. 이삭이 저물 때에 들에 나가 묵상하다가 눈을 들어 보매 약대들이 오더라(창 24:63). 이삭은 저물 때에 들에 나가 묵상하고 있었습니다. 여기 '묵상하다' 라는 말은 '기도하다' 라는 의미를 지닙니다. 아마도 이삭은 자신의 배우자를 구하기 위해 아버지의 고향 집으로 먼 길을 간 노종이 하나님의 은혜 가운데 자신의 배우자와 더불어 무사히 돌아오기를 하나님께 기도하고 있었던 것 같습니다. 이 기도에 대한 응답으로 이삭은 아름답고 고운 마음을 지닌 리브가를 배필로 맞이하게 됩니다. 리브가가 눈을 들어 이삭을 바라보고 약대에서 내려 …… 리브가가 면박을 취하여 스스로 가리우더라(창 24:64-65).

노종은 지금까지의 모든 일을 이삭에게 말하였으며 이삭은 리브가를 아내로 맞이하였습니다.[29] 종이 그 행한 일을 다 이삭에게 고하매 이삭이 리브가를 인도하여 모친 사라의 장막으로 들이고 그를

29) 사라의 죽음은 B.C. 2029년경이며, 이삭의 결혼은 B.C. 2026년경입니다.

취하여 아내를 삼고 사랑하였으니 이삭이 모친 상사 후에 위로를 얻었더라(창 24:66-67). **이삭이 리브가를 사라의 장막으로 인도한 것은 장차 아브라함 집안의 여주인으로서 가정을 꾸려나가야 하기 때문입니다. 또한 이삭이 리브가를 사라의 장막에 들였다는 것은 아브라함이 자신의 모든 소유를 다 이삭에게 상속하였다는 것을 의미합니다.** 나의 주인의 부인 사라가 노년에 나의 주인에게 아들을 낳으매 주인이 그 모든 소유를 그 아들에게 주었나이다(창 24:36).

이삭은 37세에 어머니 사라를 여의고 3년 동안 외롭게 지낸 후, 40세에 리브가를 아내로 맞이하여 모친 상사 후에 위안을 얻었습니다. 『이삭은 사십 세에 리브가를 취하여 아내를 삼았으니(창 25:20)』, 『집과 재물은 조상에게서 상속하거니와 슬기로운 아내는 여호와께로서 말미암느니라(잠 19:14)』.

제 12 장
아브라함의 상속자

아브라함의 죽음

아브라함은 그두라를 후처로 취하여 여섯 아들을 두게 됩니다. 그들은 아라비아의 조상이 되었으며 그들 중 넷째인 미디안은 미디안 족속의 조상이 되었습니다. 아브라함은 이미 이삭에게 자신의 모든 소유를 주었지만 생전에 서자들에게도 재물을 주어 그들로 이삭을 떠나가게 했습니다. 그들은 약속의 땅을 유업으로 받을 수 없었기 때문에 아브라함은 그들에게 재산을 주고 동방인 아라비아 지역으로 이주하게 하였습니다. 아브라함이 이삭에게 자기 모든 소유를 주었고 자기 서자들에게도 재물을 주어 자기 생전에 그들로 자기 아들 이삭을 떠나 동방 곧 동국으로 가게 하였더라(창 25:5-6). 그리고 아브라함은 175세(B.C. 1991년경)에 세상을 떠납니다. 아브라함은 이삭을 결혼시킨 후 35년을 더 생존하였습니다. 아브라함의 향년이 일백칠십오 세라(창 25:7). 이삭과 이스마엘이 아브라함을 사라가 묻혀 있는 막벨라 굴에 장사합니다. 그 아들 이삭과 이스마엘이 그를 마므레 앞 헷 족속 소할의 아들 에브론의 밭에 있는 막벨라 굴에 장사 하였으니(창 25:9). 막벨라 굴은 38년 전 아브라함이 사라를 위해 준비한 장지입니다.

신약에는 아브라함이 74회 언급되고 있습니다. 예수님은 부자와 나사로의 비유로 아브라함에 대해 언급하셨으며(마 3:9-10, 요 8:31-58), 로마서는 육적인 혈통이 아니라 아브라함과 같은 믿음이 있어야 의롭다고 선언될 수 있다고 말씀합니다(롬 4:1-12; 9:6-8). 바울은 아브라함의 참 씨가 그리스도이며 그리스도에게 속한 사람들이 약속에 대한 상속자들이라고 말합니다. 이 약속들은 아브라함과 그 자손에게 말씀하신 것인데 여럿을 가리켜 그 자손들이라 하지 아니하시고 오직 하나를 가리켜 네 자손이라 하셨으니 곧 그리스도라(갈 3:16), 너희가 그리스도께 속한 자면 곧 아브라함의 자손이요 약속대로 유업을 이을 자니라(갈 3:29). 또한 야고보는 아브라함이 자신의 믿음을 의로운 행함으로 뒷받침하여 "하나님의 벗"으로 알려지게 되었다고 합니다. 이에 경에 이른 바 아브라함이 하나님을 믿으니 이것을 의로 여기셨다는 말씀이 응하였고 그는 하나님의 벗이라 칭함을 받았나니(약 2:23).

아브라함이 죽은 후 하나님은 이삭에게 복을 주셨으며 그는 브엘 라해로이 근처에 살게 되었습니다. 아브라함이 죽은 후에 하나님이 그 아들 이삭에게 복을 주셨고 이삭은 브엘라해로이 근처에 거하였더라(창 25:11). 브엘 라해로이는 '살아 계셔서 나를 감찰하신 자의 우물'이란 뜻입니다. 또한 하갈이 도망 중에 하나님을 뵈옵고 위로를 받은 곳이기도 합니다(창 16:14). 하나님은 아브라함에게 약속하신대로 이스마엘에게도 열두 방백을 이루게 하셨습니다

(창 17:20). **이스마엘은 137세에 죽음을 맞게 됩니다.** 이들은 이스마엘의 아들들이요 …… 그 족속대로는 십이 방백이었더라 이스마엘은 향년이 일백삼십칠 세에 기운이 진하여 죽어 자기 열조에게로 돌아갔고(창 25:16-17).

아브라함은 하나님의 종이요 벗으로 방백으로 하나님을 경외했으며 하나님께서 친밀하게 대하셨던 믿음의 조상이었습니다. 『여호와께서 가라사대 나의 하려는 것을 아브라함에게 숨기겠느냐(창 18:17)』, 『우리 하나님이시여 …… 그 땅으로 주의 벗 아브라함의 자손에게 영영히 주지 아니하셨나이까(대하 20:7)』, 『그러나 나의 종 너 이스라엘아 나의 택한 야곱아 나의 벗 아브라함의 자손아(사 41:8)』.

야곱과 에서

이삭이 40세에 아내를 취하였으나 거의 20년이 되도록 리브가가 잉태하지 못하자 이삭이 하나님께 간구하여 그녀가 잉태하게 됩니다. 이삭이 그 아내가 잉태하지 못하므로 그를 위하여 여호와께 간구하매 여호와께서 그 간구를 들으셨으므로 그 아내 리브가가 잉태하였더니(창 25:21). **여기 "간구하매"는 '향을 태우다' 에서 파생한 말로 기도가 향연과 같이 올라감을 비유합니다.** 네 생물과 이십사 장로들이 어린 양 앞에 엎드려 각각 거문고와 향이 가득한 금대접을 가졌으니 이 향은 성도의 기도들이라(계 5:8), 향연이 성도의 기도와 함께 천사의 손으로부터 하나님 앞으로 올라가는지라(계 8:4). **마침내 리브가가 쌍둥이를 낳았습니다.** 먼저 나온 자는 붉고 전신이 갖옷 같아서 이름을 에서라 하였고 후에 나온 아우는 손으로 에서의 발꿈치를 잡았으므로 그 이름을 야곱이라 하였으며 리브가가 그들을 낳을 때에 이삭이 육십 세이었더라(창 25:25-26). **갖옷은 짐승의 모피로 안을 대어 만든 옷을 말하는 것으로 '에서'는 '털이 많은'이라는 뜻이며, '야곱'[30]은 '발뒤꿈치를 붙잡은 자(heeler)' 또는 '대신 들어앉은 자(supplanter)'라는 뜻입니다.**

후에 저들이 장성하여 에서는 사냥꾼이 되고 야곱은 장막에 거하였습니다. 이삭은 에서를 사랑하고 리브가는 야곱을 사랑하였습니다. 이삭은 에서의 사냥한 고기를 좋아하므로 그를 사랑하고 리브가는 야곱을 사랑하였더라(창 25:28). **어느 날 야곱이 붉은 죽을 쑤었는데 에서가 들에서 돌아와 심히 피곤하여 야곱에게 그 죽을 달라고 요청합니다. 이에 야곱은 형의 장자 명분을 자기에게 팔 것을 요구합니다. 야곱은 하나님의 약속과 축복에 대한 갈망으로 장자권을 염원하였습니다. 그러나 에서는 이렇게 생각했습니다.** 에서가 가로되 내가 죽게 되었으니 이 장자의 명분이 내게 무엇이 유익하리요(창 25:32). **이에 에서가 맹세하고 장자의 명분을 야곱에게 팔았습니다. 성경은 이렇게 말씀합니다.** 야곱이 떡과 팥죽을 에서에게 주매 에서가 먹으며 마시고 일어나서 갔으니 에서가 장자의 명분을 경홀히 여김이었더라(창 25:34), 음행하는 자와 혹 한 그릇 식물을 위하여 장자의 명분을 판 에서와 같이 망령된 자가 있을까 두려워하라(히

---

30) 야곱은 B.C. 2006년경에 태어나 147세를 살고 B.C. 1859년경에 사망합니다.

12:16). 성경은 에서가 장자의 명분을 판 것은 이를 가볍게 여겼기 때문이라고 말씀합니다.

에서는 아무 생각 없이 자신의 감정대로 행하였던 이 일로 인하여 후에 자신의 장자의 축복을 야곱에게 빼앗기게 되리라고는 상상도 못하였습니다. 에서가 그 아비의 말을 듣고 방성대곡하며 아비에게 이르되 내 아버지여 내게 축복하소서 내게도 그리 하소서(창 27:34). 그리고 훗날 이삭의 예언과 같이 동생 야곱의 자손이 형 에서(에돔)의 자손보다 강해져 그들을 지배하게 되었습니다. 다윗이 염곡에서 에돔 사람 일만 팔천을 쳐 죽이고 돌아와서 명예를 얻으니라(삼하 8:13). 우리는 무심코 내뱉은 말이 하나님의 영광을 가리게 되며 자신에게 올무가 되어 돌아오는 것을 경험합니다. 언어란 단순히 소리가 아니라 자신의 사고가 외부로 표현되는 도구입니다. 성경은 이렇게 말씀합니다. 네 입으로 네 육체를 범죄케 말라 사자 앞에서 내가 서원한 것이 실수라고 말하지 말라 어찌 하나님으로 네 말소리를 진노하사 네 손으로 한 것을 멸하시게 하랴(전 5:6), 우리가 다 실수가 많으니 만일 말에 실수가 없는 자면 곧 온전한 사람이라 능히 온 몸에 굴레 씌우리라(약 3:2).

태아들이 복 중에서 서로 싸우므로 리브가가 하나님께 기도하여 이러한 응답을 받았습니다. 『여호와께서 그에게 이르시되 두 국민이 네 태중에 있구나 두 민족이 네 복중에서부터 나누이리라 이 족속이 저 족속보다 강하겠고 큰 자는 어린 자를 섬기리라 하셨더라(창 25:23)』. 이는 이삭의 두 아들 에서와 야곱의 출생, 그리고 그에 대한 하나님의 주권적 선택에 대한 말씀입니다.

✚ 그랄로 간 이삭

아브라함이 죽은 후 이삭은 브엘 라해로이 근처에 거하였는데 그 땅의 흉년으로 인해 그랄로 갔습니다. 아브라함 때의 큰 흉년은 B.C. 2090년경이었는데, 약 100년 후인 B.C. 1990년경 이삭의 때에 다시 큰 흉년이 든 것입니다. 하나님께서 이삭에게 말씀하셨습니다. 여호와께서 이삭에게 나타나 가라사대 애굽으로 내려가지 말고 내가 네게 지시하는 땅에 거하라 이 땅에 유하면 내가 너와 함께 있어 네게 복을 주고 내가 이 모든 땅을 너와 네 자손에게 주리라 내가 네 아비 아브라함에게 맹세한 것을 이루어 네 자손을 하늘의 별과 같이 번성케 하며 이 모든 땅을 네 자손에게 주리니 네 자손을 인하여 천하 만민이 복을 받으리라(창 26:2-4). 하나님은 아브라함에게 주셨던 언약의 말씀을 다시 그의 아들 이삭에게 확인시켜 주셨습니다. 하나님은 이삭에게 후손과 땅에 관하여, 그리고 그의 후손으로 오실 메시야를 통하여 구속사역이 이루어질 것에 관하여 말씀하셨습니다.

그리하여 이삭이 그랄에 거하게 되었는데 그곳에서 그는 아브라함과 똑같은 유형으로 거짓말을 하게 됩니다. 그곳 사람들이 그 아내를 물으매 그가 말하기를 그는 나의 누이라 하였으니 리브가는 보기에 아리따우므로 그곳 백성이 리브가로 인하여 자기를 죽일까 하여 그는 나의 아내라 하기를 두려워함이었더라(창 26:7). 그랄은 예전에 그랄 왕 아비멜렉이 이삭의 어머니 사라를 취하려 하였었지만 하나님께서 저지하셨던 곳입니다(창 20:2). 지난날 아브라함이 자기

목숨의 위협을 느껴 바로와 아비멜렉에게 아내를 누이로 속인 것과 같이 이삭도 블레셋 왕 아비멜렉에게 아내를 누이로 속이는 실수를 범하게 됩니다. 하지만 이삭의 온당치 못한 행동에도 불구하고 하나님은 이번에도 이 문제를 해결해 주십니다. 이삭이 리브가를 껴안은 것을 우연히 창으로 보게 된 블레셋 왕 아비멜렉이 진상을 파악하고 조치를 취했습니다. 왕은 이삭을 불러 잘못을 꾸짖은 다음 백성들이 리브가에게 범죄하지 못하도록 그들에게 경고하였습니다. 아비멜렉이 이에 모든 백성에게 명하여 가로되 이 사람이나 그 아내에게 범하는 자는 죽이리라 하였더라(창 26:11).

아비멜렉은 예전에 있었던 이삭의 모친 사라의 사건과 또한 하나님의 역사하심에 대하여 잘 알고 있었기 때문에 신속하게 대처한 것으로 보입니다. 아비멜렉이라는 말은 블레셋 왕에 대한 칭호로, 여기 나타나는 아비멜렉은 아브라함 때의 아비멜렉과는 다른 사람입니다.

이삭의 인내

하나님께서 복 주심으로 인하여 이삭은 그 땅에서 농사하여 그 해에 백 배나 많이 수확하였으며 마침내 거부가 되었습니다. 이삭은 아버지 아브라함으로부터도 많은 재산을 물려받았는데, 이처럼 풍성한 수확까지 거두게 되므로 블레셋 사람들에게 시기와 질투의 대상이 되었습니다. 마침내 블레셋 사람들이 이삭을 시샘하며 괴롭혔습니다. 양과 소가 떼를 이루고 노복이 심히 많으므로 블레셋 사람이 그를 시기하여 그 아비 아브라함 때에 그 아비의 종들이 판 모든 우물을 막고 흙으로 메웠더라(창 26:14-15). 이미 아브라함과 아비멜렉 사이에 약조가 있었음에도 불구하고(창 21:25,30) 그들은 아브라함의 종들이 파놓았던 모든 우물들을 메우고 이삭이 사용하던 우물들을 막아서 이삭 일행을 쫓아내고자 하였습니다. 아비멜렉은 이삭으로 하여금 떠나도록 강요하였습니다.

이삭이 그곳을 떠나 그랄 골짜기에 거하면서 아브라함 때에 팠던 우물들을 다시 팠습니다. 이삭의 종들이 골짜기를 파서 샘 근원을 얻었습니다. 그런데 그랄의 목자들이 또 방해를 하였습니다. 그러자 이삭이 다른 우물을 팠는데 다시 시비가 붙었습니다. 이에 이삭이 자리를 옮겨 다른 우물을 팠습니다. 이삭의 종들이 골짜기에 파서 샘 근원을 얻었더니 그랄 목자들이 이삭의 목자와 다투어 가로되 이 물은 우리의 것이라 하매 이삭이 그 다툼을 인하여 그 우물 이름을 에섹이라 하였으며 또 다른 우물을 팠더니 그들이 또 다투는고로 그 이름을 싯나라 하였으며 이삭이 거기서 옮겨 다른 우물을 팠더니 그들이 다투지 아니하였으므로 그 이름을 르호봇이라 하여 가로되 이제는 여호와께서 우리의 장소를 넓게 하셨으니 이 땅에서 우리가 번성하리로다 하였더라(창 26:19-22). 에섹은 '분쟁'을 의미하고 싯나는 '고발'이라는 뜻이며 르호봇은 '넓은'이라는 의미입니다. 이삭은 거느리고 있는 종이 아주 많았기 때문에 물리적인 힘을 사용할 충분한 능력이 있었지만 이처럼 인내하고 양보하며 세 번이나 우물

을 팠습니다. 주께서 너희 마음을 인도하여 하나님의 사랑과 그리스도의 인내에 들어가게 하시기를 원하노라(살후 3:5), 인내를 온전히 이루라 이는 너희로 온전하고 구비하여 조금도 부족함이 없게 하려 함이라(약 1:4).

이삭이 그랄 골짜기에서 브엘세바로 올라갔는데 그 밤에 하나님께서 나타나셨습니다. 그 밤에 여호와께서 그에게 나타나 가라사대 나는 네 아비 아브라함의 하나님이니 두려워 말라 내 종 아브라함을 위하여 내가 너와 함께 있어 네게 복을 주어 네 자손으로 번성케 하리라 하신지라(창 26:24). **하나님은 아브라함 때와 마찬가지로 이삭에게도 가는 곳마다 그에게 나타나시고 길을 인도하시며 용기를 북돋아 주셨습니다. 하나님께서 이삭에게 말씀하실 때면 언제나 아브라함을 언급하시는데 아브라함과의 약속을 말씀하시면서 이삭과 함께 하실 것을 약속하셨습니다.** 내가 네 아비 아브라함에게 맹세한 것을 이루어 네 자손을 하늘의 별과 같이 번성케 하며 이 모든 땅을 네 자손에게 주리니 네 자손들을 인하여 천하 만민이 복을 받으리라 이는 아브라함이 내 말을 순종하고 내 명령과 내 계명과 내 율례와 내 법도를 지켰음이니라 하시니라(창 26:3-5).

그리고 "내 종 아브라함을 위하여 내가 너와 함께 있어 네게 복을 주어 네 자손으로 번성케 하리라"(창 26:24)고 하십니다. 이러한 말씀들은 "나를 사랑하고 내 계명을 지키는 자에게는 천 대까지 은혜를 베푸느니라"(출 20:6)고 하신 말씀을 생생히 기억나게 합니다. 그리하여 이삭은 여기에 단을 쌓고 여호와의 이름을 불렀으며 이곳에서도 우물을 팠습니다. 이삭이 저들과 싸우지 않

고 순순히 양보한 까닭에 하나님은 그가 파는 곳마다 물을 얻게 해주셨습니다. 어떠한 불이익이 있다 하더라도 하나님께서 모든 것을 주관하고 계신다는 믿음으로 다툼을 피하고 양보하는 이삭의 믿음이 돋보입니다.

당시 우물은 생활의 기반이 되기 때문에 그것을 사수하기 위하여 사활을 걸었는데 이처럼 이삭은 그의 일생을 통하여 온유하며 양보하는 미덕을 보여줍니다. 이삭이 "이제는 여호와께서 우리의 장소를 넓게 하셨으니 이 땅에서 우리가 번성하리로다"(창 26:22)라고 한 것은 하나님께서 자신에게 약속하신 말씀이 이루어질 것이라는 믿음 때문이었습니다.

이삭과 아비멜렉

아비멜렉이 블레셋 군대의 총사령관인 비골과 함께 이삭에게로 왔습니다. 아비멜렉이 그 친구 아훗삿과 군대 장관 비골로 더불어 그랄에서부터 이삭에게로 온지라(창 26:26). 그들이 와서 이렇게 말합니다. 그들이 가로되 여호와께서 너와 함께 계심을 우리가 분명히 보았으므로 우리의 사이 곧 우리와 너의 사이에 맹세를 세워 너와 계약을 맺으리라 말하였노라 너는 우리를 해하지 말라 이는 우리가 너를 범하지 아니하고 선한 일만 네게 행하며 너로 평안히 가게 하였음이니라 이제 너는 여호와께 복을 받은 자니라(창 26:28-29). 물론 저들의 말은 사실이 아닙니다. 그들은 이삭을 시기하여 괴롭혀 내쫓은 자들입니다. 그러므로 이삭도 처음 저들이 자신에게 왔을 때 이렇게 말했습니다. 이삭이 그들에게 이르되 너희가 나를 미워하여 나로 너희를 떠나가게 하였거늘 어찌하여 내게 왔느냐(창 26:27). 그러나 이삭은 화평을 청하는 그들에게 잘잘못을 따지지 않고 그들을 위해 잔치를 베풀며 그들을 평안히 보냅니다.

이제 이삭과 아비멜렉 사이에 있었던 불화가 평화와 화해로 결말짓게 됩니다. 그리고 그 날 이삭은 자신의 종들이 판 우물에서 물을 얻게 됩니다. 그 날에 이삭의 종들이 자기들의 판 우물에 대하여 이삭에게 와서 고하여 가로되 우리가 물을 얻었나이다 하매(창 26:32). 이삭은 그들과 평화협정을 맺은 그 날 파던 우물에서 물이 나오자 이를 하나님의 은혜로 받아들이며 맹세를 상기시켜 주는 이름 '세바' 라고 칭하였습니다. 두 사람이 거기서 서로 맹세하였으므로 그곳을 브엘세바라 이름하였더라(창 21:31). 이제 '브엘세바' 는 우물의 명칭만이 아니라 성읍의 명칭도 되었습니다. 그가 그 이름을 세바라 한지라 그러므로 그 성읍 이름이 오늘까지 브엘세바더라(창 26:33).

이삭에게 일어나는 사건의 진행과정은 아브라함 때와 유사합니다. 하나님께서 인정하신 믿음으로 일생을 산 아브라함과 이삭의 삶이 이러합니다. 그들은 힘이 있어도 절제하고 억울한 일을 당하여도 참으며 자신들의 능력을 과시하지 않고 매사를 하나님께 맡깁니다. 그러므로 하나님께서 함께 하신다는 것을 저들도 알고 가해자였던 상대방이 먼저 손을 내밀어 화친을 청할 정도의 삶을 살았던 것입니다.

에서의 결혼

에서는 40세에 헷 족속인 유딧과 바스맛을 아내로 맞이하였는데, 이것이 이삭과 리브가의 근심이 되었습니다. 에서가 이방 여인인 가나안의 헷 족속의 딸들을 취하므로 이삭과 리브가를 슬프게 하였습니다. 에서가 사십 세에 헷 족속 브에리의 딸 유딧과 헷 족속 엘론의 딸 바스맛을 아내로 취하였더니 그들이 이삭과 리브가의 마음의 근심이 되었더라(창 26:34-35). 여기 "마음의 근심"이란 '영혼의 쓰라림'을 뜻하는 말로 이삭과 리브가가 에서의 결혼으로 인하여 얼마나 괴로워했는지 알 수 있게 합니다.

아버지 아브라함은 자식의 순전한 믿음을 위해 본토 친척 중에서 이삭의 아내를 구하여 왔었는데, 이삭의 맏아들 에서는 이방인 헷 족속의 여인들을 아내로 맞이하게 되자 하나님의 뜻을 분명히 알고 체험했던 이삭과 리브가에게 이 일은 마음의 근심이 되었습니다. 후에 모세 율법은 가나안 족속과의 이방 결혼을 엄히 금하고 있습니다. 또 그들과 혼인하지 말지니 네 딸을 그 아들에게 주지 말 것이요 그 딸로 네 며느리를 삼지 말 것은 그가 네 아들을 유혹하여 그로 여호와를 떠나고 다른 신들을 섬기게 하므로 여호와께서 너희에게 진노하사 갑자기 너희를 멸하실 것임이니라(신 7:3-4).

여기서 두 절로 짤막하게 에서를 언급한 것은 구원의 계보가 아브라함에게서 이삭에게로, 그리고 이삭에게 두 아들 에서와 야곱이 있지만 그 계보는 장자인 에서가 아니라 차자인 야곱으로 이어진다는 것을 보여주기 위함입니다.

제 13 장
이삭의 두 아들 에서와 야곱

야곱의 속임수

이삭이 늙고 눈이 어두워 잘 보지 못하게 되었는데, 그가 어느 날 에서를 불러 사냥하여 별미를 만들어 가져오게 합니다. 나의 즐기는 별미를 만들어 내게로 가져다가 먹게 하여 나로 죽기 전에 내 마음껏 네게 축복하게 하라(창 27:4). 여기서 "내 마음껏"이란 '나의 영이' 라는 의미로, 하나님의 뜻이 아니라 이삭의 의지가 들어있는 말입니다. 예전에 하나님께서 리브가에게 하신 말씀을 이삭도 들어 알고 있었지만, 이삭은 맏아들인 에서에게 연연하여 그에게 장자권이 계승되기를 원했습니다. 또한 하나님의 말씀을 받은 당사자는 리브가였기 때문에 이삭은 리브가에 비하여 인식이 부족했을 수도 있습니다. 이 말을 리브가가 듣고 에서가 사냥하려고 들로 나간 사이에 야곱에게 말합니다. 염소떼에 가서 거기서 염소의 좋은 새끼를 내게로 가져오면 내가 그것으로 네 부친을 위하여 그 즐기시는 별미를 만들리니 네가 그것을 가져 네 부친께 드려서 그로 죽으시기 전에 네게 축복하기 위하여 잡수시게 하라(창 27:9-10).

이에 야곱은 에서가 털이 많은데 자신은 털도 없고 매끈하므로 복은 고사하고 저주를 받을까 염려합니다. 그러나 리브가는 야곱에게 이렇게 말합니다. 어미가 그에게 이르되 내 아들아 너의 저주는 내게로 돌리리니 내 말만 좇고 가서 가져오라(창 27:13).

리브가가 왜 이러한 행동을 하게 되었는지 궁금합니다. 리브가가 잉태하였을 때 그녀의 복중에서 태아들이 서로 싸우므로 하나님께 아뢸 때 하나님께서 이같이 말씀하셨습니다. 여호와께서 그에게 이르시되 두 국민이 네 태중에 있구나 …… 큰 자는 어린 자를 섬기리라 하셨더라(창 25:23). 리브가는 이 말씀을 가슴 깊이 새기고 있었던 것 같습니다. 리브가가 우리 조상 이삭 한 사람으로 말미암아 잉태하였는데 그 자식들이 아직 나지도 아니하고 무슨 선이나 악을 행하지 아니한 때에 택하심을 따라 되는 하나님의 뜻이 행위로 말미암지 않고 오직 부르시는 이에게로 말미암아 서게 하려 하사 리브가에게 이르시되 큰 자가 어린 자를 섬기리라 하셨나니 기록된 바 내가 야곱은 사랑하고 에서는 미워하였다 하심과 같으니라(롬 9:10-13). 더구나 리브가는 에서가 장자권을 경홀히 여겼을 뿐만 아니라 이방여인들을 아내로 맞이하는 등 일련의 행동들을 볼 때 이삭의 축복은 야곱이 받아야 한다고 생각했던 것 같습니다. 그러나 리브가의 이러한 발상은 하나님의 약속을 전적으로 의지하지 못하고 인간적인 방법으로 상황을 변화시키려고 한 잘못된 행동입니다.

야곱이 염소 새끼를 가져왔더니 리브가가 별미를 만들었습니다. 그리고 에서의 옷을 야곱에게 입히고 염소 새끼의 가죽으로 손과 목에 털을 입혔습니다. 이에 야곱이 별미와 떡을 가지고 이삭에게로 나아갑니다. 이삭은 에서인 체 꾸미고 나아간 야곱에게 어떻게 이처럼 신속하게 잡았는지 묻습니다. 이삭이 그 아들에게 이르되 내 아들아 네가 어떻게 이같이 속히 잡았느냐 그가 가로되 아버지의 하나님 여호와께서 나로 순적히 만나게 하셨음이니이다(창 27:20). 하나님의 뜻을 기다리지 않고 인간의 술수를 동원한 야곱의 이러한 거짓된 행동과 말은 부메랑이 되어 나중에 자신이 되돌려 받게 됩니다. 후에 야곱은 자신의 외삼촌이사 장인이기도 한 라반에게 열 번이나 속임을 당하게 되며 자신의 아들들로부터 더욱 쓰라린 속임을 당하게 됩니다.

이삭은 자신의 축복이 에서에게 임하기를 원했기 때문에 거듭하여 에서임을 확인하려고 애썼습니다. 이삭이 묻습니다(창 27:20). 그 다음 이삭은 만져서 확인하려고 했습니다. 이삭이 야곱에게 이르되 내 아들아 가까이 오라 네가 과연 내 아들 에서인지 아닌지 내가 너를 만지려 하노라 야곱이 그 아비 이삭에게 가까이 가니 이삭이 만지며 가로되 음성은 야곱의 음성이나 손은 에서의 손이로다 하며(창 27:21-22). 이삭은 야곱의 손에 털이 있으므로 야곱을 에서로 알고 축복하였습니다. 그 손이 형 에서의 손과 같이 털이 있으므로 능히 분별치 못하고 축복하였더라(창 27:23). 이처럼 이삭은 거듭 확인하였지만 결국 그의 축복은 에서가 아닌 야곱에게로 돌아가고 말았습니다.

이삭이 에서와 야곱을 식별하지 못한 것은 결국 하나님의 예정하신 섭리 때문입니다. 이는 리브가와 야곱의 속임수 때문이 아니라 하나님께서 야곱을 이삭의 언약의 자손으로 선택하셨던(창 25:23) 하나님의 뜻에 의한 것입니다. 이같이 하나님은 인간의 의지와 상관없이 구속의 역사를 이끌어 가십니다.

이삭의 야곱 축복

이삭이 재차 묻습니다. 이삭이 가로되 네가 참 내 아들 에서냐 그가 대답하되 그러하니이다(창 27:24). 이삭이 거듭 확인하지만 야곱은 계속하여 아버지를 속이고 거짓말을 합니다. 이에 이삭이 음식을 먹고 포도주를 마시며 입 맞추게 하여 에서 옷의 향취를 맡고 야곱에게 축복합니다. 에서는 들사람이므로 그의 옷에는 들판의 냄새가 배어 있었을 것입니다. 그가 가까이 가서 그에게 입맞추니 아비가 그 옷의 향취를 맡고 그에게 축복하여 가로되 내 아들의 향취는 여호와의 복 주신 밭의 향취로다 하나님은 하늘의 이슬과 땅의 기름짐이며 풍성한 곡식과 포도주로 네게 주시기를 원하노라 만민이 너를 섬기고 열국이 네게 굴복하리니 네가 형제들의 주가 되고 네 어미의 아들들이 네게 굴복하며 네게 저주하는 자는 저주를 받고 네게 축복하는 자는 복을 받기를 원하노라(창 27:27-29). 여기서 이삭은 "여호와" 곧 "하나님"이 축복의 근원이시며 또한 자신이 하나님을 힘입어 축복하고 있음을 명백히 합니다.

이삭이 야곱에게 축복한 것은 분명 하나님의 섭리에 의한 것입니다. 그러나 리브가와 야곱의 행동을 볼 때, 야곱이 받은 이 축복은 방법에 있어서 정당하지 못했습니다. 에서의 장자권을 빼앗았던 야곱이 이제 에서의 장자의 축복까지 빼앗은 것입니다. 비록 에서가 이미 야곱에게 장자권을 팔아버려 권리를 상실하였다고 하더라도 하나님의 역사하심과 때를 기다리지 않고 리브가와 야곱이 함께 이삭을 속인 것은 잘못한 것입니다. 호세아 선지자는 이스라엘 족속의 거짓을 그들의 시조 야곱에 비유합니다. 여호와께서 유다와 쟁변하시고 야곱의 소행대로 벌주시며 그 소위대로 보응하시리라(호 12:2).

이삭은 야곱을 만져보며 참으로 에서가 맞는지 알아보려고 노력하였으나 결국 식별해 내지 못했습니다. 하나님의 뜻은 에서가 아니라 야곱에게 있으므로 이삭의 주의에도 불구하고 야곱이 그 축복을 받게 된 것입니다. 그렇다고 리브가나 야곱이 이삭을 속인 죄가 없어지는 것은 아닙니다. 하나님의 섭리는 어떠한 상황에서도 하나님의 뜻대로 진행되지만, 과정에서 발생되는 인간의 허물이나 죄에 대한 책임은 자신이 담당해야 합니다.

에서의 통한(痛恨)

야곱이 이삭의 축복을 받고 나가자 곧 에서가 사냥에서 돌아왔습니다. 이삭이 야곱에게 축복하기를 마치매 야곱이 그 아비 이삭 앞에서 나가자 곧 그 형 에서가 사냥하여 돌아온지라(창 27:30). 에서가 별미를 만들어 이삭에게로 왔습니다. 이에 이삭이 두려워 떨며 말합니다. 이삭이 심히 크게 떨며 가로되 그런즉 사냥한 고기를 내게 가져온 자가 누구냐 너 오기 전에 내가 다 먹고 그를 위하여 축복하였은즉 그가 정녕 복을 받을 것이니라(창 27:33). 여기 "심히 크게 떨며"는 '몹시도 놀라고 두려워하며'라는 의미로 이삭의 극단적인 감정 변화를 표현한 말입니다. 그러나 곧바로 이삭은 야곱에게 축복한 것이 하나님의 섭리에 의한 것임을 깨달았습니다. 이삭은 이 축복이 하나님의 뜻 안에서 되어졌다는 것을 믿었기 때문에 그 기도의 효력이 절대적이며 취소할 수 없다는 것을 알고 그가 반드시 복을 받게 될 것이라고 하였습니다.

이삭의 말을 듣고 에서가 통곡합니다. 에서가 그 아비의 말을 듣고 방성대곡하며 아비에게 이르되 내 아버지여 내게 축복하소서 내게도 그리 하소서(창 27:34). 여기 "방성대곡하며"는 '심히 크고 비통하게 울부짖으며'라는 의미로 에서의 심정을 잘 대변해주고 있습니다. 이삭이 말합니다. 이삭이 가로되 네 아우가 간교하게 와서 네 복을 빼앗았도다(창 27:35). 에서가 대답합니다. 에서가 가로되 그의 이름을 야곱이라 함이 합당치 아니하니이까 그가 나를 속임이 이것이 두 번째니이다 전에는 나의 장자의 명분을 빼앗고 이제는 내 복을 빼앗았나이다 또 가로되 아버지께서 나를 위하여 빌 복을 남기지 아니하셨나이까(창 27:36). 에서가 간청합니다. 에서가 아비에게 이르되 내 아버지여 아버지의 빌 복이 이 하나뿐이리이까 내 아버지여 내게 축복하소서 내게도 그리 하소서 하고 소리를 높여 우니(창 27:38). 에서가 안타깝게 매달리지만 때는 이미 늦었습니다. 히브리서는 이렇게 말씀합니다. 음행하는 자와 혹 한 그릇 식물을 위하여 장자의 명분을 판 에서와 같이 망령된 자가 있을까 두려워하라 너희의 아는 바와 같이 저가 그 후에 축복을 기업으로 받으려고 눈물을 흘리며 구하되 버린 바가 되어 회개할 기회를 얻지 못하였느니라(히 12:16-17).

이삭이 에서와 그 자손의 앞날을 예언합니다. 그 아비 이삭이 그에게 대답하여 가로되 너의 주소는 땅의 기름짐에서 뜨고 내리는 하늘 이슬에서 뜰 것이며 너는 칼을 믿고 생활하겠고 네 아우를 섬길 것이며 네가 매임을 벗을 때에는 그 멍에를 네 목에서 떨쳐버리리라 하였더라(창 27:39-40). 이삭의 예언은 에서가 황량한 땅에서 살게 되며 전쟁과 약탈을 일삼고 이스라엘 민족의 지배를 받게 된다는 것입니다. 하나님께서 리브가에게 말씀하신 대로 이루어질 것임을 이삭이 말합니다. 에서의 축복을 간교하게 가로챈 야곱에게 잘못이 있지만 에서에게도 장자의 권리를 경솔히 포기한 책임이 있습니다. 하나님은 야곱과 에서에게 공의롭게 행하셔서 에서에게는 자신의 장자권을 판 책임을 물으시고, 야곱에게는 아버지를 속인 죄의 댓가를 혹독히 치르도록 하십니다.

하나님은 사랑이 무한하시므로 죄짓고 회개하면 해결 될 것이라고 생각할 수 있습니다. 그러나 하나님께는 마치 동전의 양면과 같이 사랑과 공의가 공존합니다. 죄를 짓고 회개하면 물론 하나님께서 깨끗이 용서해 주십니다. 그렇지만 그 죄에 대한 책임은 자신의 몫입니다. 이것이 하나님의 공의입니다. 실례로 다윗이 우리야의 아내 밧세바를 범한 뒤 회개하였습니다만(시 51편) 태어

난 아이는 죽은 것과 마찬가지입니다. 우리아의 처가 다윗에게 낳은 아이를 여호와께서 치시매 심히 앓는지라 ⋯⋯ 이레 만에 그 아이가 죽으니라(삼하 12:15,18).

이는 모든 것이 하나님의 주권적 섭리에 의한 것임을 알게 합니다. 또한 하나님의 구원이 인간의 행위로 말미암지 않고 오직 하나님의 뜻과 은혜로 이루어진다는 진리를 깨닫게 해줍니다. 『나 여호와가 말하노라 에서는 야곱의 형이 아니냐 그러나 내가 야곱을 사랑하였고 에서는 미워하였으며 그의 산들을 황무케 하였고 그의 산업을 광야의 시랑에게 붙였느니라(말 1:2-3)』.

야곱의 피신

그 후 에서가 야곱을 미워하여 아버지 이삭이 죽고 나면 야곱을 죽이려고 벼르고 있으므로 리브가가 야곱을 불러 하란으로 피신케 합니다. 내 아들아 내 말을 좇아 일어나 하란으로 가서 내 오라버니 라반에게 피하여 네 형의 노가 풀리기까지 몇날 동안 그와 함께 거하라 네 형의 분노가 풀려 네가 자기에게 행한 것을 잊어버리거든 내가 곧 보내어 너를 거기서 불러오리라 어찌 하루에 너희 둘을 잃으랴(창 27:43-45). **여기에서 리브가가 "몇 날 동안"이라고 말하는 것으로 보아, 그녀는 지금 야곱을 떠나보내는 것이 잠깐 동안의 헤어짐일 것이라고 생각했습니다. 이것이 모자(母子)의 마지막이 될**

줄은 결코 생각지 못했습니다. 리브가는 야곱을 향하여 언제나 “내 아들아”라고 부르면서 각별한 사랑을 쏟았습니다(창 27:8,13, 43). 리브가는 이삭에게 야곱을 자신의 친정으로 보내 그곳에서 아내를 구해오도록 보내자고 합니다. 이에 이삭이 야곱을 불러 당부합니다. 이삭이 야곱을 불러 그에게 축복하고 또 부탁하여 가로되 너는 가나안 사람의 딸들 중에서 아내를 취하지 말고 일어나 밧단아람으로 가서 너의 외조부 브두엘 집에 이르러 거기서 너의 외삼촌 라반의 딸 중에서 아내를 취하라(창 28:1-2).

이삭이 야곱을 축복하고 밧단아람으로 보냅니다. 전능하신 하나님이 네게 복을 주어 너로 생육하고 번성케하사 너로 여러 족속을 이루게 하시고 아브라함에게 허락하신 복을 네게 주시되 너와 함께 네 자손에게 주사 너로 하나님이 아브라함에게 주신 땅 곧 너의 우거하는 땅을 유업으로 받게 하시기를 원하노라(창 28:3-4). 히브리서는 이렇게 기록합니다. 믿음으로 이삭은 장차 오는 일에 대하여 야곱과 에서에게 축복하였으며(히 11:20). 하나님께서 아브라함에게 주셨던 언약의 축복이 이삭에게 이어졌는데, 이제 이삭은 또 이 언약의 축복이 앞으로 야곱에게 계승되기를 바라며 축복기도를 드립니다. 당시 장자권(birthright)을 갖게 되면 아버지를 계승하여 가장(家長)이 되며 다른 형제보다 두 몫을 배분받습니다. 자기의 소유에서 그에게는 두 몫을 줄 것이니 그는 자기의 기력의 시작이라 장자의 권리가 그에게 있음이니라(신 21:17). 또한 하나님과 언약 관계에 있어서 영적 축복의 후계자가 되는 특권이 주어집니다.

이제 이삭과 리브가는 야곱을 리브가의 친정인 밧단아람으로 보냅니다. 밧단아람(Paddan-Aram)은 '시리아의 평원'이란 뜻으로 메소포타미아 북부 유프라테스 강 상류의 하란 인근 지역입니다. 한편, 에서는 자신의 아내들인 가나안 딸들이 이삭을 기쁘게 못하는 것을 알고 자신의 큰아버지인 이스마엘의 딸 마할랏을 아내로 맞이했습니다.

하나님의 자녀는 하나님의 때를 기다리며 하나님께서 역사하시도록 순리를 따라 행해야 합니다. 인간적인 수단과 방법으로 하나님의 뜻을 이루고자 속임수를 썼던 리브가와 야곱은 그들의 목적은 이루지만 생이별을 하고 살아생전 다시 만나지 못하는 가슴 아픈 대가를 치르게 됩니다.

제 4 부
야곱

제 14 장
야곱에게 계승되는 하나님의 축복

벧엘의 하나님

아버지를 속이고 형의 장자권과 축복을 빼앗은 야곱은 형의 낯을 피해 브엘세바에서 어머니의 고향인 메소포타미아의 밧단아람을 향하여 갑니다. 야곱은 그곳으로 가던 중 한 돌을 취하여 베개삼고 자면서 꿈을 꾸었습니다. 꿈에 본즉 사닥다리가 땅 위에 섰는데 그 꼭대기가 하늘에 닿았고 또 본즉 하나님의 사자가 그 위에서 오르락내리락하고(창 28:12).[31] 사닥다리를 오르락내리락했다는 것은 인간의 간구를 하나님께로 가져가고 하나님의 은총을 인간에게 가져다준다는 사실을 암시합니다. 하나님께서 그 사닥다리 위에서 말씀하십니다. 또 본즉 여호와께서 그 위에 서서 가라사대 나는

31) 이 말씀은 예수님께서 나다나엘로 하여금 하나님의 크신 역사를 목격하게 될 것을 예언하신 장면을 연상하게 합니다. 『또 가라사대 진실로 진실로 너희에게 이르노니 하늘이 열리고 하나님의 사자들이 인자 위에 오르락내리락 하는 것을 보리라 하시니라(요 1:51)』. 이는 예수님의 죽음과 부활을 통해 하늘이 열리고 죄로 막혔던 하나님과 인간의 관계가 온전히 회복될 것을 암시하는데, 예수님께서 세례를 받으실 때 실제로 확증되었습니다. 『예수께서 세례를 받으시고 곧 물에서 올라오실새 하늘이 열리고 하나님의 성령이 비둘기 같이 내려 자기 위에 임하심을 보시더니(마 3:16)』.

여호와니 너의 조부 아브라함의 하나님이요 이삭의 하나님이라 너 누운 땅을 내가 너와 네 자손에게 주리니 네 자손이 땅의 티끌 같이 되어서 동서남북에 편만할지며 땅의 모든 족속이 너와 네 자손을 인하여 복을 얻으리라 내가 너와 함께 있어 네가 어디로 가든지 너를 지키며 너를 이끌어 이 땅으로 돌아오게 할지라 내가 네게 허락한 것을 다 이루기까지 너를 떠나지 아니하리라 하신지라(창 28:13-15).

야곱에게 처음으로 나타나신 하나님은 아브라함과 이삭에게 주셨던 언약의 축복을 친히 그에게 말씀하십니다. 어머니의 사랑을 받으면서 조용히 장막 생활을 하던 야곱에게 아무런 준비도 없이 급하게 "지팡이만 가지고"(창 32:10) 떠난 이 길은 무척 힘들었을 것입니다. 또한 홀로 800km가 넘는 먼 길을 가야 하므로 상당히 두려웠을 것입니다. 그런데 하나님께서 야곱에게 나타나셔서 이전 아브라함과 이삭에게 주셨던 가나안 땅과 후손에 대한 언약의 말씀을 다시금 야곱에게 주시고 동행해 주실 것을 약속하셨습니다. 모든 것을 잃어버렸고 잠도 돌베개를 베고 자야 하는 야곱에게 하나님께서 이러한 축복의 말씀을 하신 것입니다.

하나님은 지금 야곱이 누워 자고 있는 이 땅을 그와 그 자손에게 주시고 땅의 티끌처럼 번성케 하시겠다고 말씀하십니다. 또한 야곱으로 복의 근원이 되게 하시며 다시 이곳으로 돌아오게 하시고 그를 떠나지 않으시겠다고 약속하십니다. 이에 야곱은 하나님께서 이곳에 계심을 확신하고 베개하였던 돌을 기둥으로 세우며 그 위에 기름을 붓고 그곳을 벧엘이라 하며 하나님께 서원 기도를 드렸습니다. 야곱이 서원하여 가로되 하나님이 나와 함께 계시사 내가 가는 이 길에서 나를 지키시고 먹을 양식과 입을 옷을 주사 나로 평안히 아비 집으로 돌아가게 하시오면 여호와께서 나의 하나님이 되실 것이요 내가 기둥으로 세운 이 돌이 하나님의 전이 될 것이요 하나님께서 내게 주신 모든 것에서 십분 일을 내가 반드시 하나님께 드리겠나이다 하였더라(창 28:20-22). 야곱은 앞날을 예측할 수 없는 길을 가면서 믿음으로 하나님께 이러한 기도를 드린 것입니다.

야곱은 하나님께서 자신과 동행하여 주시며 의식주 문제를 해결해 주시고 다시 돌아올 수 있게 되기를 간구합니다. 그리하면 돌아오는 길에 지금 세운 이 기둥의 돌이 하나님의 전이 될 것이며 하나님께 십일조를 바치겠다고 서원합니다. 아무 것도 없고 또 기약 없는 길을 떠나면서 야곱은 하나님께서 약속하신 축복의 말씀을 믿고 이러한 기도를 드린 것입니다. 하나님의 언약에 대한 야곱의 굳건한 믿음을 볼 수 있습니다.

+ 속임을 당한 야곱

드디어 야곱이 동방에 이르러 우물가에서 외삼촌 라반의 딸 라헬을 만나 양떼에게 물을 먹이고 자신이 누구인지 밝힙니다. 라반이 그 생질 야곱의 소식을 듣고 달려와서 그를 영접하여 안고 입맞추고 자기 집으로 인도하여 들이니 야곱이 자기의 모든 일을 라반에게 고하매(창 29:13). 그리고 야곱이 한 달을 라반과 함께 거하므로 라반이 무엇으로 야곱이 일한 대가를 지불할 것인지 묻습니다. 라반에게 딸이 둘 있었습니다. 라반이 두 딸이 있으니 형의 이름은 레아요 아우의 이름은 라헬이라 레아는 안력이 부족하고 라헬은 곱고 아리따우니(창 29:16-17). 여기서 "안력이 부족하고"라는 말은 '부드러운 눈매(tender eyes)'라는 뜻으로 레아가 다정다감하고 온화한 눈빛을 지니고 있었음을 의미하며, "곱고 아리따우니"라는 말은 '아름다운 자태와 외모(beautiful outline and appearance)'라는 뜻으로 라헬이 아름답고 매력적인 여인이었음을 알 수 있습니다. 곧 레아와 라헬의 장점을 비교하여 기술한 것입니다. '레아'는 '들소'라는 뜻이며, '라헬'은 '암양'이라는 뜻입니다. 야곱은 라반의 두 딸 중에 작은 딸 라헬을 아내로 달라고 대답합니다. 야곱이 라헬을 연애하므로 대답하되 내가 외삼촌의 작은 딸 라헬을 위하여 외삼촌에게 칠 년을 봉사하리이다(창 29:18). 라반이 이를 수락하고 야곱도 라헬을 사랑하므로 야곱은 라반의 집에 머물며 기쁨으로 7년을 봉사했습니다.

7년이 지난 뒤 야곱이 라반에게 요구합니다. 야곱이 라반에게 이르되 내 기한이 찼으니 내 아내를 내게 주소서 내가 그에게 들어가겠나이다(창 29:21). 그런데 라반이 라헬의 언니 레아를 야곱에게로 들여보냈습니다. 이튿날 야곱이 라반에게 항변합니다. 야곱이 아침에 보니 레아라 라반에게 이르되 외삼촌이 어찌하여 내게 이같이 행하셨나이까 내가 라헬을 위하여 외삼촌께 봉사하지 아니하였나이까 외삼촌이 나를 속이심은 어찜이니이까(창 29:25). 라반은 언니보다 동생이 먼저 결혼하는 것은 관습이 아니라고 하며, 레아를 위하여 7

일을 채운 후에 라헬도 줄터이니 그를 위해 7년을 더 봉사하라고 합니다. 이를 위하여 칠 일을 채우라 우리가 그도 네게 주리니 네가 그를 위하여 또 칠 년을 내게 봉사할지니라(창 29:27). 야곱은 라반의 말대로 행하여 라헬도 아내로 맞이하고 다시 7년을 그에게 봉사합니다. 그러나 후에 모세를 통하여 주신 율법은 한 사람이 언니와 동생을 함께 아내로 맞아들이는 것을 금합니다. 너는 아내가 생존할 동안에 그 형제를 취하여 하체를 범하여 그로 투기케 하지 말지니라(레 18:18). 이후로 야곱은 복잡한 가정 문제를 안고 살아가게 됩니다.

야곱은 라헬을 원했는데 라반은 의도적으로 레아를 신방에 들여보냈습니다. 고향을 떠나 타향살이 7년 후 야곱은 믿었던 외삼촌으로부터 속임을 당하게 됩니다. 자신이 아버지 이삭을 속인 것처럼 이제 외삼촌으로부터 자신이 감쪽같이 속임을 당한 것입니다.

야곱의 처첩과 아들들

야곱이 레아보다 라헬을 더 사랑하므로 하나님께서 레아를 불쌍히 여기시고 그녀로 아들을 잉태케 하셨습니다. 레아가 첫 아들을 낳고 르우벤이라 이름하였습니다. 레아가 잉태하여 아들을 낳고 그 이름을 르우벤이라 하여 가로되 여호와께서 나의 괴로움을 권고

하셨으니 이제는 내 남편이 나를 사랑하리로다 하였더라(창 29:32). '르우벤' 은 '보라 아들이다' 라는 의미로, 야곱의 사랑을 받지 못하는 레아가 하나님의 위로를 받고 감사드리며 자신의 소망을 내포한 이름입니다. 레아가 둘째 아들을 낳고 시므온이라 이름을 짓습니다. 그가 다시 잉태하여 아들을 낳고 가로되 여호와께서 나의 총이 없음을 들으셨으므로 내게 이도 주셨도다 하고 그 이름을 시므온이라 하였으며(창 29:33). '시므온' 은 '들으심' 이라는 의미로, 비록 야곱은 그녀를 사랑하지 않을지라도 하나님께서 자신을 사랑하신다는 것을 고백한 이름입니다.

레아가 셋째 아들 레위를 낳았습니다. 그가 또 잉태하여 아들을 낳고 가로되 내가 그에게 세 아들을 낳았으니 내 남편이 지금부터 나와 연합하리로다 하고 그 이름을 레위라 하였으며(창 29:34). '레위' 라는 이름은 '연합하다' 라는 의미로, 레아는 끊임없이 남편의 사랑을 갈구하며 아들의 이름에 그녀의 소원을 담습니다. 레위 지파는 하나님의 제사장직을 수행하여 죄에 빠진 인간을 하나님께로 인도하는 역할을 담당하게 됩니다. 그리고 레아가 넷째 아들 유다를 낳았습니다. 그가 또 잉태하여 아들을 낳고 가로되 내가 이제는 여호와를 찬송하리로다 하고 이로 인하여 그가 그 이름을 유다라 하였고 그의 생산이 멈추었더라(창 29:35). '유다' 는 '찬양하다' 라는 의미로, 남편의 사랑이 부족한데도 하나님께서 아들을 넷이나 주신 것에 대해 감사와 찬송을 드리는 이름입니다. 주님께서 유다의 후손으로 이 땅에 오심을 생각할 때 찬양이라는 의미를 지닌 '유다' 라는 이름은 매우 뜻 깊은 이름입니다.

한편, 라헬은 아들을 낳지 못하자 자신도 아들을 낳게 해달라고 야곱을 채근하였습니다. 야곱이 라헬에게 말합니다. 야곱이 라헬에게 노를 발하여 가로되 그대로 성태치 못하게 하시는 이는 하나님이시니 내가 하나님을 대신하겠느냐(창 30:2). 이에 라헬은 자신의 시녀 빌하를 야곱에게 첩으로 주었는데 빌하가 잉태하여 아들을 낳았습니다. 라헬이 가로되 하나님이 내 억울함을 푸시려고 내 소리를 들으사 내게 아들을 주셨다 하고 이로 인하여 그 이름을 단이라 하였으며(창 30:6). '단' 이라는 이름은 '심판하다' 라는 의미로, 레아가 아들을 넷이나 낳기까지 아들을 낳지 못하는 라헬의 마음의 고통을 알게 해주는 이름입니다. 빌하가 다시 잉태하여 둘째 아들을 낳았습니다. 라헬이 가로되 내가 형과 크게 경쟁하여 이기었다 하고 그 이름을 납달리라 하였더라(창 30:8). '납달리' 는 '나의 씨름' 이라는 의미로, 언니 레아와 겨루어 이긴 것이라고 하여 라헬의 경쟁심리가 잘 드러나는 이름입니다.

레아도 자기의 시녀 실바를 야곱에게 첩으로 주어 아들을 낳게 하였습니다. 레아의 시녀 실바가 야곱에게 아들을 낳으매 레아가 가로되 복되도다 하고 그 이름을 갓이라 하였으며(창 30:10-11). '갓' 이라는 이름은 '행운' 이라는 뜻으로, 자신의 출산은 멈추었지만 자기의 시녀를 통해 또 다시 아들을 보게 된 것에 대해 감사하는 이름입니다. 실바가 둘째 아들을 낳았습니다. 레아가 가로되 기쁘도다 모든 딸들이 나를 기쁜 자라 하리로다 하고 그 이름을 아셀이라 하였더라(창 30:13). '아셀' 이라는 이름은 '기쁜' 이라는 의미로, 실바를 통해 다시 두 아들을 보게 된 행복을 표현한 이름입니다.

레아가 아들들을 낳을 수 있었던 것은 하나님의 은혜였습니다. 레아는 외로움 속에서 하나님을 찾고 하나님의 도우심을 구했으며 아들을 출산할 때마다 하나님께 영광을 돌렸습니다. 그녀가 낳은 아들들의 후손 가운데서 이스라엘의 왕과 제사장들이 배출되었으며, 그리스도께서 유다의 후손으로 이 땅에 오셨습니다.

+ 합환채 사건

맥추 때에 르우벤이 들에서 합환채를 발견하고 어머니 레아에게 드렸습니다. 이때 르우벤의 나이는 4~5세 정도로 추정됩니다. 왜냐하면 이후에 레아가 잇사갈과 스불론과 디나를 낳았고 라헬도 요셉을 낳았기 때문입니다. 그런데 라헬이 레아에게 그 합환채를 달라고 요구합니다. 레아가 그에게 이르되 네가 내 남편을 빼앗은 것이 작은 일이냐 그런데 네가 내 아들의 합환채도 빼앗고자 하느냐 라헬이 가로되 그러면 형의 아들의 합환채 대신에 오늘 밤에 내 남편이 형과 동침하리라 하니라(창 30:15). 본문은 야곱을 사이에 두고 벌이는 레아와 라헬의 신경전이 잘 드러나 있습니다. 레아가 "내 남편을 빼앗은 것이 작은 일이냐"라는 말이나 라헬의 "내 남편이 형과 동침하리라"는 말이 이를 대변합니다.

이러한 상황에서 레아가 라헬에게 합환채를 주고 야곱과 동침하게 되었습니다. 저물 때에 야곱이 들에서 돌아오매 레아가 나와서 그를 영접하며 이르되 내게로 들어오라 내가 내 아들의 합환채로 당신을 샀노라 그 밤에 야곱이 그와 동침하였더라(창 30:16). **이처럼 남편의 사랑을 갈구하는 레아를 하나님께서 불쌍히 여기시고 그녀로 다시 잉태케 하셨습니다.** 하나님이 레아를 들으셨으므로 그가 잉태하여 다섯째 아들을 야곱에게 낳은지라 레아가 가로되 내가 내 시녀를 남편에게 주었으므로 하나님이 내게 그 값을 주셨다 하고 그 이름을 잇사갈이라 하였으며(창 30:17-18). **'잇사갈'은 '그가 보상하다'라는 뜻으로, 실바를 남편에게 주었더니 하나님께서 자비를 베풀어 아들을 주신 것임을 표현하는 이름입니다. 레아가 다시 여섯 째 아들을 낳았습니다.** 레아가 가로되 하나님이 내게 후한 선물을 주시도다 내가 남편에게 여섯 아들을 낳았으니 이제는 그가 나와 함께 거하리라 하고 그 이름을 스불론이라 하였으며(창 30:20). **'스불론'은 '거주(habitation)'라는 뜻으로, 이제 여섯 아들을 낳았으니 남편이 자신과 함께 거할 수밖에 없도록 하나님께서 넘치는 선물을 주신 것이라는 레아의 신앙고백이 내포된 이름입니다. 후에 레아는 딸 디나를 낳고 생산이 멈추게 됩니다. 레아는 남편의 사랑을 크게 받지 못하였으나 하나님을 의지함으로 하나님의 은총을 받아 장차 오실 그리스도의 육신적 조상인 유다 외에 많은 아들들을 낳는 복을 받았습니다.**

하나님께서 또한 라헬을 생각하시고 그녀의 기도에 응답하사 태를 열어 주셨습니다. 그가 잉태하여 아들을 낳고 가로되 하나님이 나의 부끄러움을 씻으셨다 하고 그 이름을 요셉이라 하니 여호와는 다시 다른 아들을 내게 더하시기를 원하노라 함이었더라(창 30:23-24).

● 합환채

'요셉' 이라는 이름은 '하나님께서 더하시리라' 는 뜻으로 하나님께서 이 아들 외에 또 다른 아들 주시기를 간절히 원한다는 마음이 담겨져 있는 이름입니다.

당시 사람들은 인체의 하반신과 같은 모양의 합환채 뿌리를 먹으면 임신할 수 있다고 믿었습니다. 그러므로 라헬은 자식에 대한 열망 때문에 잉태에 효과가 있다고 알려진 이 식물을 간절히 원했습니다. 합환채는 맨드레이크(mandrake)라는 식물의 열매로, 직경이 2.5인치인 붉은색 혹은 노란색의 작은 사과만한 크기인데 5월 초순경에 무르익는다고 합니다.[32)]

야곱의 자손들

이제 야곱이 라반의 집에 거한지 14년이 되었습니다. 처음 7년은 야곱이 라헬과의 결혼을 위하여 라반에게 봉사했으며, 다음 7년은 야곱이 라반에게 속아 라헬 대신 레아를 아내로 맞이하고 라반을 섬겼습니다. 야곱이 또한 라헬에게로 들어갔고 그가 레아보다

32) F. N. and M. A. Peloubet, *Smith's Bible Dictionary* (Grand Rapids: Zondervan Publishing House, 1975), 378.

라헬을 더 사랑하고 다시 칠 년을 라반에게 봉사하였더라(창 29:30). 야곱이 지금까지 낳은 자녀들에 대하여 살펴보면, 이 7년 동안에 야곱은 12명의 자녀를 낳았습니다. 라헬이 요셉을 낳은 때에 야곱이 라반에게 이르되 나를 보내어 내 고향 내 본토로 가게 하시되(창 30:25). 레아는 7년 동안에 7명의 자녀를 낳았는데 쌍둥이를 낳았다는 말이 없기 때문에 중간에 시녀 실바가 아이를 낳은 것을 감안해도 거의 매년 아이를 낳은 것이 됩니다. 야곱의 사랑을 받지 못하는 레아를 하나님께서 불쌍히 여기시고 그녀에게 자녀의 축복을 주신 것으로 여겨집니다. 야곱은 레아와 라헬 그리고 두 여종에게서도 자식을 낳았으므로 일 년에 두 명 이상의 자식을 본 해도 일곱 해 중에 여러 해가 됩니다. 장남인 르우벤과 요셉의 나이 차이는 불과 6년 정도 밖에 되지 않는다는 것도 생각해 볼 수 있습니다.

7년 동안에 야곱은 11명의 아들과 딸 하나, 도합 12명의 자녀를 보게 됩니다. 곧 르우벤과 시므온과 레위와 유다, 단과 납달리, 갓과 아셀, 잇사갈과 스불론, 디나 그리고 요셉 등 베냐민을 제외한 야곱의 자손들이 모두 이곳 밧단아람에서 태어났습니다. 야곱이 두 명의 아내와 두 명의 첩에게서 자식들을 낳았기 때문에 이러한 일이 가능했던 것입니다.

야곱의 품삯

라헬이 요셉을 낳은 때[33]에 야곱이 라반에게 처자식과 함께 고향으로 보내주기를 청합니다. 이에 라반이 말합니다. 라반이 그에게 이르되 여호와께서 너로 인하여 내게 복 주신 줄을 내가 깨달았노니 네가 나를 사랑스럽게 여기거든 유하라 또 가로되 네 품삯을 정하라 내가 그것을 주리라(창 30:27-28). 라반은 "여호와께서 너로 인하여 내게 복 주신 줄을 깨달았노니"라고 말하며 야곱이 자기와 함께 머물러 있기를 부탁합니다. 그리고 이제부터는 야곱의 품삯도 주겠다고 합니다. 하나님은 약속하신 대로 야곱에게 복을 주시기 위하여 야곱이 거하고 있는 라반의 집에 복을 내려 주셨습니다. 라반도 이 사실을 깨닫고 있었습니다.

야곱은 자신이 어떻게 외삼촌을 섬겼으며 또 그의 짐승들을 돌보았는지 설명합니다. 내가 오기 전에는 외삼촌의 소유가 적더니 번성하여 떼를 이루었나이다 나의 공력을 따라 여호와께서 외삼촌에게 복을 주셨나이다 그러나 나는 어느 때에나 내 집을 세우리이까(창 30:30). 야곱이 다음과 같이 제안합니다. 오늘 내가 외삼촌의 양떼로 두루 다니며 그 양 중에 아롱진 자와 점있는 자와 검은 자를 가리어 내며 염소 중에 점 있는 자와 아롱진 자를 가리어 내리니 이같은 것이 나면 나의 삯이 되리이다(창 30:32). 야곱은 앞으로 태어날 새끼들 가운데 검은 양 새끼와 얼룩덜룩하고 점이 있는 양이나 염소 새

---

33) 요셉은 B.C. 1915년경에 태어나 B.C. 1885년경에 전국을 다스리는 총리가 되고, 110년의 생애를 살다가 B.C. 1805년경에 사망합니다.

끼를 자신의 삯으로 달라고 요청합니다.

그날 라반은 자신과 야곱의 양과 염소를 나누어 자신의 떼와 야곱의 떼 사이를 삼 일 길이 되게 하였으며 야곱은 라반의 남은 양 떼를 계속 돌보았습니다. 야곱은 양이 새끼를 밸 때에 다음과 같이 하였습니다. 야곱이 버드나무와 살구나무와 신풍나무의 푸른 가지를 취하여 그것들의 껍질을 벗겨 흰 무늬를 내고 그 껍질 벗긴 가지를 양떼가 와서 먹는 개천의 물구유에 세워 양떼에 향하게 하매 그 떼가 물을 먹으러 올 때에 새끼를 배니(창 30:37-38). 야곱은 건강이 좋은 양이 새끼를 밸 때에는 양 떼의 눈앞에 그 가지를 두어 그 곁에서 새끼를 배게 하므로 건강한 양으로 얼룩얼룩한 것과 점이 있고 아롱진 것을 낳게 하였습니다. 그리하여 약한 양은 라반의 것이 되고 튼튼한 양은 야곱의 것이 되었습니다.

물론 야곱의 이러한 태도가 정당한 행동은 아니지만 먼저 라반이 야곱의 품삯을 열 번이나 속였기 때문에 야곱의 이러한 행동에도 불구하고 하나님은 야곱의 소유를 풍부하게 해주셨습니다. 그대들도 알거니와 내가 힘을 다하여 그대들의 아버지를 섬겼거늘 그대들의 아버지가 나를 속여 품삯을 열 번이나 변역하였느니라 그러나 하나님이 그를 금하사 나를 해치 못하게 하셨으며(창 31:6-7). 여기 "열 번"에서 '열(10)'은 완전을 상징하는 숫자로 '여러 번' 또는 '자주'라는 의미입니다. 나의 영광과 애굽과 광야에서 행한 나의 이적을 보고도 이같이 열 번이나 나를 시험하고 내 목소리를 청종치 아니한 그 사람들은(민 14:22), 너희가 열 번이나 나를 꾸짖고 나를 학대하고도 부끄러워 아니하는구나(욥 19:3). 또한 라반은 야곱의 품삯을 속였을 뿐 아니라 위협적인 행동도 시도하려 했던 것 같습니다. 하나님은 라반이 야곱을 속이며 그에게 행한 모든 행동들을 다 보고 계셨습니다. 가라사대 네 눈을 들어 보라 양떼를 탄 수양은 다 얼룩무늬 있는 것, 점 있는것, 아롱진 것이니라 라반이 네게 행한 모든 것을 내가 보았노라(창 31:12). 그리고 만사를 공의로 주관하시는 하나님께서 야곱의 소유에 큰 복을 주신 것입니다. 이에 그 사람이 심히 풍부하여 양떼와 노비와 약대와 나귀가 많았더라(창 30:43).

하나님은 라반이 속여 취한 것을 야곱에게 보상해주시고 또한 어떠한 위해도 가하지 못하도록 보호해 주셨습니다. 하나님은 인간의 모든 행동을 다 살펴보고 계십니다. 인간의 눈은 피할 수 있지만 불꽃같은 눈길로 감찰하시는 하나님의 눈은 피할 수 없습니다. 『여호와의 눈은 어디서든지 악인과 선인을 감찰하시느니라(잠 15:3)』, 『나 여호와는 심장을 살피며 폐부를 시험하고 각각 그 행위와 그 행실대로 보응하나니(렘 17:10)』.

제 15 장
야곱의 귀향

야곱의 부(富)

야곱은 자신이 외삼촌의 소유를 빼앗아 거부가 되었다는 라반의 아들들의 말을 전해 들었으며 자신을 대하는 라반의 태도도 예전과 같지 않음을 알았습니다. 라반과 야곱 사이에 소유로 인한 갈등이 생겨났습니다. 그런데 하나님께서 야곱에게 고향으로 돌아가라고 지시하십니다. 여호와께서 야곱에게 이르시되 네 조상의 땅, 네 족속에게로 돌아가라 내가 너와 함께 있으리라 하신지라(창 31:3). 야곱이 레아와 라헬을 들로 불러내어 이러한 상황을 설명합니다. 야곱은 라반이 자신의 품삯을 열 번이나 속였기 때문에 하나님께서 이같이 보상해 주신 것이라고 말합니다. 그가 이르기를 점 있는 것이 네 삯이 되리라 하면 온 양떼의 낳은 것이 점 있는 것이요 또 얼룩무늬 있는 것이 네 삯이 되리라 하면 온 양떼의 낳은 것이 얼룩무늬 있는 것이니 하나님이 이같이 그대들의 아버지의 짐승을 빼앗아 내게 주셨느니라(창 31:8-9).

야곱이 레아와 라헬에게 하나님의 말씀을 전합니다. 나는 벧엘 하나님이라 네가 거기서 기둥에 기름을 붓고 거기서 내게 서원하였으니 지금 일어나 이곳을 떠나서 네 출생지로 돌아가라 하셨느니라(창 31:13). **이에 야곱의 아내들도 야곱을 지지하며 이같이 말합니다.** 하나님이 우리 아버지에게서 취하신 재물은 우리와 우리 자식의 것이니 이제 하나님이 당신에게 이르신 일을 다 준행하라(창 31:16). **그리하여 야곱은 라반에게 고하지 않고 자식들과 아내들을 약대에 태우고 자신의 모든 소유를 이끌고서 자신의 고향 가나안을 향하여 떠났습니다.**

라반은 양떼가 점 없는 새끼들을 많이 낳은 것을 보면 일방적으로 약속을 변경하였습니다. 그리고 얼룩무늬 없는 양떼가 새끼를 많이 낳으면 또 약속을 바꾸었습니다. 이처럼 반복된 라반의 약속의 변개에도 불구하고 하나님은 야곱을 축복하셨습니다.

+ 라반의 추격

야곱 일행이 떠난 지 삼 일만에 라반이 사실을 알게 되었습니다. 라반이 그 형제를 데리고 쫓아와 길르앗 산에서 따라 잡았습니다. 추격 칠 일째 되는 날 밤입니다. 아마도 라반은 다음 날 야곱 일행을 공격하려 했던 것 같습니다. 그런데 하나님께서 그 밤에 꿈을 통해 라반에게 말씀하셨습니다. 밤에 하나님이 아람 사람 라반에게 현몽하여 가라사대 너는 삼가 야곱에게 선악간 말하지 말라 하셨더라(창 31:24). 여기 "선악간 말하지 말라"라는 말씀은 네 스스로 주의하여 선이나 악이나 어떠한 것이든 야곱에게 말하지 말라는 의미입니다. 하나님께서 택한 백성의 머리털 하나라도 상치 않도록 돌보아주시는 세심한 배려를 알 수 있습니다. 만군의 여호와께서 우리와 함께 하시리니 야곱의 하나님은 우리의 피난처시로다(시 46:11), 너희 머리털 하나도 상치 아니하리라(눅 21:18).

라반은 하나님에 대해 잘 알고 있었으며 하나님의 말씀에 순종하였습니다. 그러나 라반은 하나님을 유일신으로서가 아니라 여러 신들 가운데 하나로 인식하고 있었던 것 같습니다. 라반은 잃어버린 드라빔을 찾기에 급급합니다. 라반이 드라빔을 내놓으라고 하자 야곱은 라헬이 그것을 취한 것을 알지 못하였으므로, 그 신을 누구에게서 찾든지 그는 살지 못할 것이라고 당당하게 말합니다. 외삼촌의 신은 뉘게서 찾든지 그는 살지 못할 것이요 우리 형제들 앞에서 무엇이든지 외삼촌의 것이 발견되거든 외삼촌에게로 취하소서 하니 야곱은 라헬이 그것을 도적질한 줄을 알지 못함이었더라(창31:32). 드라빔(Teraphim)은 '위엄'이라는 뜻으로 사람 형상을 한 우상인데, 족장시대에 가정 수호신으로 널리 숭배되

● 드라빔

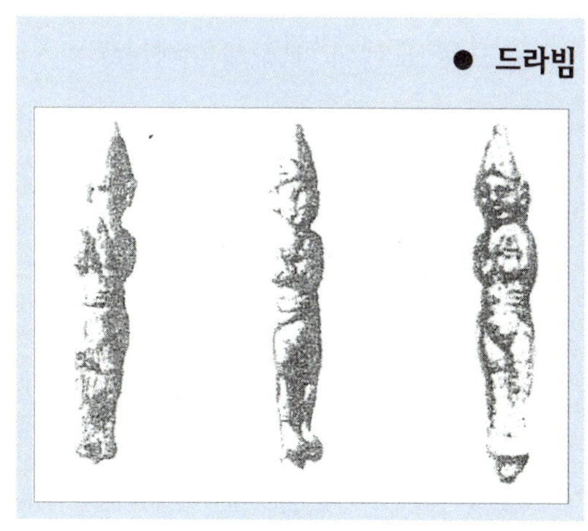

었으며 또한 재산 상속권의 징표로도 사용되었습니다.[34] B.C. 18세기 무렵의 함무라비 법전[35]에 의하면 살인, 도둑질, 간음, 위증죄 등은 사형에 해당합니다.

라반이 드라빔을 두루 찾다가 찾지 못하였으므로 야곱이 라반을 책망합니다. 내가 이 이십 년에 외삼촌과 함께 하였거니와 외삼촌의 암양들이나 암염소들이 낙태하지 아니하였고 또 외삼촌의 양떼의 수양을 내가 먹지 아니하였으며 물려 찢긴 것은 내가 외삼촌에게로 가져가지 아니하고 스스로 그것을 보충하였으며 낮에 도적을 맞았든지 밤에 도적을 맞았든지 내가 외삼촌에게 물어내었으며 내가 이와 같이 낮에는 더위를 무릅쓰고 밤에는 추위를 당하며 눈붙일 겨를도 없이 지내었나이다(창 31:38-40). 야곱은 라반에게 자신이 얼마나 성실하게 자신의 책임을 다하였는지 설명합니다. 야곱은 외삼촌의 양과 염소가 낙태하지 않도록 정성스레 돌보았고 또 물려 찢긴 것은 보상하였으며 도적맞은 것은 물어내었고 잠잘 겨를도 없이 20년을 지내었다고 항변합니다.

은밀한 중에 보시는 하나님께서 라반을 대신하여 야곱의 모든 수고와 노력에 보상해 주셨습니다. 여기서 어떠한 상황에 처해 있더라도 자신에게 주어진 임무를 성실히 수행하는 것이 최선임을 알 수 있습니다. 야곱은 자신과 라반 사이에 하나님께서 공정하게 판단하신 것이라고 주장합니다. 내가 외삼촌의 집에 거한 이

---

34) 『성서대백과 제2권』, 178.

35) 함무라비(Hammurabi B.C.1728~1686)는 최초로 바벨론 제국을 이룬 고대 바벨로니아의 제 6대 왕입니다. 그의 법전(Hammurabi Code, B.C.1690)은 상업, 사회, 도덕에 관한 282개 조문의 판례법으로 구성되어 있습니다. Merrill C. Tenney ed., *Pictorial Bible Dictionary*, 331~332.

이십 년에 외삼촌의 두 딸을 위하여 십사 년, 외삼촌의 양떼를 위하여 육 년을 외삼촌을 봉사하였거니와 외삼촌께서 내 품값을 열 번이나 변역하셨으니 우리 아버지의 하나님, 아브라함의 하나님 곧 이삭의 경외하는 이가 나와 함께 계시지 아니하셨더면 외삼촌께서 이제 나를 공수로 돌려보내셨으리이다마는 하나님이 나의 고난과 내 손의 수고를 감찰하시고 어제 밤에 외삼촌을 책망하셨나이다(창 31:41-42).

하나님의 말씀을 좇아 행하는 야곱을 하나님은 언제나 지키고 보호해 주셨습니다. 라반이 말합니다. 『너를 해할 만한 능력이 내 손에 있으나 너희 아버지의 하나님이 어제 밤에 내게 말씀하시기를 너는 삼가 야곱에게 선악간 말하지 말라 하셨느니라(창 31:29)』. 비록 라반이 야곱보다 강하다 할지라도 하나님께서 이처럼 강권적으로 개입하시어 그로 물리적 힘을 사용하지 못하게 하셨습니다.

+ 미스바 언약

라반은 자신과 야곱 사이에 언약을 세우고 증거를 삼자고 제안합니다. 이제 오라 너와 내가 언약을 세워 그것으로 너와 나 사이에 증거를 삼을 것이니라 이에 야곱이 돌을 가져 기둥으로 세우고 …… 라반은 그것을 여갈사하두다라 칭하였고 야곱은 그것을 갈르엣이라 칭하였으니(창 31:44-47). 여기서 "여갈사하두다"는 아람어로 '증거의 돌무더기' 라는 뜻이며, "갈르엣" 역시 히브리어로 '증거의 무더기' 라는 의미입니다. 우리는 본문을 통해 메소포타미아에서는 아람어를, 그리고 가나안에서는 히브리어를 사용하였다는 사실을 알 수 있습니다. 그렇지만 두 언어 모두 같은 셈족 계통에 속하였기 때문에 의사소통에는 큰 지장이 없었던 것으로 보입니다.

라반이 말합니다. 아브라함의 하나님, 나홀의 하나님, 그들의 조상의 하나님은 우리 사이에 판단하옵소서 하매 야곱이 그 아비 이삭의 경외하는 이를 가리켜 맹세하고(창 31:53). 여기서 라반은 "아브라함의 하나님 나홀의 하나님 그들의 조상의 하나님"이라고 하는데, 이때 "판단하옵소서"라는 동사가 복수형입니다. 이는 라반이 아브라함이 섬겼던 하나님과 나홀과 조상들이 섬겼던 하나님을 다르게 생각하고 있다는 것을 보여줍니다. 곧 유일하신 여호와 하나님을 다신론적으로 생각한 것입니다. 나홀은 데라의 아들이며 라반의 친할아버지입니다. 데라가 아브라함과 사라와 롯을 데리고 갈대아 우르에서 떠나 가나안 땅으로 가고자 할 때 하란에 이르러 거기 거하다가 그곳에서 죽었는데(창 11:31-32), 이때 나홀도 그들과 함께 갈대아 우르를 떠나 하란에 이른 것으로 추측됩니다. 데라가 죽은 후 나홀은 하란에 그대로 정착하여 머물고, 아브라함과 사라와 롯만 가나안 땅으로 오게 되었습니다(수 24:2-3).

나홀은 하나님을 알고 섬겼지만 순수한 여호와 신앙이 아니라 그곳의 토착신앙과 어울려진 혼합신앙이었습니다. 그렇기 때문에 그의 손자 라반이 드라빔을 소유하고 있었으며 라헬도 하란을 떠나올 때 그것을 귀중히 여겨 도적질 하였던 것으로 보입니다. 그러나 비록 그들이 하나님께 대한 순전한 신앙은 아닐지라도 하나님을 알지 못하는 가나안 땅의 이방인들보다는 월등히 나았기 때문에 아브라함과 이삭은 자신들의 며느리를 본토 친족에게서 찾으려 했던 것 같습니다. 그러나 야곱은 "그 아비 이삭의 경외하는" 하나님을 가리켜 맹세하였습니다. 야곱은 할아버지 아브라함이 믿었고 아버지 이삭이 경외했던 유일하신 여호와 하나님을 가리켜 맹세한 것입니다.

야곱이 돌기둥을 세우며 그 형제들이 돌무더기를 쌓고 그곳을 미스바(망대, watchtower)라고 이름 하였습니다. 『또 미스바라 하였으니 이는 그의 말에 우리 피차 떠나 있을 때에 여호와께서 너와 나 사이에 감찰하옵소서 함이라(창 31:49)』. **이제 라반과 야곱 사이에 있었던 불화가 해소된 것입니다.**

야곱의 기도

야곱이 가나안을 향하여 가던 중 하나님의 사자들을 만나 그곳 이름을 마하나임이라 칭하였습니다. 야곱이 그 길을 진행하더니 하나님의 사자들이 그를 만난지라 야곱이 그들을 볼 때에 이르기를 이는 하나님의 군대라 하고 그 땅 이름을 마하나임이라 하였더라(창 32:1-2). 예전에 야곱은 고향 브엘세바를 떠나 밧단아람으로 가던 중 벧엘에서 하룻밤을 지샐 때 꿈속에서 천사들을 보았습니

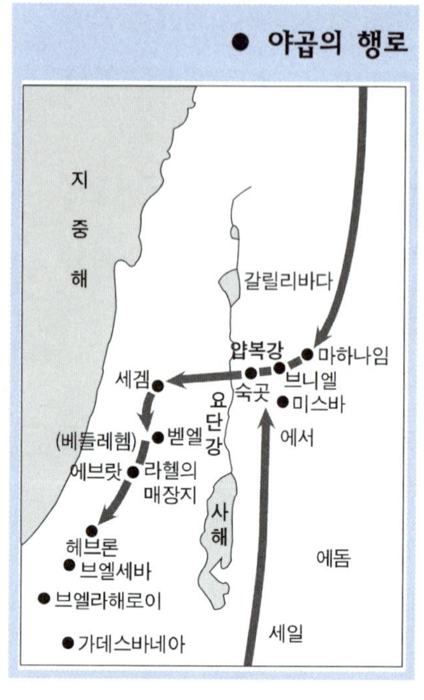

다. 그런데 이제 20년이 지나 고향으로 되돌아가는 중에 다시 천사들을 만나게 되었습니다. 마하나임은 '두 군단' 이란 뜻으로, 두 떼로 구성된 천사들이 야곱 일행을 보호하고 있음을 의미합니다. 야곱은 에돔 들에 있는 형 에서에게 앞서 사자를 보내었는데, 그들이 돌아와 에서가 400인을 거느리고 야곱을 만나러 오고 있다는 말을 듣게 되었습니다. 야곱이 심히 두렵고 답답하여 자기와 함께 한 종자와 양과 소와 약대를 두 떼로 나누고 가로되 에서가 와서 한 떼를 치면 남은 한 떼는 피하리라 하고(창 32:7-8). 여기 "심히 두렵고 답답하여"라는 말은 극도로 두려워 떨며 고민하였다는 의미입니다.

야곱이 하나님께 간절히 기도합니다. 야곱이 또 가로되 나의 조부 아브라함의 하나님, 나의 아버지 이삭의 하나님 여호와여 주께서 전에 내게 명하시기를 네 고향 네 족속에게로 돌아가라 내가 네게 은혜를 베풀리라 하셨나이다(창 32:9). 야곱은 고향으로 돌아가라는 하나님의 말씀에 믿음으로 순종하였지만 지금 형 에서로 인하여 위험을 느끼고 있습니다. 그러므로 야곱은 고향으로 돌아가라고 하신 하나님의 말씀을 붙잡고 기도합니다(창 31:3). 야곱은 "나의 조부 아브라함의 하나님, 나의 아버지 이삭의 하나님, 여호와여"라고 부르며, 아브라함을 선택하시고 언약을 주시며 이삭의 출생부터 역사하신 하나님께 부르짖습니다. 또한 동일하신 하나님께서 자신에게도 "네 고향 네 족속에게로 돌아가라 내가 네게 은혜를 베풀리라"고 말씀하셨기 때문에 야곱은 그 약속대로 자신을 지키시며 인도해 주시기를 간구합니다.

먼저 야곱은 하나님께서 그동안 베풀어 주신 은혜에 감사의 기도를 드립니다. 나는 주께서 주의 종에게 베푸신 모든 은총과 모든 진리를 조금이라도 감당할 수 없사오나 내가 내 지팡이만 가지고 이 요단을 건넜더니 지금은 두 떼나 이루었나이다(창 32:10). 아버지 이삭은 할아버지인 아브라함의 재산을 순조롭게 물려받았었지만, 아버지를 속이고 축복을 빼앗은 야곱은 지금까지 아버지로부터 물려받은 재산이 아무 것도 없습니다. 그러나 야곱은 지팡이 하나만 가지고 요단을 건넜던 자신이 이제 하나님의 축복을 받아 거부가 되었다는 감사와 찬양의 기도를 드리고 있습니다.

이제 야곱은 하나님께 구체적으로 기도합니다. 내가 주께 간구하오니 내 형의 손에서 에서의 손에서 나를 건져내시옵소서 내가 그를 두려워하옴은 그가 와서 나와 내 처자들을 칠까 겁냄이니이다(창 32:11). 야곱은 "내 형의 손에서 에서의 손에서"라고 반복하여 말하므로 자신의 급박한 심정을 잘 드러내고 있습니다. 야곱은 자신이 이처럼 두려워하는 것은 에서가 와서 자신과 그 처자들을 죽이지 않을까하여 겁내는 것이라고 자신의 속내를 솔직하게 고백합니다. 자신이 처해 있는 상황을 하나님께 그대로 말씀드리며 지금 자신이 걱정하고 염려하는 것에 대한 자세한 설명과 소원을 아뢰고 있습니다. 그리고 야곱은 하나님께서 자신에게 주셨던 언약의 말씀을 붙잡고 기도합니다. 주께서 말씀하시기를 내가 정녕 네게 은혜를 베풀어 네 씨로 바다의 셀 수 없는 모래와 같이 많게 하리라 하셨나이다(창 32:12). 야곱은 이전에 하나님께서 자신에게 주셨던 말씀을 근거로 하여 하나님께서 말씀하셨기 때문에 자신의 기도를 들어주실 수밖에 없다는 점을 확신하며 간청 드리고 있습니다. 이전에 아브라함이 롯을 위해 기도를 드린 적이 있지만, 지금 이 야곱의 기도는 형식을 갖춘 형태로 성경에 기록된 최초의 기도입니다. 먼저 하나님의 성호를 부르고, 하나님의 말씀을 기억하면서 그동안 베풀어 주신 은혜에 감사드리며, 자신의 구할 것을 상세히 간구하고 다시 한 번 하나님의 말씀을 붙잡고 간절히 매달리고 있는 것입니다.

물론 하나님은 구하기 전에 우리의 형편과 처지를 다 알고 계십니다. 그러므로 저희를 본받지 말라 구하기 전에 너희에게 있어야 할 것을 하나님 너희 아버지께서 아시느니라(마 6:8). 그러나 하나님은 우리가 마음을 드러내어 놓고 하나님과 대화하기를 원하십니다. 하나님은 영적인 아버지이시므로, 기도는 하나님과 대화하는 수단이며 교제를 나누는 방편입니다. 하나님이 실로 들으셨으며 내 기도 소리에 주의하셨도다(시 66:19), 모든 기도와 간구로 하되 무시로 성령 안에서 기도하고 이를 위하여 깨어 구하기를 항상 힘쓰며(엡 6:18). 완전한 기도의 형식은 예수님께서 가르쳐 주셨습니다. 그러므로 너희는 이렇게 기도하라 하늘에 계신 우리 아버지여 이름이 거룩히 여김을 받으시오며 나라이 임하옵시며 뜻이 하늘에서 이룬 것 같이 땅에서도 이루어지이다 오늘날 우리에게 일용할 양식을 주옵시고 우리가 우리에게 죄 지은 자를 사하여 준 것 같이 우리 죄를 사하여 주옵시고 우리를 시험에 들게 하지 마옵시고 다만 악에서 구하옵소서 (나라와 권세와 영광이 아버지께 영원히 있사옵나이다 아멘)(마 6:9-13).

야곱은 절망과 위기 가운데서 약속의 말씀을 붙들고 간구하였습니다. 우리도 마찬가지입니다. 신구약 성경 66권에 기록되어 있는 하나님의 말씀을 붙잡고 기도하는 것입니다. 『내가 지극히 높으신 하나님께 부르짖음이여 곧 나를 위하여 모든 것을 이루시는 하나님께로다(시 57:2)』, 『너는 내게 부르짖으라 내가 네게 응답하겠고 네가 알지 못하는 크고 비밀한 일을 네게 보이리라(렘 33:3)』. **신실하시고 회전하는 그림자도 없으신 영원불변하신 하나님께서 말씀과 함께 역사하시기 때문입니다.** 『하나님은 인생이 아니시니 식언치 않으시고 인자가 아니시니 후회가 없으시도다 어찌 그 말씀하신 바를 행치 않으시며 하신 말씀을 실행치 않으시랴(민 23:19)』, 『그는 변함도 없으시고 회전하는 그림자도 없으시니라(약 1:17)』.

✚ 야곱의 예물

기도를 마친 야곱은 그곳에서 밤을 지새면서 자신의 소유 중에서 에서를 위하여 예물을 택합니다. 야곱의 예물이 이러합니다.

암염소가 이백이요 수염소가 이십이요 암양이 이백이요 수양이 이십이요 젖나는 약대 삼십과 그 새끼요 암소가 사십이요 황소가 열이요 암나귀가 이십이요 그 새끼나귀가 열이라(창 32:14-15). 야곱은 에서에 대한 화해와 복종의 의미로 모두 580마리에 이르는 많은 가축을 보냈습니다(염소 : 220, 양 : 220, 새끼 딸린 약대 : 30 + 30, 소 : 50, 나귀 : 30).

야곱의 예물을 통하여 다음의 세 가지 사실을 알 수 있습니다. 첫째로, 오직 지팡이 하나가 전부였던 야곱이 20년 후에 이삭의 축복대로, 그리고 하나님의 약속대로 이처럼 거부가 되어 고향으로 돌아오게 되었다는 것입니다. 에서를 위한 예물이 이와 같다면 야곱의 소유가 얼마나 대단했는지 상상할 수 있을 것입니다. 그 사람이 창대하고 왕성하여 마침내 거부가 되어(창 26:13). 둘째로, 하나님께 간절히 기도드린 다음 야곱은 자신이 해야 할 일을 했다는 사실입니다. 야곱은 하나님께 맡기며 기도드린 후에 에서를 위하여 예물을 준비하였습니다. 하나님께 기도드리는 것이 우선이고 그 다음 자신이 할 수 있는 것을 찾아야 합니다. 셋째로, 야곱의 예물은 형의 축복을 가로챈 것에 대해 용서를 구하는 표현으로 볼 수도 있습니다. 아버지를 속이고 형의 축복을 빼앗았기 때문에 야곱은 형에게 미안한 마음을 가지고 있었던 것으로 보입니다. 이처럼 어떠한 상황에서든지 자신의 행동에 대하여 응당 책임져야 합니다. 자신의 잘못된 행동에 대한 진정한 회개 없이 그리스도의 사랑만 운운하는 것은 바른 신앙인의 자세라 할 수 없습니다.

야곱은 예물로 준비한 가축들을 각각 떼로 나누어 종들에게 맡기고 그들로 앞서 가게 하며 각 떼마다 거리를 두었습니다. 그리고 에서를 만나거든 이는 야곱의 것으로서 자기 주 에서에게 보내는 예물이며 야곱도 뒤따라오고 있다는 것을 말하라고 하였습니다. 야곱은 이러한 예물로 에서의 감정이 누그러지기를 기대하였습니다.

기도하지 않고 인간적인 노력만으로 자신의 목적을 추구하는 것은 하나님 없이도 잘 할 수 있다는 교만에서 비롯된 것입니다. 반대로 기도만 하고 인간적인 노력을 소홀히 하는 것도 잘못된 신비주의에서 비롯된 것입니다.

✚ 천사와 씨름한 야곱

야곱이 에서를 두려워 한 것은 야곱에 대한 하나님의 사랑이 부족했기 때문이 아니라 하나님의 보호와 동행에 대한 야곱의 믿음이 부족했기 때문입니다. 하나님은 이전 벧엘에서도 약속하셨고 하나님의 군대까지 보내어 함께 하심을 보여주셨지만 지금 야곱은 하나님을 의지하는 믿음이 부족합니다. 그러므로 야곱은 밤에 일어나 처자식들과 자신의 소유를 인도하여 얍복강을 건너가게 한 후 자신은 홀로 남아 하나님의 사자와 날을 지새우며 씨름하였습니다. 하나님께서 야곱과 씨름하신 것은 야곱으로 하여금 온전히 하나님만 의지하고 신뢰하도록 하기 위함입니다.

야곱은 날이 새도록 항복하지 않았습니다. 야곱은 하나님께 생사를 건 처절하고 간절한 기도를 드립니다. 야곱은 홀로 남았더니 어떤 사람이 날이 새도록 야곱과 씨름하다가 그 사람이 자기가 야곱을 이기지 못함을 보고 야곱의 환도뼈를 치매 야곱의 환도뼈가 그 사람과 씨름할 때에 위골되었더라(창 32:24-25). 이는 실제로 씨름하듯 밤새 매달리고 울부짖으며 기도하는 야곱의 필사적인 간구의 모습을 보여줍니다. 천사와 힘을 겨루어 이기고 울며 그에게 간구하였으며(호 12:4). 곧 결사적으로 매달리는 야곱의 생생한 기도의 모습을 묘사한 표현입니다. 여기 "환도뼈"란 '넓적다리의 우묵한 곳'을 뜻하는 말로 엉덩이의 골반을 이루는 한 쌍의 뼈를 의미합니다. 하나님께서 힘의 근원으로 상징되는 환도뼈를 치신 것은 자신의 연약함을 깨닫고 오직 하나님만 의지하도록 하기 위함입니다.

하나님의 사자가 말씀합니다. 그 사람이 가로되 날이 새려 하니 나로 가게 하라 야곱이 가로되 당신이 내게 축복하지 아니하면 가게 하지 아니하겠나이다 그 사람이 그에게 이르되 네 이름이 무엇이냐 그가 가로되 야곱이니이다 그 사람이 가로되 네 이름을 다시는 야곱이라 부를 것이 아니요 이스라엘이라 부를 것이니 이는 네가 하나님과 사람으로 더불어 겨루어 이기었음이니라(창 32:26-28). 인간이 하나님과 겨루어 이길 수는 없지만 여기서 야곱이 하나님을 이겼다는 것은 하나님께서 야곱을 인정해 주셨다는 의미입니다. 다시 말해 하나님께서 야곱을 이기지 못함은 도움을 호소하는 야곱의 필사적인 간구를 뿌리치지 못했다는 의미입니다. 야곱은 씨름 후 하나님의 사자가 하나님이심을 알았습니다. 호세아 선지자는 그를 하나님 또는 하나님의 천사라고 했습니다(호 12:3-4). 이는 구약에 여호와의 사자로 나타나시는 성육신 이전의 성자 하나님 곧 그리스도입니다.

야곱은 에서가 무리를 거느리고 자신에게로 오고 있다는 소식에 두려워 떨며 하나님께 사활을 건 기도를 드렸습니다. 에서는 원래 들사람인데 장정들을 400명이나 거느리고 온다니 연약한 처자식들을 거느린 야곱이 그들을 당해낼 수가 없었습니다. 그러므로 야곱은 하나님의 사자와 밤새 씨름하며 사생결단의 심정으로 끝까지 붙들고 매달린 것입니다. 예수님은 끈질긴 기도의 필요성에 대해 다음의 비유로 말씀해 주셨습니다. 가라사대 어떤 도시에 하나님을 두려워 아니하고 사람을 무시하는 한 재판관이 있는데 그 도시에 한 과부가 있어 자주 그에게 가서 내 원수에 대한 나의 원한을 풀어 주소서 하되 그가 얼마 동안 듣지 아니하다가 후에 속으로 생각하되 내가 하나님을 두려워 아니하고 사람을 무시하나 이 과부가 나를 번거롭게 하니 내가 그 원한을 풀어 주리라 그렇지 않으면 늘 와서 나를 괴롭게 하리라 하였느니라(눅 18:2-5), 하물며 하나님께서 그 밤낮 부르짖는 택하신 자들의 원한을 풀어 주지 아니하시겠느냐 저희에게 오래 참으시겠느냐(눅 18:7).

그리하여 야곱은 하나님께로부터 이스라엘이라는 새로운 이름을 부여받게 되었습니다. 이스라엘이라는 이름은 야곱의 이름만이 아니라 후에 출애굽한 언약의 백성 곧 히브리인에 의해 형성된 국가의 이름이기도 합니다. '이스라엘'은 '하나님과 씨름한 자(wrestler with God)'라는 뜻으로, 하나님과 겨루어 이김으로 하나님의 축복을 감당할 수 있는 신령한 그릇이 되었다는 의미를 지닙니다. 야곱은 이 사실을 확신하게 되었으므로 두려움과 불안이 사라지고 담대하게 에서를 만날 수 있게 되었습니다. 야곱이 하나님께 여쭙니다. 야곱이 청하여 가로되 당신의 이름을 고하소서 그 사람이 가로되 어찌 내 이름을 묻느냐 하고 거기서 야곱에게 축복한지라 그러므로 야곱이 그곳 이름을 브니엘이라 하였으니 그가 이르기를 내가 하나님과 대면하여 보았으나 내 생명이 보전되었다 함이더라(창 32:29). 브니엘은 '하나님의 얼굴' 이라는 뜻을 지니며 팔레스타인 동쪽의 얍복강 중류에 위치한 성읍입니다. 이곳 브니엘을 지날 때에 해가 돋았으며 야곱이 씨름할 때에 위골된 환도뼈로 인하여 절게 되었습니다. 그러므로 지금도 이스라엘 사람들은 엉덩이에서 다리로 연결되는 환도뼈의 큰 힘줄 부분은 얍복 강가에서 하나님과의 접촉을 통하여 거룩히 바쳐진 것으로 믿기 때문에 먹지 않는다고 합니다.[36)]

호세아 선지자는 씨름을 울며 간구한 것으로 말합니다. 이는 하나님의 축복을 받기 위한 끈질긴 노력을 의미합니다. 하나님은 이 모든 훈련을 통해서 야곱이 전능하신 하나님 한 분만을 의지하는 믿음의 사람이 되기를 원하셨습니다. 『야곱은 태에서 그 형의 발뒤꿈치를 잡았고 또 장년에 하나님과 힘을 겨루되 천사와 힘을 겨루어 이기고 울며 그에게 간구하였으며 하나님은 벧엘에서 저를 만나셨고 거기서 우리에게 말씀하셨나니(호 12:3-4)』.

---

36) 강병도 편, 『호크마종합주석 제1권』(서울: 기독지혜사, 1997), 598.

✚ 야곱과 에서의 해후

야곱은 에서가 400인을 거느리고 오는 것을 보았습니다. 이에 야곱은 아내들로 하여금 각기 자기의 자식들을 거느리게 합니다. 여종들과 그 자식들은 앞에 두고 레아와 그 자식들은 다음에 두고, 그리고 라헬과 요셉은 맨 뒤에 두고 야곱은 그들보다 앞서 나아갑니다. 자기는 그들 앞에서 나아가되 몸을 일곱 번 땅에 굽히며 그 형 에서에게 가까이 하니(창 33:3). 이처럼 일곱 번 절하며 나아간다는 것은 왕이나 정복자에게 최대의 경의를 표하는 고대 근동의 인사법이라고 합니다.[37] 여기서 야곱은 자기 형에게 성심을 다하여 예의를 갖추고 있습니다. 그런데 놀라운 광경이 눈앞에 펼쳐집니다. 에서가 달려와서 그를 맞아서 안고 목을 어긋맞기고 그와 입맞추고 피차 우니라(창 33:4). 증오로 가득 차 야곱을 죽이려고 달려왔던 에서의 마음이 하룻밤 사이에 이처럼 변하여 동생에게 강한 애정을 표현하고 있습니다.

성경에 나타난 표현 중 '안고 목을 어긋맞기고 입맞추는' 행위는 가장 강렬하게 애틋한 감정을 나타내는 행동입니다. 실례로 창세기 45장 14절에서 요셉과 베냐민이 만나는 장면입니다. 자기 아우 베냐민의 목을 안고 우니 베냐민도 요셉의 목을 안고 우니라. 또한 요셉이 꿈에 그리던 아버지 야곱을 만나는 장면도 그렇습니다. 요셉이 수레를 갖추고 고센으로 올라가서 아비 이스라엘을 맞으며

---

37) 엘 아마르나(el-Amarna) 토판들에 보면, '나의 주, 나의 왕의 발 앞에 일곱 번 그리고 일곱 번 내가 부복하나이다'라는 말이 50번 이상 나타난다고 합니다. H. C. Leupold, 『반즈성경주석 창세기(하)』(서울: 크리스찬서적, 1993), 775.

그에게 보이고 그 목을 어긋맞겨 안고 얼마 동안 울매(창 46:29). 세상을 살아가면서 이보다 더 감격적인 만남은 없을 것입니다. 그런데 지금 20년 만에 만나는 에서와 야곱의 만남이 그러합니다. 극도의 증오가 최상의 반가움으로 나타나고 있습니다. 인간의 마음을 주관하시는 하나님의 역사인 것입니다. 이제 에서와 야곱이 만나 지난 과거를 털어버리고 서로 사랑으로 화해합니다.

에서가 먼저 달려와서 야곱을 맞이하며 그를 안고 목을 어긋맞기며 입을 맞추고 감격에 겨워 웁니다. 여기서 행동의 주체는 전적으로 에서입니다. 이는 기적이 아닐 수 없습니다. 야곱이 하나님의 사자와 밤새 씨름하며 간구한 기도의 응답인 것입니다.

+ 우애를 나누는 형제

에서가 야곱에게 묻습니다. 에서가 눈을 들어 여인과 자식들을 보고 묻되 너와 함께한 이들은 누구냐 야곱이 가로되 하나님이 주의 종에게 은혜로 주신 자식이니이다(창 33:5). 아이들이 누구인지 묻는 에서에게 야곱은 하나님께서 자신에게 은혜로 주신 자식이라고 대답합니다. 평소에도 야곱은 하나님의 말씀을 따라 살아왔지만 지금 야곱은 자신의 기도를 들어주신 하나님께 깊은 감사와 찬양을 올리는 심정으로 이렇게 말합니다. 여종들과 레아와 라헬이 각기 자신의 자식들로 더불어 차례대로 나아와 에서에게 절합니다. 에서가 묻습니다. 에서가 또 가로되 나의 만난 바 이 모든 떼는 무슨 까닭이냐 야곱이 가로되 내 주께 은혜를 입으려 함이니이다(창 33:8). 이에 에서가 말합니다. 에서가 가로되 내 동생아 내게 있는 것이 족하니 네 소유는 네게 두라(창 33:9). 에서가 야곱에게 애정어린 목소리로 "내 동생아"라고 부릅니다. 잠언의 말씀입니다. 사람의 행위가 여호와를 기쁘시게 하면 그 사람의 원수라도 그로 더불어 화목하게 하시느니라(잠 16:7).

에서는 자신의 소유도 족하다고 하며 야곱의 예물을 사양합니다. 그러나 야곱이 말합니다. 야곱이 가로되 그렇지 아니하니이다 형님께 은혜를 얻었사오면 청컨대 내 손에서 이 예물을 받으소서 내가 형님의 얼굴을 뵈온즉 하나님의 얼굴을 본 것 같사오며 형님도 나를 기뻐하심이니이다(창 33:10). 형의 얼굴을 보고 하나님의 얼굴을 뵈온 것 같다는 야곱의 고백은 두려움에 떨던 그가 지금의 상황에 얼마나 감사하고 있는지를 단적으로 보여주는 말입니다. 야곱은 하나님께서 자신에게 은혜 베푸신 것을 다시 한 번 강조합니다. 하나님이 내게 은혜를 베푸셨고 나의 소유도 족하오니 청컨대 내가 형님께 드리는 예물을 받으소서 하고 그에게 강권하매 받으니라(창 33:11). 야곱은 자신이 지팡이 하나만 가지고 요단을 건넜지만 이제 딸 디나를 포함하여 12명의 자식과 이 모든 소유를 가지게 된 것이 전적으로 하나님께서 베풀어주신 은혜임을 말합니다. 사도 바울도 이렇게 고백합니다. 그러나 나의 나 된 것은 하나님의 은혜로 된 것이니 내게 주신 그의 은혜가 헛되지 아니하여 내가 모든 사도보다 더 많이 수고하였으나 내가 아니요 오직 나와 함께 하신 하나님의 은혜로라(고전 15:10). 야곱이 강권하므로 에서가 그 예물을 받습니다.

야곱은 에서의 마음이 이같이 변한 것은 하나님의 역사하심에 의한 것임을 확신하였습니다. 야곱은 에서의 기뻐하는 얼굴에서 자신에게 은총을 베푸시는 하나님의 모습을 보았던 것입니다.

야곱의 세겜 거주

에서는 야곱의 안내자가 되어 그들의 길을 인도해 주겠다고 제안하지만 야곱은 아직 자식들이 어리므로 자식과 짐승의 행보대로 천천히 가겠다고 합니다. 당시 야곱의 큰아들 르우벤이 12~13살 정도이고 요셉이 6~7살 정도인데 이들 사이에 10명의 자녀가 더 있습니다. 이러한 어린아이들과 또한 긴 여정에 지친 많은 가축 떼로 인하여 빨리 갈 수 없는 형편이기도 한지라 야곱은 에서의 제안을 정중히 사양합니다. 이 날에 에서는 세일로 회정하고 야곱은 숙곳에 이르러 자기를 위하여 집을 짓고 짐승을 위하여 우릿간을 지은 고로 그 땅 이름을 숙곳이라 부르더라(창 33:16-17). 그 날 에서는 세일로 돌아가고 야곱은 숙곳에 이르러 자신의 집을 짓고 짐승들의 우릿간을 만들었습니다. 숙곳은 '우릿간들'이란 뜻입니다. 우릿간은 풀이나 갈대로 엮어 만든 가축의 처소입니다.

또한 야곱은 자신을 위하여 집을 지었습니다. 여기 야곱이 "자기를 위하여" 집을 지었다는 말은 예전에 노아와 아브라함이 '여호와를 위하여' 단을 쌓았다는 말씀과 대조하여 살펴보아야 합니다. 노아가 여호와를 위하여 단을 쌓고 모든 정결한 짐승 중에서와 모든 정결한 새 중에서 취하여 번제로 단에 드렸더니(창 8:20), 이에 아브람이 장막을 옮겨 헤브론에 있는 마므레 상수리 수풀에 이르러 거하며 거기서 여호와를 위하여 단을 쌓았더라(창 13:18). 야곱은 이곳에서 자기를 위하여 집을 짓고 유하려 하기보다 먼저 벧엘로 올라가 여호와를 위하여 단을 쌓음으로 일찍이 맹세한 서원을 이행했어야 합니다. 야곱이 서원하여 가로되 하나님이 나와 함께 계시사 내가 가는 이 길에서 나를 지키시고 먹을 양식과 입을 옷을 주사 나로 평안히 아비 집으로 돌아가게 하시오면 여호와께서 나의 하나님이 되실 것이요 내가 기둥으로 세운 이 돌이 하나님의 전이 될 것이요 하나님께서 내게 주신 모든 것에서 십분 일을 내가 반드시 하나님께 드리겠나이다 하였더라(창 28:20-22).

그런데 야곱은 평안히 세겜에 이르러 하몰의 아들들로부터 은 100개로 밭을 사고 장막을 치며 그곳에 단을 쌓았습니다. 야곱이 밧단아람에서부터 평안히 가나안 땅 세겜 성에 이르러 성 앞에 그 장막을 치고 그 장막 친 밭을 세겜의 아비 하몰의 아들들의 손에서 은 일백개로 사고(창 33:18-19). 세겜은 야곱의 할아버지 아브라함이 단을 쌓았던 곳인데(창 12:6-7), 야곱도 무사히 가나안 땅으로 돌아와 이곳에 단을 쌓았습니다. 후에 세겜 땅은 요셉에게 분배되어 에브라임과 므낫세 반 지파가 거주하였으며 출애굽한 후에 요셉이 매장된 곳입니다. 이스라엘 자손이 애굽에서 이끌어 낸 요셉의 뼈를 세겜에 장사하였으니 이곳은 야곱이 세겜의 아비 하몰의 자손에게 금 일백 개를 주고 산 땅이라 그것이 요셉 자손의 기업이 되었더라(수 24:32). 야곱은 밧단아람에서부터 안전하고 평안하게 이곳까지 인도하신 하나님의 은혜에 감사하며 단을 쌓고 감격하여 '엘 엘로헤 이스라엘' 이라고 이름하였습니다. 거기 단을 쌓고 그 이름을 엘엘로헤이스라엘이라 하였더라(창33:20). '엘 엘로헤 이스라엘' 은 '하나님은 이스라엘(야곱 자신을 가리킴)의 하나님' 이라는 의미입니다.

야곱은 숙곳과 세겜에 정착하지 말고 벧엘로 올라가야 했습니다. 이전에 야곱이 브엘세바를 떠나 밧단아람으로 향하던 중 벧엘에서 서원한대로 벧엘로 올라가 여호와를 위하여 단을 쌓고 하나님 앞에서 자신의 서원을 이행했어야 했는데 그렇게 하지 못했습니다.

제 16 장
야곱의 시련

디나의 수치

세월이 흐른 후 야곱의 딸 디나가 세겜 성의 여자들을 보러 나갔는데, 하몰의 아들이자 추장인 세겜이 디나를 강간하였습니다. 디나는 또래의 소녀들처럼 호기심에 끌려 구경나갔다가 이러한 봉변을 당하게 된 것입니다. 세겜이 디나를 열렬히 사랑하여 아버지 하몰에게 디나와의 혼인이 성사되게 해달라고 간청하였습니다. 이 소식을 들은 야곱은 자기 아들들이 들에서 돌아오기를 기다렸습니다. 야곱의 아들들은 들에서 이를 듣고 돌아와서 사람 사람이 근심하고 심히 노하였으니 이는 세겜이 야곱의 딸을 강간하여 이스라엘에게 부끄러운 일 곧 행치 못할 일을 행하였음이더라(창 34:7). 디나는 야곱의 열한 번째 자식으로 스불론과 요셉 사이에 태어났으며 레아에게서 얻은 딸입니다. 그 후에 그가 딸을 낳고 그 이름을 디나라 하였더라(창 30:21). 하몰이 야곱에게 와서 이같이 제안합니다. 너희가 우리와 통혼하여 너희 딸을 우리에게 주며 우리 딸을 너희가 취하고 너희가 우리와 함께 거하되 땅이 너희 앞에 있으니 여기 머물러 매매하며 여기서 기업을 얻으라(창 34:9-10).

그러나 야곱의 아들들은 할례 받지 아니한 사람에게 누이를 줄 수 없다고 하면서 그들을 속여 이렇게 대답합니다. 그런즉 이같이 하면 너희에게 허락하리라 만일 너희 중 남자가 다 할례를 받고 우리 같이 되면 우리 딸을 너희에게 주며 너희 딸을 우리가 취하며 너희가 함께 거하여 한 민족이 되려니와(창 34:15-16). 야곱의 아들들은 만일 그들이 할례를 받지 아니하면 디나를 데리고 가겠다고 엄포를 놓습니다. 세겜은 디나를 사랑하며 또한 자신이 귀하게 여김을 받는 추장이기 때문에 이 일 행하기를 지체하지 않았습니다. 하몰과 세겜이 성문에 이르러 고을 사람들에게 이같이 말합니다. 이 사람들은 우리와 친목하고 이 땅은 넓어 그들을 용납할 만하니 그들로 여기서 거주하며 매매하게 하고 우리가 그들의 딸들을 아내로 취하고 우리 딸들도 그들에게 주자 그러나 우리 중에 모든 남자가 그들의 할례를 받음 같이 할례를 받아야 그 사람들이 우리와 함께 거하여 한 민족 되기를 허락할 것이라 그리하면 그들의 생축과 재산과 그 모든 짐승이 우리의 소유가 되지 않겠느냐 다만 그 말대로 하자 그리하면 그들이 우리와 함께 거하리라(창 34:21-23).

성읍 사람들은 야곱 아들들의 요구대로 할례만 받는다면 야곱의 재산과 짐승이 모두 자신들의 소유가 될 것이라는 하몰과 세겜의 말에 설득되어 성문으로 출입하는 모든 남자가 다 할례를 받았습니다. 본문의 '생축'이라는 용어는 가축이나 가축떼를 의미하는 말로 일반적으로 양떼와 소떼를 가리키는데, 여기서는 희생으로 쓰는 가축 곧 희생 제물을 가리킵니다. 그들이 야곱의 재산을 열거하는 가운데 '그들의 재산과 모든 짐승'이라고 하지 않고 "그들의 생축과 재산과 그 모든 짐승"이라고 하여 생축을 따로 그리고 가장 먼저 언급한 것은 야곱이 자신의 짐승 떼 중에서 하나님께 희생 제물을 드리기 위하여 구별해 놓은 생축이 많이 있었다는 것을 알게 해줍니다. 이는 야곱이 어디서든지 하나님께 경배하며 단을 쌓는 신앙생활을 하고 있었다는 증거이며, 야곱이 요단을 건너기 전 벧엘에서 하나님께 드린 서원 중 십일조에 대한 약속을 지키고 있음을 보여주는 것입니다. 또한 '짐승'은 네 발 달린 동물을 가리키는데 특히 짐을 나르는 동물들 곧 나귀와 약대를 포함하는 말입니다.

여기서 혹자는 디나의 증조모 사라와 조모 리브가의 경우에는 하나님께서 친히 간섭하시므로 이러한 문제를 미연에 방지해 주셨는데 동일한 언약의 후손인 야곱의 딸 디나의 경우에는 왜 하나님께서 막아 주지 아니하셨는가 하는 생각을 할 수도 있을 것입니다. 이전에 하나님은 야곱이 하란으로 떠날 때 벧엘에서 이같이 말씀하셨습니다. 내가 너와 함께 있어 네가 어디로 가든지 너를 지키며 너를 이끌어 이 땅으로 돌아오게 할지라 내가 네게 허락한 것을 다 이루기까지 너를 떠나지 아니하리라 하신지라(창 28:15). 이에 야곱이 이렇게 서원하였습니다. 야곱이 서원하여 가로되 하나님이 나와 함께 계시사 내가 가는 이 길에서 나를 지키시고 먹을 양식과 입을 옷을 주사 나로 평안히 아비 집으로 돌아가게 하시오면 여호와께서 나의 하나님이 되실 것이요 내가 기둥으로 세운 이 돌이 하나님의 전이 될 것이요 하나님께서 내게 주신 모든 것에서 십분 일을 내가 반드시 하나님께 드리겠나이다 하였더라(창 28:20-22). 야곱의 서원대로 하나님이 그와 함께 계셔 걸음마다 지켜주셨으며 또 엄청난 소유와 더불어 평안히 가나안 땅으로 돌아왔음에도 불구하고, 야곱이 아직 "내가 기둥으로 세운 이 돌이 하나님의 전이 될 것이요"라는 서원을 이행하지 않고 있었습니다. 하나님께서 분명히 "네 출생지로 돌아가라"고 말씀하셨음에도 불구하고 야곱은 지금까지 세겜에 머물러 있습니다. 나는 벧엘 하나님이라 네가 거기서 기둥에 기름을 붓고 거기서 내게 서원하였으니 지금 일어나 이 곳을 떠나서 네 출생지로 돌아가라 하셨느니라(창 31:13). 디나의 사건은 하나님의 말씀에 순종하지 않은 야곱 일가에 내려진 하나님의 준엄한 경고임을 알 수 있습니다.

벧엘은 지금 야곱이 살고 있는 세겜에서 그다지 멀지 않습니다. 그런데 야곱은 벧엘이나 또는 아버지 이삭이 거주하고 있는 헤브론으로 가지 않고 세겜에서 많은 세월을 보냈습니다. 야곱이 라반의 집을 떠나올 때 요셉은 예닐곱 살이었습니다(창 30:25; 31:41). 다음 성경 구절을 통해 레아의 막내 딸 디나와 라헬의 첫 아들 요셉의 나이가 거의 비슷하다는 것을 알 수 있습니다. 그 후에 그가 딸을 낳고 그 이름을 디나라 하였더라 하나님이 라헬을 생각하신지라 하나님이 그를 들으시고 그 태를 여신 고로 그가 잉태하여 아들을 낳고 가로되 하나님이 나의 부끄러움을 씻으셨다 하고 그 이름을 요셉이라 하니(창 30:21-24). 그런데 디나가 세겜의 관심을 끌 정도로 성숙했음을 볼 때 세월이 상당히 흘렀다는 것을 알 수 있습니다. 세월이 흐른 뒤 요셉이 17세에 애굽으로 팔려간 것을 고려

한다면, 이때 디나의 나이는 십대 초반에서 중반 정도의 나이로 추정됩니다.

하나님은 야곱의 열두 아들을 통하여 하나님께서 통치하시는 신정국가를 이루고자 하십니다. 그런데 야곱이 벧엘로 올라가지 않고 세겜에 머물고 있으므로 르우벤을 비롯하여 20대 초반에서 10대 중반에 걸쳐 있는 그의 혈기왕성한 다른 열 아들들도 세겜의 여인들에게 미혹되어 통혼할 가능성이 있게 됩니다. 언약백성이 이방인과 잡혼(雜婚)한다는 것은 있을 수 없는 일이기 때문에 하나님은 이 사건을 통하여 야곱과 가족들을 경성케 하시고 세겜을 떠나도록 독려하셨습니다.

✝ 시므온과 레위의 보복

세겜 사람들이 할례를 받고 고통 중에 있는 제 삼 일에 야곱의 두 아들 시므온과 레위가 성을 엄습하여 하몰과 세겜을 비롯한 모든 남자를 다 죽이고 디나를 세겜의 집에서 데려왔습니다. 그 후에 여러 형제들이 그 성으로 가서 노략하였습니다. 그들이 양과 소와 나귀와 그 성에 있는 것과 들에 있는 것과 그 모든 재물을 빼앗으며 그 자녀와 아내들을 사로잡고 집 속의 물건을 다 노략한지라 (창 34:28-29). 이에 야곱이 말합니다. 야곱이 시므온과 레위에게 이르되 너희가 내게 화를 끼쳐 나로 이 땅 사람 곧 가나안 족속과 브리스 족속에게 냄새를 내게 하였도다 나는 수가 적은즉 그들이 모여 나를 치고 나를 죽이리니 그리하면 나와 내 집이 멸망하리라(창 34:30). 여기 "냄새를 내게 하였도다"라는 말은 '악취를 풍기게 하였다'라는 뜻으로 미움의 대상이 되었다는 의미입니다. 야곱의 책망에 대해 시므온과 레위가 대답합니다. 그들이 가로되 그가 우리 누이를 창녀 같이 대우함이 가하니이까(창 34:31). 시므온과 레위는 레아의 소생으로 동복누이인 디나의 사건에 다른 이복형제들보다 더욱 심한 분노를 느꼈던 것 같습니다. 야곱은 세겜에서 디나로 말미암아 곤경에 처하게 되었습니다. 이제 야곱은 주변의 가나안 족속들로부터 보복을 당할 위험에 직면해 있기 때문에 그곳을 떠나지 않을 수 없게 되었습니다.

이 일에 대한 야곱의 심경은 창세기 49장의 예언에 잘 나타나 있습니다. 『시므온과 레위는 형제요 그들의 칼은 잔해하는 기계로다 내 혼아 그들의 모의에 상관하지 말지어다 내 영광아 그들의 집회에 참여하지 말지어다 그들이 그 분노대로 사람을 죽이고 그 혈기대로 소의 발목 힘줄을 끊었음이로다 그 노염이 혹독하니 저주를 받을 것이요 분기가 맹렬하니 저주를 받을 것이라(창 49:5-7)』.

제 17 장
벧엘로 올라간 야곱

야곱의 결단

하나님은 세겜 성에 대한 살육으로 주변 가나안 사람들의 보복을 두려워한 야곱에게 벧엘로 올라가서 하나님께 단을 쌓으라고 말씀하십니다. 하나님이 야곱에게 이르시되 일어나 벧엘로 올라가서 거기 거하며 네가 네 형 에서의 낯을 피하여 도망하던 때에 네게 나타났던 하나님께 거기서 단을 쌓으라 하신지라(창 35:1). 벧엘은 야곱이 하란으로 가던 중 하나님을 뵈옵고 자신이 벧엘이라고 명명하였던 곳으로, 하나님께서 처음으로 그에게 나타나셔서 보호와 동행을 약속하신 곳이며 야곱이 서원기도를 드렸던 곳입니다(창 28:16-22). 야곱은 자기와 함께한 모든 사람들에게 이렇게 말합니다. 야곱이 이에 자기 집 사람과 자기와 함께 한 모든 자에게 이르되 너희 중의 이방 신상을 버리고 자신을 정결케 하고 의복을 바꾸라 우리가 일어나 벧엘로 올라가자 나의 환난날에 내게 응답하시며 나의 가는 길에서 나와 함께 하신 하나님께 내가 거기서 단을 쌓으려 하노라 하매 (창 35:2-3).

야곱은 심기일전하여 자기 집에 속한 모든 자들에게 다음 세 가지를 명령합니다. 첫째, 그들 중에 있는 이방 신상을 버리고, 둘째, 자신을 정결케 하며, 셋째, 의복을 바꾸라고 명합니다. 라헬은 밧단아람에서부터 드라빔을 가져왔으며, 또한 야곱 집에 속한 사람들도 하란에 있었을 때나 또는 세겜에 머무를 때 이방인들로부터 영향을 받아 이방신상을 소유하고 있었을 것입니다. 야곱은 이러한 이방신상들을 버리고 하나님 앞에서 자신들을 깨끗하게 하여 하나님만 섬기게 합니다. 곧 몸과 마음의 정결을 말하는 것으로 새로운 삶에 대한 결단을 의미합니다. 그리고 이방인과 이웃하며 살면서 자연스럽게 따라 입게 된 의복을 바꿈으로 이방 문화와 풍습을 멀리하도록 명하였습니다. 이는 영적이고 도덕적인 성결을 의미하는 것으로 후에 하나님께서 시내산에서 모세에게 주신 명령과 유사합니다. 여호와께서 모세에게 이르시되 너는 백성에게로 가서 오늘과 내일 그들을 성결케 하며 그들로 옷을 빨고(출 19:10).

이제 야곱은 자신과 함께한 모든 자들에게 마음을 새롭게 하여 벧엘로 올라가자고 합니다. 또한 자신의 환난 날에 응답하시고 동행해 주신 하나님께 자신이 서원한 것을 이행할 것을 천명합니다. 야곱에 속한 모든 사람들이 그의 명령에 순종합니다. 그들이 자기 손에 있는 모든 이방신상과 자기 귀에 있는 고리를 야곱에게 주는지라 야곱이 그것들을 세겜 근처 상수리나무 아래 묻고(창 35:4). 그들이 세겜을 떠나 벧엘로 향합니다. 그들이 발행하였으나 하나님이 그 사면 고을들로 크게 두려워하게 하신고로 야곱의 아들들을 추격하는 자가 없었더라(창 35:5). 하나님의 명령을 받고 그 말씀에 순종하여 신앙의 결단을 가지고 떠나는 야곱 일행을 하나님께서 지켜주셨습니다. 이전에도 야곱이 하나님의 명을 받고 라반의 집을 떠나올 때 하나님께서 라반의 행동을 억제해 주셨었습니다(창 31:24). 이번에도 하나님께서 주변에 있는 자들로 두렵게 하시므로 아무도 그들을 추격하지 못하게 하셨습니다. 하나님의 명령을 좇아 사는 자들은 어디를 가든지 무엇을 하든지 하나님께서 늘 보호해 주십니다.

하나님께서 사면 고을들로 야곱의 무리를 두려워하도록 만드셨기 때문에 주변의 족속들이 감히 그들을 쫓아오지 못하였습니다. 시편기자는 이렇게 말합니다. 『때에 저희 인수가 적어 매우 영성(零星)하며 그 땅에 객이 되어 이 족속에게서 저 족속에게로, 이 나라에서 다른 민족에게로 유리하였도다 사람이 그들을 해하기를 용납지 아니하시고 그들의 연고로 열왕을 꾸짖어 이르시기를 나의 기름부은 자를 만지지 말며 나의 선지자를 상하지 말라 하셨도다(시 105:12-15)』.

✚ 벧엘로 올라간 야곱

야곱과 그 일행이 무사히 벧엘에 이르러 그곳에서 하나님께 단을 쌓았습니다. 그가 거기서 단을 쌓고 그 곳을 엘벧엘이라 불렀으니 이는 그 형의 낯을 피할 때에 하나님이 그에게 거기서 나타나셨음이더라(창 35:7). 엘벧엘이란 '하나님의 집의 하나님'이란 의미로 이 곳이 하나님께서 거하고 계신 의미심장한 장소라는 사실을 강조한 말입니다. 그리고 야곱은 자신의 어머니 리브가의 유모였던 드보라가 죽자 벧엘 아래 상수리나무 밑에 장사하였습니다. 리브가의 유모 드보라가 죽으매 그를 벧엘 아래 상수리나무 밑에 장사하고 그 나무 이름을 알론바굿이라 불렀더라(창 35:8). 알론바굿이란 '통곡의 상수리나무'라는 의미입니다. 드보라는 리브가의 유모로 어릴 적부터 그녀를 돌보았으며 리브가가 이삭에게 시집올 때 따라와서 일평생 그녀를 수종들었던 자였습니다. 그들이 그 누이 리브가와 그의 유모와 아브라함의 종과 종자들을 보내며(창 24:59). 그러므로 야곱은 다시 뵙지 못한 어머니를 대신하여 어머니의 체취를 느낄 수 있었던 드보라의 죽음에 그토록 애통해 하였던 것 같습니다.

하나님이 다시 야곱에게 나타나셨습니다. 야곱이 밧단아람에서 돌아오매 하나님이 다시 야곱에게 나타나사 그에게 복을 주시고(창 35:9). 여기 "야곱이 밧단아람에서 돌아오매"라는 말씀에 주의하여야 합니다. 분명히 야곱은 훨씬 이전에 밧단아람에서 돌아와 세겜에서 한참 동안을 기거했습니다. 그곳에서 디나의 가슴 아픈 사건을 겪고 이곳에 오게 된 것입니다. 그런데 성경은 세겜 부분을 제외시키고 있습니다. 이는 아마도 세겜에서 야곱 일가의 생활이 점점 그곳의 이방인들과 동화되어 가면서 하나님이 기뻐하시는 삶을 살지 못했기 때문인 것 같습니다. 그러므로 성경은 야곱이 하나님의 말씀을 따라 이방의 잔재를 청산하고 여기 벧엘에 거주하게 된 사실에 초점을 맞춘 것으로 보입니다. 하나님께서 야곱에게 복을 주십니다. 그에게 이르시되 네 이름이 야곱이다마는 네 이름을 다시는 야곱이라 부르지 않겠고 이스라엘이 네 이름이 되리라 하시고 그가 그의 이름을 이스라엘이라 부르시고 그에게 이르시되 나는 전능한 하나님이니라 생육하며 번성하라 국민과 많은 국민이 네게서 나고 왕들이 네 허리에서 나오리라 내가 아브라함과 이삭에게 준 땅을 네게 주고 내가 네 후손에게도 그 땅을 주리라 하시고(창 35:10-12). 이는 이전에 주셨던 말씀(창 28:13-15)보다 더욱 구체적인 축복의 말씀으로, 야곱이 밧단아람으로 떠나갈 때 나타나셨던 하나님께서 다시 나타나셔서 벧엘 언약을 재확인하시며 그의 새로운 출발을 격려하시기 위함입니다.

그리고 하나님께서 야곱을 떠나 올라가셨습니다. 하나님이 그와 말씀하시던 곳에서 그를 떠나 올라가시는지라(창 35:13). 이전까지는 하나님께서 야곱에게 말씀하실 때 늘 꿈속에 나타나셔서 말씀하셨는데 여기서는 예전과 달리 하나님께서 직접 현현하셨습니다. 하나님께서는 야곱에게 하나님이 통치하시는 나라, 곧 이스라엘이라는 신정국가의 태동을 알려주시는 역사적인 말씀을 하시고 그를 떠나 올라가셨습니다. 야곱은 하나님께서 자기와 말씀하시던 곳에 돌기둥을 세웠습니다. 야곱이 하나님의 자기와 말씀하시던 곳에 기둥 곧 돌기둥을 세우고 그 위에 전제물을 붓고 또 그 위에 기름을 붓고 하나님이 자기와 말씀하시던 곳의 이름을 벧엘이라 불렀더라(창 35:14-15). 야곱은 하나님께서 자신에게 두 번이나(창 28:10-22; 35:9-15) 나타나신 이곳이야말로 정녕 하나님이 계신 '하나님의 집(벧엘)' 이라고 고백하였습니다.

이전에는 야곱이 잠에서 깨어나 베개하였던 돌로 기둥을 세우고 그 위에 기름을 부었지만(창 28:18-19), 지금은 하나님께서 친히 현현하시어 야곱과 말씀하시던 곳에 돌기둥을 세우고 그 위에 전제물을 붓고 또 그 위에 기름을 부었습니다. 전제물이란 하나님께 드리는 제사에 사용되는 것으로서 포도주와 같은 액체를 말합니다. 하나님의 계시와 하나님께 제사하는 방식이 더 구체적으로 진전되고 있음을 알 수 있습니다.

+ 라헬의 죽음

야곱 일행이 벧엘을 떠나 아버지 이삭이 거하는 곳으로 향하여 갑니다. 그때에 라헬이 산기(産氣)가 있었는데 해산의 고통이 매우 심하였습니다. 그들이 벧엘에서 발행하여 에브랏에 이르기까지 얼마 길을 격한 곳에서 라헬이 임산하여 심히 신고하더니(창 35:16). 라헬이 난산을 하게 됩니다. 그가 난산 할 즈음에 산파가 그에게 이르되 두려워 말라 지금 그대가 또 득남하느니라 하매(창 35:17). 라헬이 산파의 '득남하고 있다' 라는 말을 듣고 아들의 이름을 지어줍니다. 그가 죽기에 임하여 그 혼이 떠나려 할 때에 아들의 이름은 베노니라 불렀으나 그 아비가 그를 베냐민이라 불렀더라(창 35:18). 라헬은 죽음에 임박하여 사랑하는 아들의 이름을 "베노니"라고 불렀습니다. 이는 라헬 자신이 죽으면서 슬픔 중에 얻는 아들이기 때문입니다. 그러나 '베노니' 는 '나의 슬픔의 아들' 이란 의미이므로, 야곱이 이를 바꾸어 '베냐민' 곧 '나의 오른손의 아들'이란 이름으로 불렀습니다. 성경에서 오른손은 주로 힘과 행복을 의미합니다. 그러므로 야곱은 소망과 위로의 이름인 베냐민으로 부른 것입니다.

이제 베냐민의 출생으로 하나님의 섭리 가운데 야곱의 열두 아들 곧 이스라엘의 열두 지파를 형성하게 되는 틀이 짜여지게 되었습니다. 이 열두 명은 선민 열두 지파의 족장들로서 신약의 열두 사도를 예표합니다. 예수께서 가라사대 내가 진실로 너희에게 이르노니 세상이 새롭게 되어 인자가 자기 영광의 보좌에 앉을 때에 나를 좇는 너희도 열두 보좌에 앉아 이스라엘 열두 지파를 심판하리라(마 19:28), 크고 높은 성곽이 있고 열두 문이 있는데 문에 열두 천사가 있고 그 문들 위에 이름을 썼으니 이스라엘 자손 열두 지파의 이름들이라 동편에 세 문, 북편에 세 문, 남편에 세 문, 서편에 세 문이니 그 성에 성곽은 열두 기초석이 있고 그 위에 어린 양의 십이 사도의 열두 이름이 있더라(계 21:12-14). 그리고 궁극적으로 오늘날 구원받은 성도들의 공동체인 영적 이스라엘 곧 교회를 상징합니다. 고린도에 있는 하나님의 교회 곧 그리스도 예수 안에서 거룩하여지고 성도라 부르심을 받은 자들과 또 각처에서 우리의 주 곧 그들과 우리의 주 되신 예수 그리스도의 이름을 부르는 모든 자들에게(고전 1:2).

라헬이 죽자 야곱은 라헬을 에브랏 길에 장사하고 묘비를 세웠습니다. 에브랏은 베들레헴의 옛 이름입니다(룻 1:2). 야곱이 사랑하던 아내 라헬의 생명과 맞바꾼 베냐민에게 그토록 깊은 애정을 쏟았던 마음을 이해할 수 있습니다.

르우벤의 근친상간

야곱이 에델 망대를 지나 장막을 쳤는데, 그 땅에 거할 때 르우벤이 빌하와 패륜적인 죄를 범하였습니다. 이스라엘이 다시 발행하여 에델 망대를 지나 장막을 쳤더라 이스라엘이 그 땅에 유할 때에 르우벤이 가서 그 서모 빌하와 통간하매 이스라엘이 이를 들었더라(창 35:21-22). 라헬을 잃은 슬픔이 채 가시기도 전에 장자인 르우벤이 라헬의 시녀이자 자신의 서모인 빌하와 근친상간을 함으로 인하여 야곱은 더욱 침통하게 됩니다. 율법은 이렇게 말합니다. 누구든지 그 계모와 동침하는 자는 그 아비의 하체를 범하였은즉 둘 다 반드시 죽일지니 그 피가 자기에게로 돌아가리라(레 20:11). 이러한 죄악은 이방인에게도 흔치 않았던 일로 르우벤의 악행은 엄하게 처벌되어야 했습니다. 너희 중에 심지어 음행이 있다 함을 들으니 이런 음행은 이방인 중에라도 없는 것이라 누가 그 아비의 아내를 취하였다 하는도다(고전 5:1).

그러나 야곱은 이 수치스러운 일을 하나님께 맡기고 침묵으로 일관했습니다. 야곱에게 말로 형용할 수 없는 아픔이었기 때문입니다. 이 일로 인하여 르우벤의 장자권은 박탈됩니다. 이스라엘의 장자 르우벤의 아들들은 이러하니라 (르우벤은 장자라도 그 아비의 침상을 더럽게 하였으므로 장자의 명분이 이스라엘의 아들 요셉의 자손에게로 돌아갔으나 족보에는 장자의 명분대로 기록할 것이 아니니라 유다는 형제보다 뛰어나고 주권자가 유다로 말미암아 났을지라도 장자의 명분은 요셉에게 있으니라)(대상 5:1-2). 그리하여 라헬의 장자인 요셉에게 장자의 명분이 주어지고 그에게 두 분깃의 기업이 배분되어 요셉의 두 아들 므낫세와 에브라임이 이스라엘의 열두 지파에 속하게 됩니다. 나 주 여호와가 말하노라 너희는 이 지계대로 이스라엘 십이 지파에게 이 땅을 나누어 기업이 되게 하되 요셉에게는 두 분깃이니라(겔 47:13), 내가 네게 네 형제보다 일부분을 더 주었나니 이는 내가 내 칼과 활로 아모리 족속의 손에서 빼앗은 것이니라(창 48:22).

창세기 35장 21절과 22절에서는 야곱을 야곱이라 부르지 않고 이스라엘이라 칭합니다. 이는 베냐민이 태어나므로 이스라엘의 열두 지파가 형성되고 신정국가의 기반이 마련된 후, 이같은 치욕을 겪으면서 감정과 분노를 자제하는 야곱의 인내에 대한 객관적인 기술입니다.

야곱은 르우벤이 저지른 이 악행을 죽는 날까지 가슴에 묻어 두었습니다. 『르우벤아 너는 내 장자요 나의 능력이요 나의 기력의 시작이라 위광이 초등하고 권능이 탁월하도다마는 물의 끓음 같았은즉 너는 탁월치 못하리니 네가 아비의 침상에 올라 더럽혔음이로다 그가 내 침상에 올랐었도다(창 49:3-4)』.

✚ 이삭의 죽음

야곱은 헤브론의 마므레로 가서 아버지 이삭을 만났습니다. 그러나 어머니 리브가에 대한 언급은 없는 것으로 보아 아마도 리브가는 벌써 세상을 떠난 것으로 추측됩니다. 그 후 아버지 이삭도 죽어 열조에게로 돌아갔습니다. 이삭의 나이 일백팔십 세라 이삭이 나이 많고 늙어 기운이 진하매 죽어 자기 열조에게로 돌아가니 그 아들 에서와 야곱이 그를 장사하였더라(창 35:28-29). 이삭은 에서와 야곱에 의해 선영인 막벨라 굴에 안장되었습니다(창 49:31).

에서의 계보입니다. 에서 곧 에돔의 대략이 이러하니라(창 36:1). 에서의 별명은 에돔입니다. 에돔은 '붉음'이란 의미입니다. 이는 야곱의 붉은 죽 사건 이후에 붙여진 별명으로, 에서가 팥죽 때문에 자기의 장자권을 팔아버린 어리석음을 기억나게 하는 이름입니다. 야곱에게 이르되 내가 곤비하니 그 붉은 것을 나로 먹게 하라 한지라 그러므로 에서의 별명은 에돔이더라(창 25:30). 그러므로 에돔은 곧 에서라고 생각하면 됩니다. 에서 곧 에돔의 자손으로서 족장 된 자들이 이러하였더라(창 36:19). 이삭을 장사지낸 뒤 에서와 야곱의 소유가 풍부하여 함께 거할 수 없으므로 에서가 세일 산으로 그의 거처를 옮기게 됩니다. 에서가 자기 아내들과 자기 자녀들과 자기 집의 모든 사람과 자기의 가축과 자기 모든 짐승과 자기가 가나안 땅에서 얻은 모든 재물을 이끌고 그 동생 야곱을 떠나 타처로 갔으니 …… 이에 에서 곧 에돔이 세일 산에 거하니라(창 36:6,8). 창세기 36장에는 에서의 계보가 기록되어 있습니다. 에서에게서 나온 족장들의 이름은 그 종족과 거처와 이름대로 이러하니 …… 이들은 그 구역과 거처를 따른 에돔 족장들이며 에돔 족속의 조상은 에서더라(창 36:40-43).

그러나 에서의 자손들에 대한 이름만 거론될 뿐 그들의 역사에 대한 기록은 없습니다. 이는 이삭이 죽고 난 후 이제 야곱의 시대가 도래하는데, 이삭의 두 아들 중 에서의 자손이 아니라 야곱의 자손을 통하여 하나님의 거룩한 구속 역사가 진행되고 있기 때문입니다. 에서는 떠나갔고 야곱은 이삭이 거주하던 가나안 땅에 거하였습니다. 야곱이 가나안 땅 곧 그 아비의 우거하던 땅에 거하였으니(창 37:1). 이는 에서가 세일 산에 거주하고 있는 것과는(창 36:8) 달리 야곱은 약속의 땅 가나안의 헤브론 골짜기에 거하고 있음을 말하고 있습니다. 여기 "그 아비의 우거하던 땅"이라고 명시한 것은 에서가 아닌 야곱이 언약의 상속자 곧 약속의 땅의 주인임을 분명히 밝혀주기 위해서입니다. 내가 너와 네 후손에게 너의 우거하는 이 땅 곧 가나안 일경으로 주어 영원한 기업이 되게 하고 나는 그들의 하나님이 되리라(창 17:8).

이삭이 180세에 죽으니 120세의 에서와 야곱이 이삭을 장사하였습니다. 참고로 요셉이 애굽에 팔려갈 때 이삭의 나이는 167세로 아직 생존해 있었습니다. 그리고 할아버지 이삭의 임종 시기와 비슷한 시기에 요셉은 30세의 나이로 애굽에서 총리가 됩니다.

제 5 부

요셉

제 18 장
요셉의 꿈

요셉 형들의 시샘

이제 요셉은 17세의 소년이 되어 빌하와 실바의 아들들 곧 단과 납달리 그리고 갓과 아셀 등과 함께 양을 쳤습니다. 그런데 야곱이 요셉을 다른 아들들보다 더욱 사랑하였던 데다가 요셉이 형들의 과실을 야곱에게 고하였으므로, 요셉은 형들의 미움을 받게 되었습니다. 요셉은 노년에 얻은 아들이므로 이스라엘이 여러 아들보다 그를 깊이 사랑하여 위하여 채색옷을 지었더니(창 37:3). 당시 채색옷은 높은 신분의 자제들이 입었던 귀한 옷으로 소매가 길어 손목을 덮고 발목까지 내려올 만큼 긴 겉옷입니다.

요셉은 야곱의 노년에 얻은 아들입니다. 요셉을 낳을 당시의 야곱 나이는 다음과 같이 유추해 볼 수 있습니다. 에서가 40세에 결혼을 하였습니다. 에서와 야곱은 쌍둥이이므로, 이 때 야곱의 나이도 40세입니다. 에서가 사십 세에 헷 족속 브에리의 딸 유딧과 헷 족속 엘론의 딸 바스맛을 아내로 취하였더니(창 26:34). 이삭이 60세 때 에서와 야곱을 낳았으므로 에서가 결혼 할 당시 이삭의 나이는 100세가 됩니다. 그리고 창세기 27장 1절에서 이삭은 늙고 앞을 거의 보지 못했다고 말씀합니다. 이삭이 나이 많아 눈이 어두워 잘 보지 못하더니(창 27:1). 이삭이 야곱을 축복할 때도 에서인지 확인하기 위해 손으로 만져본 것을 보면 이때 이삭은 시력을 거의 잃었다고 볼 수 있습니다. 이때의 이삭과 야곱의 나이에 대해 확실한 근거가 없기 때문에 요셉을 통하여 야곱의 나이를 추측해 보려고 합니다.

야곱이 애굽의 바로 앞에 설 때에 그의 나이 130세입니다. 야곱이 바로에게 고하되 내 나그네 길의 세월이 일백삼십 년이니이다 (창 47:9). 요셉은 30세에 애굽의 총리가 됩니다. 요셉이 애굽왕 바로 앞에 설 때에 삼십 세라(창 41:46). 그리고 7년 풍년을 지나게 됩니다. 요셉이 애굽 땅에 있는 그 칠년 곡물을 거두어 각성에 저축하되(창 41:48). 그 후 온 땅에 흉년이 들었을 때 형들이 곡식을 사러 왔었고, 2년 만에 다시 애굽에 오게 되어 형들과 재회하게 되며, 야곱을 애굽으로 모셔왔으니 이삼 년이 흐른 후라고 생각한다면 대략 40세에 요셉이 아버지 야곱을 만나게 됩니다. 이때에 야곱이 130세라고 한다면 야곱은 90세경에 요셉을 낳았다고 할 수 있습니다.

그러면 야곱이 라반을 14년 섬긴 해에 요셉을 낳았으므로 야곱이 브엘세바에서 밧단아람 라반의 집으로 떠날 때가 76세쯤이었을 것입니다. 따라서 야곱을 축복할 당시 이삭은 136세 정도 되었을 것이기 때문에 거의 시력을 잃은 상태였을 것입니다. 참고로, 야곱도 147세에 생을 마치게 되는데 임종할 때쯤 앞을 보지 못했습니다. 이스라엘의 눈이 나이로 인하여 어두워서 보지 못하더라(창 48:10). 그러므로 창세기 26장 34절과 창세기 27장 1절 사이에 대략 36년의 세월이 흘렀다는 것을 알 수 있습니다. 그런데 한 가지 특이한 것은 에서가 40세에 장가를 들었는데 왜 야곱은 76세가 되도록 아직 결혼을 하지 않았는가 하는 점입니다. 정확한 이유는 알 수 없지만 아마도 야곱의 성격이 조용하고 침착한데다 에서가 이방 여인 취한 것을 이삭과 리브가가 못마땅하게 여겼기 때문에 야곱의 결혼이 늦어지게 된 것이 아닌가 생각합니다. 야곱은 외삼촌 라반의 집에서 7년간 일한 후 레아와 라헬을 맞이하게 되므로 그의 결혼은 83세가 되어서야 이루어지게 됩니다.

야곱이 다른 자식들보다 요셉을 더욱 사랑하였기 때문에 다른 형제들이 요셉을 질투하게 되었습니다. 그 형들이 아비가 형제들보다 그를 사랑함을 보고 그를 미워하여 그에게 언사가 불평하였더라(창 37:4). 여기서 "언사가 불평하였더라"라는 말은 '샬롬(평안)을 말하지 아니하였다'라는 의미입니다. 즉 일상적인 인사조차 나누지 않는 사이가 되고 말았다는 것을 알 수 있습니다. 그러던 어느 날 요셉이 자신의 꿈을 형들에게 말하여 더욱 미움을 받게 되었습니다. 요셉이 그들에게 이르되 청컨대 나의 꾼 꿈을 들으시오 우리가 밭에서 곡식을 묶더니 내 단은 일어서고 당신들의 단은 내 단을 둘러서서 절하더이다(창 37:6-7). 요셉의 형들이 그에게 말합니다. 그 형들이 그에게 이르되 네가 참으로 우리의 왕이 되겠느냐 참으로 우리를 다스리게 되겠느냐 하고 그 꿈과 그 말을 인하여 그를 더욱 미워하더니(창 37:8). 요셉이 또 꿈을 꾸고 형들에게 말합니다. 요셉이 다시 꿈을 꾸고 그 형들에게 고하여 가로되 내가 또 꿈을 꾼즉 해와 달과 열한 별이 내게 절하더이다 하니라(창 37:9).

요셉은 자신의 꿈을 아버지 야곱에게 고하여 질책을 당합니다. 그런데 야곱 자신도 꿈을 통해 하나님의 계시를 경험한 적이 있습니다. 『꿈에 본즉 사닥다리가 땅 위에 섰는데 그 꼭대기가 하늘에 닿았고 또 본즉 하나님의 사자가 그 위에서 오르락내리락하고(창 28:12)』. **그러므로 야곱은 비록 요셉을 책망하였지만 그의 말을 가슴속 깊이 간직했습니다.** 『그 형들은 시기하되 그 아비는 그 말을 마음에 두었더라(창 37:11)』.

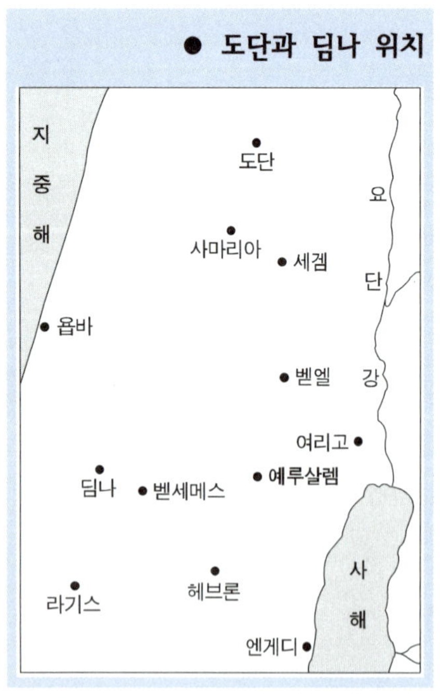

형들에 의해 팔린 요셉

그 후 요셉의 형들이 세겜에 가서 양떼를 칠 때에 야곱이 요셉에게 말합니다. 이스라엘이 요셉에게 이르되 네 형들이 세겜에서 양을 치지 아니하느냐 너를 그들에게로 보내리라 요셉이 아비에게 대답하되 내가 그리하겠나이다(창 37:13). **야곱은 요셉을 헤브론에서 세겜의 형들에게로 보냈습니다. 아마도**

야곱은 이전에 있었던 세겜에서의 사건을 떠올리며 그곳에서 양을 치고 있는 자식들의 안부가 궁금했던 모양입니다. 요셉은 도단에서 형들을 만나게 됩니다. 그런데 요셉이 그들에게 이르기 전에 그의 형들이 먼저 요셉을 알아봅니다. 요셉이 그들에게 가까이 오기 전에 그들이 요셉을 멀리서 보고 죽이기를 꾀하여(창 37:18). 아마도 요셉이 입은 채색옷으로 말미암아 눈에 잘 띄었기 때문에 형들이 멀리서도 요셉을 알아본 것 같습니다. 형들은 요셉을 죽이려고 공모하였습니다. 자, 그를 죽여 한 구덩이에 던지고 우리가 말하기를 악한 짐승이 그를 잡아먹었다 하자 그 꿈이 어떻게 되는 것을 우리가 볼 것이니라 하는지라(창 37:20).

그러나 르우벤은 요셉을 죽이지 말고 구덩이에 던지자고 제안합니다. 르우벤은 장남으로서 동생을 지켜야 한다는 책임의식과 서모와의 근친상간으로 아버지에게 씻을 수 없는 큰 죄를 지었기 때문에, 아버지의 사랑하는 아들 요셉을 죽임으로써 다시 아버지의 마음을 아프게 하고 싶지 않았을 것입니다. 르우벤이 또 그들에게 이르되 피를 흘리지 말라 그를 광야 그 구덩이에 던지고 손을 그에게 대지 말라 하니 이는 그가 요셉을 그들의 손에서 구원하여 그 아비에게로 돌리려 함이었더라(창 37:22). 요셉이 그들에게 이르렀을 때 형들이 그의 채색옷을 벗기고 물이 없는 구덩이에 던졌습니다. 그리고 그들이 음식을 먹다가 본즉 이스마엘 족속이 약대들에 물품을 싣고 애굽으로 내려가는 것이 보였습니다. 이에 유다가 형제들을 설득하였습니다. 유다가 자기 형제에게 이르되 우리가 우리 동생을 죽이고 그의 피를 은익한들 무엇이 유익할까 자 그를 이스마엘 사람에게 팔고 우리 손을 그에게 대지 말자 그는 우리의 동생이요 우리의 골육이니라 하매 형제들이 청종하였더라(창 37:26-27). 그때 장사하는 미디안 사람들이 지나가므로 형들이 요셉을 그들에게 팔았습니다. 때에 미디안 사람 상고들이 지나는지라 그들이 요셉을 구덩이에서 끌어올리고 은 이십 개에 그를 이스마엘 사람들에게 팔매 그 상고들이 요셉을 데리고 애굽으로 갔더라(창 37:28).

요셉은 형들에 의해 은 20개에 팔려 애굽[38]으로 갔습니다. 은 20개는 은 20세겔을 말합니다. 당시 성인 노예는 은 30세겔이었지만 요셉은 17세 소년이었기 때문에 은 20세겔에 팔린 것 같습니다. 소가 만일 남종이나 여종을 받으면 소 임자가 은 삼십 세겔을 그 상전에게 줄 것이요(출 21:32), 오 세로 이십 세까지는 남자이면 그 값을 이십 세겔로 하고(레 27:5). 미디안은 아브라함의 후처 그두라의 아들입니다. 미디안이나 이스마엘이나 동일한 조상 아브라함의 후손이며 또한 그들이 섞여 살았기 때문에, 여기서 미디안 사람 혹은 이스마엘 사람이라고 혼용하여 말하고 있습니다(창 37:28). 르우벤이 돌아와 보니 요셉이 없어졌습니다. 르우벤이 돌아와서 구덩이에 이르러 본즉 거기 요셉이 없는지라 옷을 찢고 아우들에게로 와서 가로되 아이가 없도다 나는 나는 어디로 갈까(창 37:29-30). 여기 "나는 나는 어디로 갈까"라는 말은 의역하면, '요셉이 없어진 것을 어떻게 아버지에게 말씀드릴까'라는 의미입니다. 르우벤은

38) 애굽은 B.C. 5500년경 나일 계곡을 따라 농경 사회로 발전한 초기 문명시대부터 메소포타미아와 교역하였으며, 중왕국 시대의 제 12왕조(B.C. 1985~1795년경) 통치하에 통일국가를 형성하였습니다. Lorna Oakes & Lucia Gahlin, *Ancient Egypt*, 12, 16.

자신이 아버지에게 깊은 상처를 남겼는데, 또 다시 아버지가 당하게 될 슬픔을 생각하면서 몹시 괴로워 하였습니다.

이같이 형제들로부터 미움을 받아 옷을 벗기우고 애굽으로 팔려간 요셉은 하나님의 아들 예수 그리스도께서 동족의 미움을 받아 은 30개에 팔릴 사실을 예표합니다. 『내가 예수를 너희에게 넘겨 주리니 얼마나 주려느냐 하니 그들이 은 삼십을 달아 주거늘(마 26:15)』.

✚ 야곱을 속이는 아들들

이제 야곱의 아들들은 아버지를 속이려고 계책을 세웁니다. 그들이 요셉의 옷을 취하고 수염소를 죽여 그 옷을 피에 적시고 그 채색옷을 보내어 그 아비에게로 가져다가 이르기를 우리가 이것을 얻었으니 아버지의 아들의 옷인가 아닌가 보소서 하매(창 37:31-32). 예전에 리브가와 야곱이 이삭을 속였던 방식 그대로 야곱도 지금 자신의 아들들에게 속고 있습니다. 그때에 야곱은 리브가의 말한 대로 염소 떼에 가서 새끼를 가져왔었는데(창 27:14-16), 지금 야곱의 아들들도 염소를 죽여 야곱을 속입니다. 그때에 리브가가 야곱에게 에서의 옷을 입히고 염소 가죽으로 손과 목에 털을 만들어 꾸몄는데, 지금 야곱의 아들들도 요셉의 옷을 취하여 그의 옷에 염소의 피를 적셨습니다. 야곱은 그 옷이 요셉의 옷임을 알아봅니다

다. 아비가 그것을 알아보고 가로되 내 아들의 옷이라 악한 짐승이 그를 먹었도다 요셉이 정녕 찢겼도다 하고 자기 옷을 찢고 굵은 베로 허리를 묶고 오래도록 그 아들을 위하여 애통하니(창 37:33-34).

야곱은 그 옷에 묻은 피가 염소의 피라는 사실을 전혀 모르고 있습니다. 야곱은 요셉이 사나운 짐승에게 잡혀 먹힌 것으로 알고 자기 옷을 찢으며 오랫동안 그를 위하여 애통해 했습니다. 자식들에게 속아 요셉이 맹수에 찢겨 죽은 줄 알고 슬피 울고 있는 야곱의 모습은 30여 년 전 장자의 축복을 빼앗기고 방성대곡하던 에서의 모습을 연상케 합니다. 다른 자녀들의 위로에도 불구하고 야곱은 몹시 슬퍼했습니다. 그 모든 자녀가 위로하되 그가 그 위로를 받지 아니하여 가로되 내가 슬퍼하며 음부에 내려 아들에게로 가리라 하고 그 아비가 그를 위하여 울었더라(창 37:35). 야곱은 아들 요셉과의 생이별 후 대략 23년 후에 재회하게 됩니다.

지금 야곱이 당하고 있는 상황은 예전에 리브가와 야곱이 아버지 이삭에게 행했던 것과 상당히 유사합니다. 예전에 야곱이 이삭을 속인 방식 그대로 지금 야곱도 자신의 아들들에게 속임을 당하고 있습니다.

+ 유다의 아들들

창세기 38장은 유다에 관한 기록입니다. 애굽으로 내려간 요셉에 관한 기록 사이에 야곱의 넷째 아들 유다의 집안 이야기가 언급된 것은 당시 야곱 일가의 상황을 잘 알 수 있게 해줍니다. 야곱 일가는 많은 짐승들을 소유하고 있었기 때문에 가나안 거민들이 그들에 대하여 상당히 호의적이었습니다. 야곱 일가는 자연히 그들과 혼인하여 동화되어 갈 수밖에 없었습니다.

그러나, 가나안 거민들과 달리 애굽 사람들은 유목민에게 혐오감을 가지고 있었기 때문에 이스라엘 자손들과 상종하려 하지 않았습니다. 이런 상황에서 하나님은 요셉을 미리 애굽으로 보내셔서 후에 야곱 일가가 거주할 장소를 예비케 하셨습니다. 그가 또 기근을 불러 그 땅에 임하게 하여 그 의뢰하는 양식을 다 끊으셨도다 한 사람을 앞서 보내셨음이여 요셉이 종으로 팔렸도다(시 105:16-17). 그리하여 후에 이스라엘 자손들이 애굽에 거주하면서 대민족으로 자라나기까지 하나님의 백성으로서의 특성을 잃지 않고 유지할 수 있었던 것입니다.

유다에 관한 기록은 예수님의 족보에 나타난 여인들 중 맨 처음 언급된 다말에 관한 이야기를 알려주기 위한 것입니다. 유다는 다말에게서 베레스와 세라를 낳고(마 1:3). 유다는 가나안 사람 수아의 딸을 아내로 취하여 아들 엘과 오난과 셀라를 낳았습니다. 그리고 장자 엘의 아내로 다말을 맞아 들였습니다. 유다가 장자 엘을 위하여 아내를 취하니 그 이름은 다말이더라(창 38:6). 그런데 엘이 하나님의 보시기에 악을 행하므로 하나님께서 그의 생명을 취하셨습니다. 유다의 장자 엘이 여호와 목전에 악하므로 여호와께서 그를 죽이신지라(창 38:7). 유다가 자기의 둘째 아들 오난에게 형의 대를 잇도록 형수에게로 들어가 아우의 본분을 행하라고 합니다. 이를 형사취수라고 합니다.

형사취수(兄死取嫂)란 어떤 사람이 아들을 얻지 못하고 죽었을 경우 결혼하지 않은 동생이 과부가 된 형수를 아내로 맞아들이는 것입니다. 그리고 그들 가운데 태어난 맏아들로 형의 가문을 잇게 하는 제도인데, 후에 모세의 율법에도 나타납니다. 형제가 동거하는데 그 중 하나가 죽고 아들이 없거든 그 죽은 자의 아내는 나가서 타인에게 시집가지 말 것이요 그 남편의 형제가 그에게로 들어가서 그를 취하여 아내를 삼아 그의 남편의 형제 된 의무를 그에게 다 행할 것이요 그 여인의 낳은 첫 아들로 그 죽은 형제의 후사를 잇게 하여 그 이름을 이스라엘 중에서 끊어지지 않게 할 것이니라(신 25:5-6).

그러나 오난은 아버지의 말에 순종하지 않았습니다. 오난이 그 씨가 자기 것이 되지 않을 줄 알므로 형수에게 들어갔을 때에 형에게 아들을 얻게 아니하려고 땅에 설정하매 그 일이 여호와 목전에 악하므로 여호와께서 그도 죽이시니(창 38:9-10). 이에 유다가 다말에게 이같이 말합니다. 유다가 그 며느리 다말에게 이르되 수절하고 네 아비 집에 있어서 내 아들 셀라가 장성하기를 기다리라 하니 셀라도 그 형들 같이 죽을까 염려함이라 다말이 가서 그 아비 집에 있으니라(창 38:11). '셀라'는 '평화'라는 뜻입니다.

성경의 두 곳 모두 유다의 아내 이름은 나오지 않고 대신 수아의 딸로만 언급되고 있습니다. 『유다가 거기서 가나안 사람 수아라 하는 자의 딸을 보고 그를 취하여 동침하니(창 38:2)』. 이는 아마도 구속의 역사가 아브라함과 이삭과 야곱, 그리고 유다에게서 수아의 딸이 나은 셀라가 아니라 다말이 낳은 베레스를 통하여 예수님의 계보가 이어지기 때문으로 보입니다.

유다를 속인 다말

얼마 후에 유다의 아내가 죽었습니다. 얼마 후에 유다의 아내 수아의 딸이 죽은지라 유다가 위로를 받은 후에 그 친구 아둘람 사람 히라와 함께 딤나로 올라가서 자기 양털 깎는 자에게 이르렀더니(창 38:12). 여기 "얼마 후에"라는 말은 '많은 시간이 흐른 후에'라는 의미를 지닙니다. 유다가 마음의 안정을 찾은 후에 친구 히라와 함께 딤나의 자기 양털 깎는 자에게 갔습니다. 누군가 다말에게 유다가 딤나에 온 것을 알려 주었습니다. 그가 그 과부의 의복을 벗고 면박으로 얼굴을 가리고 몸을 휩싸고 딤나 길 곁 에나임 문에 앉으니 이는 셀라가 장성함을 보았어도 자기를 그의 아내로 주지 않음을 인함이라(창 38:14). 다말이 얼굴을 면박으로 가렸기 때문에 유다는 며느리를 알아보지 못하고 창녀로 여겨 약조물을 주고 그녀와 동침하였습니다. 유다가 가로되 무슨 약조물을 네게 주랴 그가 가로되 당신의 도장과 그 끈과 당신의 손에 있는 지팡이로 하라 유다가 그것들을 그에게 주고 그에게로 들어갔더니 그가 유다로 말미암아 잉태하였더라(창 38:18).

유다가 다말의 행음 소식을 듣게 되었습니다. 석 달쯤 후에 혹

이 유다에게 고하여 가로되 네 며느리 다말이 행음하였고 그 행음함을 인하여 잉태하였느니라 유다가 가로되 그를 끌어내어 불사르라(창 38:24). **다말이 그 약조물을 시아버지 유다에게 보냅니다.** 여인이 끌려 나갈 때에 보내어 시부에게 이르되 이 물건 임자로 말미암아 잉태하였나이다 청컨대 보소서 이 도장과 그 끈과 지팡이가 뉘 것이니이까 한지라(창 38:25). **유다가 말합니다.** 유다가 그것들을 알아보고 가로되 그는 나보다 옳도다 내가 그를 내 아들 셀라에게 주지 아니하였음이로다 하고 다시는 그를 가까이 하지 아니하였더라(창 38:26). **다말의 이러한 행위는 남편의 가계를 이으려는 충정에서 나온 행동으로 유다도 그 점을 인정한 것입니다. 다말이 쌍둥이 아들 베레스와 세라를 낳았습니다.** 해산할 때에 손이 나오는지라 산파가 가로되 이는 먼저 나온 자라 하고 홍사를 가져 그 손에 매었더니 그 손을 도로 들이며 그 형제가 나오는지라 산파가 가로되 네가 어찌하여 터치고 나오느냐 한고로 그 이름을 베레스라 불렀고 그 형제 곧 손에 홍사 있는 자가 뒤에 나오니 그 이름을 세라라 불렀더라(창 38:28-30).

그리하여 유다의 아들은 모두 다섯 명이 되었습니다. 유다의 며느리 다말이 유다로 말미암아 베레스와 세라를 낳았으니 유다의 아들이 모두 다섯이더라(대상 2:4). **'베레스'는 '깨뜨림'이라는 의미를 가지며, '세라'는 '떠오름'을 의미합니다. 인류의 구속주 예수님의 족보는 아브라함과 이삭과 야곱 그리고 유다와 베레스로 그 계보를 이어가게 됩니다.** 아브라함과 다윗의 자손 예수 그리스도의 세계라 아브라함이 이삭을 낳고 이삭은 야곱을 낳고 야곱은 유다와 그의 형제를 낳고 유다는 다말에게서 베레스와 세라를 낳고(마 1:1-3).

시아버지와 며느리 사이에서 태어난 베레스를 통하여 다윗과 많은 왕들이 태어났으며 훗날 예수 그리스도께서 탄생하시게 됩니다. '다말' 은 가나안 여인으로 그녀의 이름은 '종려나무' 라는 뜻입니다.

본문에서 알 수 있듯이 유다가 그리스도의 조상이 된 것은 그의 장점이나 선행에 의한 것이 아니라 그의 부정한 행위에도 불구하고 하나님의 선하신 뜻에 의한 것입니다. 마찬가지로 하나님께서 우리를 택하시고 구원 얻게 하시는 것도 이와 같음을 깨닫게 됩니다. 『우리를 구원하시되 우리의 행한 바 의로운 행위로 말미암지 아니하고 오직 그의 긍휼하심을 좇아 중생의 씻음과 성령의 새롭게 하심으로 하셨나니(딛 3:5)』.

애굽에 내려간 요셉

하나님은 아브라함, 이삭, 야곱과 함께 하셨습니다. 그리고 지금 요셉이 비록 가나안 땅을 멀리 떠나 애굽에 있지만 하나님께서 그의 선조들과 함께 계셨던 것처럼 요셉과 함께 계십니다. 온 우주 만물을 창조하신 하나님은 지역과 국경을 초월하여 역사하십니다. 여호와께서 요셉과 함께 하시므로 그가 형통한 자가 되어 그 주인 애굽 사람의 집에 있으니(창 39:2). 요셉은 하나님이 함께 하시므로 형통한 자가 되었습니다. 사도행전의 말씀입니다. 여러 조상이 요셉을 시기하여 애굽에 팔았더니 하나님이 저와 함께 계셔(행 7:9). '보디발'은 '태양신 라(Ra)가 보낸 자'라는 뜻으로 바로의 경호대장입니다. 하나님은 요셉을 애굽 권력의 중심에 있는 보디발의 집으로 인도하셨습니다. 시간이 지나면서 보디발은 하나님이 요셉과 함께 하시며 하나님께서 요셉의 모든 일을 형통케 하심을 알았습니다. 이같이 하나님이 함께 하시는 사람은 주변 사람들도 하나님께서 그와 함께 하신다는 것을 알 수 있게 됩니다.

이에 보디발은 요셉을 집사로 삼고 자기의 모든 소유를 주관토록 하였습니다. 요셉이 그 주인에게 은혜를 입어 섬기매 그가 요셉으로 가정 총무를 삼고 자기 소유를 다 그 손에 위임하니(창 39:4). 요셉이 보디발의 집사가 된 때부터 하나님은 보디발의 집에 복을 주셨습니다. 그가 요셉에게 자기 집과 그 모든 소유물을 주관하게 한 때부터 여호와께서 요셉을 위하여 그 애굽 사람의 집에 복을 내리시므로 여호와의 복이 그의 집과 밭에 있는 모든 소유에 미친지라(창 39:5). 하나님께서 요셉을 위하여 보디발의 집에 복을 주신 것입니다. 하나님이 사랑하시는 한 사람 요셉 때문에 비록 보디발이 이방인이라 할지라도 이처럼 복을 받은 것입니다. 이 복은 보디발의 집과 밭에 있는 모든 소유에까지 미치게 되었습니다. 그러므로 보디발은 자기가 먹는 음식 외에는 모든 소유를 요셉에게 위임하고 간섭하지 않았습니다. 무슨 일을 하든지 마음을 다하여 주께 하듯 하고 사람에게 하듯 하지 말라 이는 유업의 상을 주께 받을 줄 앎이니 너희는 주 그리스도를 섬기느니라(골 3:23-24).

하나님께서 요셉으로 하여금 바로의 시위대장 보디발의 집을 주관하게 하신 것은 요셉이 장차 애굽의 총리로서 그리고 대기근 시에 주변의 다른 나라들과의 곡물무역까지 다루어야 하는 큰 임무를 수행하기 위한 예비 사역이었음을 기억해야 합니다.

제 19 장
요셉의 연단

✚ 요셉의 신앙

요셉은 용모가 준수하고 아담하였습니다. 보디발의 아내가 요셉을 유혹하지만 요셉은 이를 거절하며 그녀에게 말합니다. 요셉이 거절하며 자기 주인의 처에게 이르되 나의 주인이 가중 제반 소유를 간섭지 아니하고 다 내 손에 위임하였으니 이 집에는 나보다 큰 이가 없으며 주인이 아무 것도 내게 금하지 아니하였어도 금한 것은 당신뿐이니 당신은 자기 아내임이라 그런즉 내가 어찌 이 큰 악을 행하여 하나님께 득죄하리이까(창 39:8-9). 요셉은 '내가 어찌 이 악을 행하여 보디발에게 죄를 범하리이까' 라고 하지 않고 "내가 어찌 이 큰 악을 행하여 하나님께 득죄하리이까" 라고 합니다. 이는 요셉의 신앙을 단적으로 표현한 것으로, 눈에 보이는 사람이 아니라 인간의 일거수 일투족을 감찰하시는 하나님을 늘 의식하며 살아가는 요셉의 신앙고백입니다. 요셉은 인간의 마음과 행동을 불꽃같은 눈길로 감찰하고 계시는 하나님의 눈을 피할 수 없다는 것을 잘 알고 있습니다.

이러한 요셉의 확고한 태도에도 보디발의 아내는 날마다 집요하게 유혹합니다. 여인이 날마다 요셉에게 청하였으나 요셉이 듣지 아니하여 동침하지 아니할 뿐더러 함께 있지도 아니하니라(창 39:10). 요셉은 동침치 아니할 뿐 아니라 같이 있지도 아니하였습니다. 요셉의 분명한 태도를 볼 수 있습니다. 요즈음 세태가 경건치 못한 방향으로 흘러가고 있지만 세상에 물들지 않고 하나님의 말씀을 따라 살려고 하는 우리의 부단한 노력이 필요한 때입니다. 낮에와 같이 단정히 행하고 방탕과 술 취하지 말며 음란과 호색하지 말며 쟁투와 시기하지 말고(롬 13:13), 너희가 하나님의 성전인 것과 하나님의 성령이 너희 안에 거하시는 것을 알지 못하느뇨 누구든지 하나님의 성전을 더럽히면 하나님이 그 사람을 멸하시리라 하나님의 성전은 거룩하니 너희도 그러하니라(고전 3:16-17), 하나님의 뜻은 이것이니 너희의 거룩함이라 곧 음란을 버리고(살전 4:3).

요셉은 하나님께서 사람의 모든 행위 곧 은밀한 중에라도 범하는 모든 행동을 보고 계심을 확신하였습니다. 『주께서 내게서 눈을 돌이키지 아니하시며 나의 침 삼킬 동안도 나를 놓지 아니하시기를 어느 때까지 하시리이까(욥 7:19)』. 또한 그는 사람이 범하는 모든 죄는 일차적으로 하나님께 대한 것임을 분명히 알고 있었습니다. 『내가 주께만 범죄하여 주의 목전에 악을 행하였사오니 주께서 말씀하실 때에 의로우시다 하고 판단하실 때에 순전하시다 하리이다(시 51:4)』.

✚ 유혹을 물리친 요셉

어느 날 요셉이 그 집에 시무하러 들어갔는데 한 사람도 그곳에 있지 않았습니다. 그러자 그 여인이 요셉의 옷을 잡고 동침할 것을 요구했습니다. 요셉이 그 옷을 그 여자의 손에 버려두고 도망하여 나갔습니다. 이에 여인이 집 사람들을 불러 이렇게 말합니다. 집 사람들을 불러서 그들에게 이르되 보라 주인이 히브리 사람을 우리에게 데려다가 우리를 희롱하게 하도다 그가 나를 겁간코자 내게로 들어오기로 내가 크게 소리 질렀더니 그가 나의 소리질러 부름을 듣고 그 옷을 내게 버려두고 도망하여 나갔느니라(창 39:14-15). 이제 요셉은 억울한 누명을 쓰게 되었습니다. 하나님과 동행하며 하나님의 뜻대로 최선의 삶을 살아왔던 요셉에게 최악의 상황이 생겨났습니다. 보디발의 아내는 요셉의 옷을 곁에 두고 자기 남편이 돌아오기만 기다렸습니다. 그리고 남편에게 거짓으로 고하였습니다. 이 말로 그에게 고하여 가로되 당신이 우리에게 데려온 히브리 종이 나를 희롱코자 내게로 들어왔기로 내가 소리질러 불렀더니 그가 그 옷을 내게 버려두고 도망하여 나갔나이다(창 39:17-18).

보디발이 심히 노하여 요셉을 옥에 넣었습니다. 이에 요셉의 주인이 그를 잡아 옥에 넣으니 그 옥은 왕의 죄수를 가두는 곳이었더라(창 39:20). 요셉이 비록 억울하게 감옥에 갇히게 되었으나 이곳은 왕의 죄수를 가두는 곳으로, 후에 왕의 술 맡은 관원장을 여기서 만나게 됩니다. 요셉은 황당한 경우를 당하게 되었으나 이 모든 상황의 진실을 알고 계시는 하나님께서 그에게 인자를 더하시므로 전옥의 호의를 받게 하셨습니다. 전옥은 왕국의 감옥을 관리 감독하는 자입니다. 여호와께서 요셉과 함께 하시고 그에게 인자를 더하사 전옥에게 은혜를 받게 하시매 전옥이 옥중 죄수를 다 요셉의 손에 맡기므로 그 제반 사무를 요셉이 처리하고(창 39:21-22). 지금까지는 요셉이 보디발의 집을 관장하는 가정 총무로서의 역할을 감당하다가 이제 범위를 넓혀 옥중 죄수를 맡아 모든 사무를 총괄하게 되었습니다. 요셉은 고난과 역경 속에서도 하나님을 향한 믿음과 성실한 삶을 통해 옥중 죄수를 관리하게 되므로 이전보다 더욱 중한 직무를 수행하게 되었습니다.

이는 앞으로 맡게 될 애굽 총리로서의 자질을 키워나가게 되는 중요한 계기가 됩니다. 도가니는 은을 풀무는 금을 연단하거니와 여호와는 마음을 연단하시느니라(잠 17:3), 애매히 고난을 받아도 하나님을 생각함으로 슬픔을 참으면 이는 아름다우나(벧전 2:19). 전옥은 옥중 업무 일체를 요셉에게 맡기고 간여하지 않았습니다 그러므로 요셉은 자신의 기량을 십분 발휘하며 후에 맡게 될 나랏일까지도 감당할 수 있는 역량을 쌓게 되었습니다. 전옥은 그의 손에 맡긴 것을 무엇이든지 돌아보지 아니하였으니 이는 여호와께서 요셉과 함께 하심이라 여호와께서 그의 범사에 형통케 하셨더라(창 39:23). "여호와께서 요셉과 함께 하심이라"는 말씀은 요셉이 보디발의 가정 총무가 되었을 때 두 번 나타나고(창 39:2,3), 요셉이 무고히 옥에 갇히게 되었을 때 두 번 나타납니다(창 39:21,23). 각각의 경우에 하나님은 요셉과 함께 계셔서 요셉의 범사를 형통케 하셨습니다. 요셉은 보디발의 집에 팔려가게 된 것과 억울하게 옥에 갇히게 된 것이 모두 하나님의 섭리에 의한 것임을 알고 믿음으로 인내하며 하나님의 때를 기다립니다.

잘못하지 않았는데 억울한 경우를 만나게 된다면, 이는 하나님께서 더 좋은 길로 인도하시려는 예비단계인 것으로 믿고 어떠한 상황에서라도 감사하는 마음을 갖는 것이 중요합니다. 이러한 믿음은 하나님께서 만사를 절대적으로 주관하시고 섭리하신다는 '하나님 절대주권사상(絶對主權思想)'이 확고할 때만이 가능합니다. 『우리가 알거니와 하나님을 사랑하는 자 곧 그 뜻대로 부르심을 입은 자들에게는 모든 것이 합력하여 선을 이루느니라(롬 8:28)』.

옥에 갇힌 관원들

그 후에 왕의 술 맡은 자와 떡 굽는 자가 범죄하여 바로가 그들을 시위대장의 집에 있는 옥에 가두게 됩니다. 그들을 시위대장의 집 안에 있는 옥에 가두니 곧 요셉의 갇힌 곳이라(창 40:3). 시위대장 보디발이 요셉으로 하여금 그 두 관원장을 섬기게 하였습니다. 시위대장이 요셉으로 그들에게 수종하게 하매 요셉이 그들을 섬겼더라 그들이 갇힌 지 수일이라(창 40:4). 이 술 맡은 자와 떡 굽는 자는 바로가 마시고 먹는 모든 음료와 음식에 대하여 책임을 지는 사람들입니다. 이 직책은 왕이 특별히 신임하는 사람들에게 주어지기 때문에 이들은 궁중에서 큰 영향력을 행사하는 자들입니다. 이를 고려해 볼 때 요셉은 보디발의 신뢰를 회복한 것으로 보입니다. 시간이 흐르고 하나님께서 요셉과 함께 하심을 보면서 보디발 역시 요셉의 중심을 알 수 있었을 것입니다.

두 관원장이 옥에 갇히게 된 지 수일이 지난 후에, 두 사람이 같은 날 밤에 꿈을 꾸었는데 상징하는 바가 각기 달랐습니다. 다음 날 아침 그들에게 근심이 있으므로 요셉이 물었습니다. 그들이 그에게 이르되 우리가 꿈을 꾸었으나 이를 해석할 자가 없도다 요셉이 그들에게 이르되 해석은 하나님께 있지 아니하니이까 청컨대 내게 고하소서(창 40:8). 요셉은 꿈을 해석하지 못하여 안타까워하고 있는 두 관원장에게 "해석은 하나님께 있지 아니하니이까"라고 하면서 꿈을 해석할 수 있는 능력은 자신에게 있는 것이 아니라 하나님께 있다는 것을 분명히 밝힙니다. 그러면서 요셉은 자신이 섬기고 있는 하나님이 만유의 주재이심을 그들로 알게 합니다. 성경이 기록되기 이전 족장시대에는 하나님께서 때때로 꿈을 통해 계시하셨지만 계시가 완성된 지금은 성경말씀 그 자체가 하나님의 계시입니다. 오직 성경 66권만이 하나님의 유일한 계시인 것입니다.

시위대장의 집 안에 왕의 죄수를 가두는 옥이 있기 때문에 두 관원장이 그곳에 갇히게 되고 우연히 그들이 요셉과 만나게 된 것으로 생각할 수 있지만 그렇지 않습니다. 요셉이 보디발의 집에 팔리게 되고 억울하게 옥에 갇히게 되며 또 그 두 관원장을 섬기게 된 것 등 이 모든 것이 하나님의 섭리에 의한 것임을 분명히 인식해야 합니다. 『깊도다 하나님의 지혜와 지식의 부요함이여, 그의 판단은 측량치 못할 것이며 그의 길은 찾지 못할 것이로다(롬 11:33)』.

요셉의 해몽

술 맡은 관원장이 꿈을 요셉에게 말합니다. 술 맡은 관원장이 그 꿈을 요셉에게 말하여 가로되 내가 꿈에 보니 내 앞에 포도나무가 있는데 그 나무에 세 가지가 있고 싹이 나서 꽃이 피고 포도송이가 익었고 내 손에 바로의 잔이 있기로 내가 포도를 따서 그 즙을 바로의 잔에 짜서 그 잔을 바로의 손에 드렸노라(창 40:9-11). **요셉이 그 꿈을 해몽합니다.** 요셉이 그에게 이르되 그 해석이 이러하니 세 가지는 사흘이라 지금부터 사흘 안에 바로가 당신의 머리를 들고 당신의 전직을 회복하리니 당신이 이왕에 술 맡은 자가 되었을 때에 하던 것 같이 바로의 잔을 그 손에 받들게 되리이다(창 40:12-13). **그리고 요셉이 관원장에게 부탁합니다.** 당신이 득의(得意)하거든 나를 생각하고 내게 은혜를 베풀어서 내 사정을 바로에게 고하여 이 집에서 나를 건져내소서 나는 히브리 땅에서 끌려온 자요 여기서도 옥에 갇힐 일은 행치 아니하였나이다(창 40:14-15). 이 말 속에는 요셉의 절박한 심정이 담겨 있습니다. 비록 요셉이 범사에 형통하였다고 할지라도 그는 지금 옥에 갇혀있는 몸입니다. 그러므로 28세 가량의 혈기왕성한 청년 요셉은 감옥에서 풀려나기를 간절히 원하고 있는 것입니다.

요셉은 그 술 맡은 관원장이 사흘 후에 풀려나고 복직될 것을 알고 그에게 "내 사정을 바로에게 고하여 이 집에서 나를 건져내소서"라고 부탁하였습니다. 또한 "나는 히브리[39] 땅에서 끌려온 자요 여기서도 옥에 갇힐 일은 행치 아니하였다"고 하여 자신의 민족을 밝히고 자신의 결백을 주장하였습니다. 비록 일시적으로 옥에 갇히긴 하였어도 관원장은 상당한 신분을 가진 사람입니다. 요셉은 관원장이 자신의 출신에 관하여 묻지 않았음에도 불구하고 자신이 히브리 사람이며 하나님을 섬기는 자임을 분명히 했습니다. 이는 귀한 믿음의 표현이며 자신의 정체감에 대한 분명한 인식을 드러내는 것입니다. 예수님은 이렇게 말씀하셨습니다. 누구든지 사람 앞에서 나를 시인하면 나도 하늘에 계신 내 아버지 앞에서 저를 시인할 것이요 누구든지 사람 앞에서 나를 부인하면 나도 하늘에 계신 내 아버지 앞에서 저를 부인하리라(마 10:32-33).

술 관원장에 대한 해몽이 좋으므로 떡 굽는 관원장도 요셉에게 꿈에 대해 말합니다. 떡 굽는 관원장이 그 해석이 길함을 보고 요셉에게 이르되 나도 꿈에 보니 흰 떡 세 광주리가 내 머리에 있고 그 윗광주리에 바로를 위하여 만든 각종 구운 식물이 있는데 새들이 내 머리의 광주리에서 그것을 먹더라(창 40:16-17). 요셉이 그 꿈을 해몽합니다. 요셉이 대답하여 가로되 그 해석은 이러하니 세 광주리는 사흘

---

39) 요세푸스는 '히브리'란 이름을 그들의 선조 에벨(Eber 혹은 Heber)에서 유래된 것으로 여깁니다(창 10:21). William Whiston, tr., *Josephus*, 32. 요세푸스(Josephus, 37/38-c.100)는 유대의 역사가로서 로마시대 유대교에 대한 귀중한 자료 곧 유대의 연대기적 역사나 지리에 관한 기록들을 남겼는데, 주요 저서로 『유대전쟁기』(*Judean War*), 『유대고대사』(*Judean Antiquities*) 등이 있습니다. *Britannica Encyclopaedia of World Religions*, 580.

이라 지금부터 사흘 안에 바로가 당신의 머리를 끊고 당신을 나무에 달리니 새들이 당신의 고기를 뜯어 먹으리이다(창 40:18-19). 제 삼 일은 애굽 왕 바로의 탄생일이었습니다. 바로가 모든 신하를 위하여 잔치를 벌일 때 그 두 관원장을 데려왔습니다. 바로의 술 맡은 관원장은 전직을 회복하매 그가 잔을 바로의 손에 받들어 드렸고 떡 굽는 관원장은 매여 달리니 요셉이 그들에게 해석함과 같이 되었으나(창 40:21-22). 요셉이 그 두 관원장에게 꿈을 해석하여 준 것과 같은 결과가 나왔습니다. 이는 후일 요셉이 바로의 꿈을 해석하게 되는 결정적 계기가 되는 사건이었습니다.

요셉의 해몽과 같은 결과가 나왔지만 술 맡은 관원장은 요셉을 기억하지 못했습니다. 술 맡은 관원장이 요셉을 기억지 않고 잊었더라(창 40:23). 요셉이 술 관원장에게 자신의 처지를 바로에게 고하여 구해줄 것을 간청하였건만, 그는 출옥하고 복직되어 자신의 일에 몰두하다보니 요셉의 일을 까마득히 잊고 말았습니다. 우리가 자신의 일을 다른 사람에게 부탁하고 기대할 수는 있지만 모든 일을 배후에서 조종하고 실현시키는 분은 하나님이십니다. 여호와여 내가 알거니와 인생의 길이 자기에게 있지 아니하니 걸음을 지도함이 걷는 자에게 있지 아니하니이다(렘 10:23). 하나님께서 이 모든 정황을 사용하시어 자신의 뜻을 이루어 가시는 것입니다. 현재 고난 중에 있다 할지라도 하나님께서 더 나은 내일을 주시기 위한 준비의 시간이라고 생각하며 최선을 다한다면, 오늘의 고통이 내일을 위한 기회의 날들이었다고 고백할 때가 올 것입니다. 나의 가는 길을 오직 그가 아시나니 그가 나를 단련하신 후에는 내가 정금 같이 나오리라(욥 23:10), 인내는 연단을, 연단은 소망을 이루는 줄 앎이로다(롬 5:4). 그리고 2년이라는 세월이 흘러갔습니다.

이제 요셉은 고난이 끝날 것으로 기대했었는데 또 2년이라는 세월이 흘러갔습니다. 술 관원장이 요셉을 기억하지 못한 것은 아직 하나님께서 요셉을 위하여 작정하신 때가 아니었기 때문입니다. 이 모든 과정들이 요셉에게 힘들고 어려운 나날들이었지만 하나님은 요셉이 이 험난한 과정들을 통해 앞으로 처리하게 될 모든 일들을 감당할 수 있는 자질과 역량을 쌓을 수 있도록 연단하고 계셨던 것입니다. 『그 발이 착고에 상하며 그 몸이 쇠사슬에 매였으니 곧 여호와의 말씀이 응할 때까지라 그 말씀이 저를 단련하였도다(시 105:18-19)』.

제 20 장
요셉의 영화

바로의 꿈

요셉은 술 맡은 관원장이 복직되었으므로 좋은 소식이 오기를 기다렸을 것입니다. 만 2년이 지난 후에 바로가 꿈을 꾸었습니다. 만 이 년 후에 바로가 꿈을 꾼즉 자기가 하숫가에 섰는데(창 41:1). 드디어 하나님께서 요셉을 위하여 작정하신 때가 이르렀습니다. 꿈의 내용은 이렇습니다. 보니 아름답고 살진 일곱 암소가 하수에서 올라와 갈밭에서 뜯어먹고 그 뒤에 또 흉악하고 파리한 다른 일곱 암소가 하수에서 올라와 그 소와 함께 하숫가에 섰더니 그 흉악하고 파리한 소가 그 아름답고 살진 일곱 소를 먹은지라 바로가 곧 깨었다가(창 41:2-4). 바로가 이 꿈을 꾸고 깨었는데 다시 잠이 들고 연거푸 꿈을 꾸게 됩니다. 다시 잠이 들어 꿈을 꾸니 한 줄기에 무성하고 충실한 일곱 이삭이 나오고 그 후에 또 세약하고 동풍에 마른 일곱 이삭이 나오더니 그 세약한 일곱 이삭이 무성하고 충실한 일곱 이삭을 삼킨지라 바로가 깬즉 꿈이라(창 41:5-7). 아침에 바로가 마음이 번민하여 애굽의 모든 술객과 박사들을 불러 그 꿈을 말하였으나 어느 누구도 그 꿈을 해석하지 못했습니다.

이에 술 맡은 관원장이 바로에게 아뢰니다. 술 맡은 관원장이 바로에게 고하여 가로되 내가 오늘날 나의 허물을 추억하나이다(창 41:9). 그동안 관원장은 요셉을 잊고 지냈다가 바로의 꿈을 계기로 요셉을 기억하게 됩니다. 지금이 바로 하나님의 정하신 때로 하나님께서 관원장으로 하여금 요셉을 생각나게 하신 것입니다. 관원장은 자신의 체험을 바로에게 상세히 고합니다. 바로께서 종들에게 노하사 나와 떡 굽는 관원장을 시위대장의 집에 가두셨을 때에 나와 그가 하룻밤에 꿈을 꾼즉 각기 징조가 있는 꿈이라 그곳에 시위대장의 종된 히브리 소년이 우리와 함께 있기로 우리가 그에게 고하매 그가 우리의 꿈을 풀되 그 꿈대로 각인에게 해석하더니 그 해석한 대로 되어 나는 복직하고 그는 매여 달렸나이다(창 41:10-13).

이전에 요셉이 자신은 히브리 사람이라고 분명하게 말했기 때문에 지금 이 관원장이 요셉의 이름은 기억해내지 못해도 그가 히브리 소년이었다는 사실은 뚜렷이 기억하고 있습니다. 관원장은 애굽의 모든 술객과 박사들이 풀지 못한 것이라 할지라도 그 히브리 소년은 능히 풀 수 있을 것이라는 확신을 가지고 왕에게 추천합니다.

요셉의 해몽

바로가 요셉을 부릅니다. 이에 바로가 보내어 요셉을 부르매 그들이 급히 그를 옥에서 낸지라 요셉이 곧 수염을 깎고 그 옷을 갈아 입고 바로에게 들어오니(창 41:14). **바로의 명령이 떨어지자 요셉이 급하게 옥에서 나오게 되었습니다.** 여기 "급히"라는 부사가 당시 상황의 긴박함을 알 수 있게 합니다. 정확히 알 수는 없지만 요셉이 수년을 감옥에서 보낸 것만은 틀림없습니다. 요셉이 애굽에 끌려와서 거한 지 13년이란 세월이 흘렀습니다. 이 기간 모두 시위대장 보디발의 집과 그 집 안에 있는 감옥에서 보낸 것입니다. 드디어 요셉이 죄수의 옷을 벗고 예복을 입고 바로 앞에 서게 됩니다. **시편의 기록입니다.** 왕이 사람을 보내어 저를 방석함이여 열방의 통치자가 저로 자유케 하였도다(시 105:20).

바로가 요셉에게 말합니다. 바로가 요셉에게 이르되 내가 한 꿈을 꾸었으나 그것을 해석하는 자가 없더니 들은즉 너는 꿈을 들으면 능히 푼다더라(창 41:15). **바로는** "너는 꿈을 들으면 능히 푼다더라"고 하여 요셉 스스로 해몽하는 능력이 있는 것으로 오해하고 있습니다. **이에 요셉이 바로에게 사실을 바르게 알도록 합니다.** 요셉이 바로에게 대답하여 가로되 이는 내게 있는 것이 아니라 하나님이 바로에게 평안한 대답을 하시리이다(창 41:16). **요셉은** 꿈을 해석할 능력은 꿈을 꾸게 하신 하나님께만 있으며 하나님의 응답이 바로를 평안하게 할 것이라고 고합니다. 요셉은 바로가 사실을 바르게 인식할 수 있도록 꿈을 해석할 수 있는 능력은 자신에게 있는 것이 아니라 오직 하나님만이 바른 해몽을 주신다는 사실을 명백히 합니다.

바로가 요셉에게 자신이 꾼 꿈을 자세히 설명합니다. 바로는 요셉에게 이 꿈을 술객에게 말했으나 아무도 해몽하지 못했다고 말합니다. 요셉이 바로에게 아뢰니다. 요셉이 바로에게 고하되 바로의 꿈은 하나이라 하나님이 그 하실 일을 바로에게 보이심이니이다(창 41:25). 요셉은 하나님이 꿈을 통하여 앞으로 하실 일을 바로에게 계시하신 것이라고 합니다. 요셉은 그 두 꿈은 다른 꿈처럼 보여도 같은 종류의 메시지를 전하는 동일한 맥락의 꿈이라는 것을 알게 합니다. 요셉이 꿈을 해석합니다. 일곱 좋은 암소는 일곱 해요 일곱 좋은 이삭도 일곱 해니 그 꿈은 하나이라 그 후에 올라온 파리하고 흉악한 일곱 소는 칠 년이요 동풍에 말라 속이 빈 일곱 이삭도 일곱 해 흉년이니 내가 바로에게 고하기를 하나님이 그 하실 일로 바로에게 보이신다 함이 이것이라 온 애굽 땅에 일곱 해 큰 풍년이 있겠고 후에 일곱 해 흉년이 들므로 애굽 땅에 있던 풍년을 다 잊어버리게 되고 이 땅이 기근으로 멸망되리니 후에 든 그 흉년이 너무 심하므로 이전 풍년을 이 땅에서 기억하지 못하게 되리이다(창 41:26-31).

요셉은 바로에게 하나님께서 자신으로 하여금 꿈을 해몽할 수 있도록 해주시는 것이라고 하여 먼저 하나님께 영광을 돌립니다. 요셉은 하나님께서 천지의 주재이심을 알게 한 뒤 하나님께서 장차 되어질 일을 바로에게 미리 알려주시는 것임을 강조합니다.

총리가 된 요셉

요셉은 꿈을 해석한 뒤에 해결책까지 제시합니다. 바로께서 꿈을 두 번 겹쳐 꾸신 것은 하나님이 이 일을 정하셨음이라 속히 행하시리니 이제 바로께서는 명철하고 지혜있는 사람을 택하여 애굽 땅을 치리하게 하시고 바로께서는 또 이같이 행하사 국중에 여러 관리를 두어 그 일곱 해 풍년에 애굽 땅의 오분의 일을 거두되 그 관리로 장차 올 풍년의 모든 곡물을 거두고 그 곡물을 바로의 손에 돌려 양식을 위하여 각 성에 적치하게 하소서 이와 같이 그 곡물을 이 땅에 저장하여 애굽 땅에 임할 일곱 해 흉년을 예비하시면 땅이 이 흉년을 인하여 멸망치 아니하리이다(창 41:32-36). **요셉은 바로가 같은 내용의 꿈을 두 번 꾼 것은 하나님께서 이 일을 속히 행하시려는 것이므로 신속하게 대처해야 할 것이라고 강조합니다. 바로와 모든 신하가 요셉의 말에 동의하였습니다. 바로가 신하들에게 말합니다.** 바로가 그 신하들에게 이르되 이와 같이 하나님의 신에 감동한 사람을 우리가 어찌 얻을 수 있으리요 하고(창 41:38). **그리고 바로가 요셉에게 말합니다.** 요셉에게 이르되 하나님이 이 모든 것을 네게 보이셨으니 너와 같이 명철하고 지혜있는 자가 없도다 너는 내 집을 치리하라 내 백성이 다 네 명을 복종하리니 나는 너보다 높음이 보좌뿐이니라(창 41:39-40). **요셉이 꿈을 해몽하고 그 꿈의 의도를 알게 하며 방도까지 제시하였으므로 바로가 이같이 말한 것입니다.**

바로가 요셉을 애굽의 총리로 임명합니다. 바로가 또 요셉에게 이르되 내가 너로 애굽 온 땅을 총리하게 하노라 하고 자기의 인장반지를 빼어 요셉의 손에 끼우고 그에게 세마포 옷을 입히고 금사슬을 목에 걸고 자기에게 있는 버금 수레에 그를 태우매 무리가 그 앞에서 소리 지르기를 엎드리라 하더라 바로가 그로 애굽 전국을 총리하게 하였더라(창 41:41-43). 바로는 자기가 끼고 있던 인장반지를 빼내어 요셉의 손에 끼웠습니다. 인장반지는 오늘날 문서의 효력을 입증하는 왕의 서명이나 옥새와 같은 역할을 합니다. 인장 없이는 어떠한 문서도 효력을 가지지 못했습니다. 그러므로 왕이 인장반지를 빼서 요셉의 손에 끼웠다는 것은 곧 왕이 자신의 권력을 요셉에게 위임한 것이나 다를 바 없습니다. 너희는 왕의 명의로 유다인에게 조서를 뜻대로 쓰고 왕의 반지로 인을 칠지어다 왕의 이름을 쓰고 왕의 반지로 인친 조서는 누구든지 취소할 수 없음이니라(에 8:8). 또한 요셉에게 입힌 세마포 옷은 흰색 계통의 고급 면으로 애굽의 존귀한 인물들이 입었던 영광스런 의복이었습니다. 그리고 금사슬은 왕이 주는 일종의 상금이었습니다. 내가 네게 대하여 들은즉 너는 해석을 잘하고 의문을 파한다 하도다 그런즉 이제 네가 이 글을 읽고 그 해석을 내게 알게 하면 네게 자주옷을 입히고 금사슬을 네 목에 드리우고 너로 나라의 셋째 치리자를 삼으리라(단 5:16). 바로는 자신이 타는 왕의 수레 바로 뒷 수레에 요셉을 태움으로 2인자로서의 권위를 확실히 드러내 주었습니다.

바로가 다시 요셉에게 말합니다. 바로가 요셉에게 이르되 나는 바로라 애굽 온 땅에서 네 허락 없이는 수족을 놀릴 자가 없으리라(창 41:44). 바로는 요셉에게 사부낫바네아라는 애굽식 이름을 지어주었습니다. '사부낫바네아'는 '신이 말하며 살아 있다'라는 뜻으로, 곧 바로와 그의 대신들이 요셉을 다가올 대기근의 때에 자신들과 온 나라를 구해 줄 신과 같은 존재로 인식하고 있음을 보여주는 이름입니다. 후에 요셉이 형들에게 "하나님이 나로 바로의 아비를 삼으시며 그 온 집의 주를 삼으시며"(창 45:8)라고 말한 것이 이를 뒷받침합니다. 또한 바로는 온(On) 제사장 보디베라의 딸 아스낫을 아내로 주었습니다. 온은 '태양의 도시'라는 뜻의 지명으로 당시 애굽 제사장들의 거주지였다고 합니다. 애굽은 왕을 제사장으로 하여 태양신을 숭배했으므로 바로가 요셉의 아내를 제사장 가문에서 취한 것은 그에게 왕족에 준하는 대우를 하였다는 의미입니다. 실제로 애굽의 왕들은 대체로 제사장 가문에서 왕비를 취했다고 합니다.[40] 이는 요셉의 정치적 입지를 확립시키기 위한 바로의 배려였습니다. '보디베라'는 보디발과 같은 말로 '태양신 라(Ra)가 보낸 자'라는 뜻이며, '아스낫'은 애굽 여신 '나이드(Neith)[41]에 속한 자'라는 뜻을 지닙니다.

애굽의 술객과 박사들 중 그 누구도 꿈을 해석하지 못했지만, 요셉은 꿈을 해몽하여 하나님께서 그 꿈을 꾸게 하신 의도와 목적을 알게 하였고 해결책까지 제시하였으므로 바로와 신하들은 이 중책을 수행할 사람은 오직 요셉뿐이라고 생각하였습니다. 『저로 그 집의 주관자를 삼아 그 모든 소유를 관리케 하고 임의로 백관을 제어하며 지혜로 장로들을 교훈하게 하였도

40) 『호크마종합주석 제1권』, 728.

41) 나이드(Neith)는 전쟁의 여신으로 붉은 왕관을 쓰고 방패와 교차된 화살을 가진 여인으로 나타납니다. Lorna Oakes & Lucia Gahlin, *Ancient Egypt* (London: Hermes House, 2002), 276.

다(시 105:21-22)』, 『그 모든 환난에서 건져내사 애굽 왕 바로 앞에서 은총과 지혜를 주시매 바로가 저를 애굽과 자기 온 집의 치리자로 세웠느니라(행 7:10)』.

요셉의 두 아들

요셉이 나가 애굽 온 땅을 순찰했습니다. 이는 요셉이 바로의 권한을 위임받은 총리로서 애굽의 온 땅을 살펴보고 곧 맞게 될 풍년과 대기근에 대한 해결 방도를 세우기 위해 국가 정책을 수립하기 위한 순시였습니다. 이때 요셉의 나이는 30세였습니다. 요셉이 애굽 왕 바로 앞에 설 때에 삼십 세라 그가 바로 앞을 떠나 애굽 온 땅을 순찰하니(창 41:46). 요셉은 애굽 온 땅을 순찰하면서 임박한 풍년과 기근에 대한 대책을 수립했습니다. 그리고 7년의 풍년을 맞이하게 되었습니다. 일곱 해 풍년에 토지 소출이 심히 많은지라 요셉이 애굽 땅에 있는 그 칠 년 곡물을 거두어 각 성에 저축하되 각성 주위의 밭의 곡물을 그 성중에 저장하매 저장한 곡식이 바다 모래 같이 심히 많아 세기를 그쳤으니 그 수가 한이 없음이었더라(창 41:47-49).

이 풍년의 기간 동안, 곧 흉년이 시작되기 전에 요셉은 두 아들을 낳았습니다. 요셉이 그 장자의 이름을 므낫세라 하였으니 하나님이 나로 나의 모든 고난과 나의 아비의 온 집 일을 잊어버리게 하셨다 함이요 차자의 이름을 에브라임이라 하였으니 하나님이 나로 나의 수고한 땅에서 창성하게 하셨다 함이었더라(창 41:51-52). '므낫세'는

'잊어버리게 만드는' 이라는 뜻으로, 하나님께서 요셉으로 하여금 형들의 허물과 타국에서의 모든 고난을 잊어버리게 하셨다는 의미를 내포합니다. 이는 요셉이 그동안 험난한 과정을 겪어왔지만, 하나님께서 자신에게 베푸신 은혜와 축복으로 인하여 이제 형들에 대한 원망이나 미움이 정화되었음을 고백하는 이름입니다. 그러므로 요셉은 형들을 다시 만나게 될 때에 아무 원한도 없이 형들의 염려와 근심을 덜어줄 수 있었던 것입니다. 당신들이 나를 이곳에 팔았으므로 근심하지 마소서 한탄하지 마소서 하나님이 생명을 구원하시려고 나를 당신들 앞서 보내셨나이다(창 45:5). 또한 '에브라임' 이라는 이름은 '갑절의 열매' 라는 의미로, 하나님께서 요셉 자신에게 이처럼 수고한 땅에서 창성하게 하심에 대하여 감사드리는 이름입니다. 요셉은 그 동안의 모든 고난이 궁극적으로 현재의 자신과 가족의 구원을 위한 하나님의 섭리였음을 깨달아 알게 되었습니다.

요셉이 두 아들을 낳으므로 이제 이스라엘의 열두 지파가 완전히 형성되었습니다. 요셉의 두 아들의 이름은 그의 힘들었던 고난의 여정을 대변하며, 또한 하나님의 은혜에 감사하는 그의 믿음을 반영합니다.

기근의 시작

이제 7년의 풍년이 그치고 흉년이 들기 시작했습니다. 애굽 땅에 일곱 해 풍년이 그치고 요셉의 말과 같이 일곱 해 흉년이 들기 시작하매 각국에는 기근이 있으나 애굽 온 땅에는 식물이 있더니(창 41:53-54). 여기서 "요셉의 말과 같이"가 강조되고 있습니다. 이는 요셉이 하나님의 사람인 것을 나타내는 말입니다. 아무 대비책 없이 흉년을 맞게 된 다른 나라들에는 기근이 시작되었으나, 애굽은 하나님께서 요셉을 통하여 준비케 하셨으므로 아직 식물이 있었습니다. 바로는 백성들을 자신의 전권을 위임받은 요셉에게 보내며 그의 지시를 따르게 합니다. 애굽 온 땅이 주리매 백성이 바로에게 부르짖어 양식을 구하는지라 바로가 애굽 모든 백성에게 이르되 요셉에게 가서 그가 너희에게 이르는 대로 하라 하니라(창 41:55).

애굽만이 아니라 온 세상에 기근이 심하므로 요셉이 모든 창고를 열고 애굽 백성에게 양식을 파는데 주변의 다른 나라 백성들도 양식을 사러 애굽으로 몰려왔습니다. 온 지면에 기근이 있으매 요셉이 모든 창고를 열고 애굽 백성에게 팔새 애굽 땅에 기근이 심하며 각국 백성도 양식을 사려고 애굽으로 들어와 요셉에게 이르렀으니 기근이 온 세상에 심함이었더라(창 41:56-57). 애굽 백성들뿐만 아니라 각국 백성도 양식을 사려고 애굽으로 들어와 요셉에게 이르렀다고 하는 말씀에 근거해 볼 때 혹독한 기근으로 인해 양식에 관한 제반 사항은 요셉의 절대적이고 직접적인 통제하에 있었다는 것을 알 수 있습니다.

온 지경에 기근으로 인해 먹을 양식이 없으므로 야곱 일가가 양식 때문에 이곳으로 이주해 오게 됩니다. 이는 지금 이스라엘이 70여 명으로 세력이 미약하지만 이곳에서 약 200만 명이라는 대민족으로 번성하기 위한 하나님의 섭리입니다.

제 21 장
실현되는 요셉의 꿈

요셉 앞에 선 형들

야곱이 거하는 가나안 땅에도 기근이 심하였는데 애굽에 곡식이 있다는 소식을 듣게 되었습니다. 야곱이 또 이르되 내가 들은즉 저 애굽에 곡식이 있다 하니 너희는 그리로 가서 거기서 우리를 위하여 사오라 그리하면 우리가 살고 죽지 아니하리라 하매(창 42:2). 요셉의 형 10인이 곡식을 사기 위해 애굽으로 내려갔습니다. 그러나 야곱은 베냐민을 그들과 함께 보내지 않았습니다. 요셉의 형 십 인이 애굽에서 곡식을 사려고 내려갔으나 야곱이 요셉의 아우 베냐민을 그 형들과 함께 보내지 아니하였으니 이는 그의 말이 재난이 그에게 미칠까 두렵다 함이었더라(창 42:3-4). 야곱은 요셉을 잃은 쓰라린 경험으로 인하여 혹시 여행 중 겪게 될지 모르는 위험 때문에 베냐민을 보내지 않았습니다.

요셉의 형들이 양식을 사기 위하여 요셉 앞에 엎드려 절을 합니다. 때에 요셉이 나라의 총리로서 그 땅 모든 백성에게 팔더니 요셉의 형들이 와서 그 앞에서 땅에 엎드려 절하매(창 42:6). 이는 요셉의 꿈을 기억나게 합니다(창 37:7,9). 요셉은 형들을 알지만 준엄한 목소리로 그들에게 묻습니다. 요셉이 보고 형들인 줄 아나 모르는 체하고 엄한 소리로 그들에게 말하여 가로되 너희가 어디서 왔느냐 그들이 가로되 곡물을 사려고 가나안에서 왔나이다(창 42:7). 형들은 요셉을 알아보지 못했습니다. 그들은 요셉이 애굽의 총리대신이 되었으리라고는 상상조차 할 수 없었습니다. 요셉이 예전에 자신이 꾸었던 꿈을 생각합니다. 그리고 요셉이 더욱 엄중한 목소리로 형들을 다그칩니다. 요셉이 그들에게 대하여 꾼 꿈을 생각하고 그들에게 이르되 너희는 정탐들이라 이 나라의 틈을 엿보려고 왔느니라(창 42:9). 실로 요셉은 형들로부터 연로하신 아버지와 동생 베냐민에 대한 소식을 듣기 원했습니다. 다음 말씀이 이를 입증합니다. 그들이 가로되 그 사람이 우리와 우리의 친족에 대하여 자세히 힐문하여 이르기를 너희 아버지가 그저 살았느냐 너희에게 아우가 있느냐 하기로(창 43:7).

요셉의 호통에 형들이 대답합니다. 그들이 그에게 이르되 내 주여 아니니이다 종들은 곡물을 사러 왔나이다 우리는 다 한 사람의 아들로서 독실한 자니 종들은 정탐이 아니니이다(창 42:10-11). 형들은 요셉에게 "내 주여"라고 하면서 자신들의 결백을 주장합니다. 요셉이 정탐꾼으로 몰아붙이자 그들은 누명을 벗기 위해 가족에 대한 내력을 자세히 설명합니다. 그들이 가로되 주의 종 우리들은 십이 형제로서 가나안 땅 한 사람의 아들들이라 말째 아들은 오늘 아버지와 함께 있고 또 하나는 없어졌나이다(창 42:13). 요셉은 그들을 통하여 아버지와 동생이 무사하다는 사실을 알았습니다. 요셉이 다시 형들에게 말합니다. 요셉이 그들에게 이르되 내가 너희에게 이르기를 너희는 정탐들이라 한 말이 이것이니라 너희는 이같이 하여 너희 진실함을 증명할 것이라 바로의 생명으로 맹세하노니 너희 말째 아우가 여기 오지 아니하면 너희가 여기서 나가지 못하리라 너희 중 하나를 보내어 너희 아우를 데려오게 하고 너희는 갇히어 있으라(창 42:14-16). 그리고 그들을 다 함께 3일을 가두었습니다.

3일만에 요셉이 다시 그들에게 명령합니다. 삼 일 만에 요셉이 그들에게 이르되 나는 하나님을 경외하노니 너희는 이같이 하여 생명을 보전하라(창 42:18). 요셉은 자신도 하나님을 경외하는 자임을 밝히고 그들이 정탐꾼의 누명을 벗고 살 수 있는 길을 제시합니다. 너희가 독실한 자이면 너희 형제 중 한 사람만 그 옥에 갇히게 하고 너희는 곡식을 가지고 가서 너희 집들의 주림을 구하고 너희 말째 아우를 내게로 데리고 오라 그리하면 너희 말이 진실함이 되고 너희가 죽지 아니하리라 그들이 그대로 하니라(창 42:19-20). 형들은 요셉의 명령대로 따르겠다고 대답했습니다. 그러나 그들은 베냐민을 데리고 올 수 있는 상황이 아님을 잘 알고 있습니다. 야곱이 먼 길에 베냐민을 절대 보내지 않을 것이기 때문입니다.

형들이 양식을 사기 위하여 요셉 앞에 와서 땅에 엎드려 절을 하는 모습은 요셉의 꿈을 기억나게 합니다. 요셉의 형들은 요셉을 알아보지 못했습니다. 지금과 같은 위기를 맞이하여 하늘과 같은 애굽의 총리대신이 요셉일 줄 그들이 어찌 상상이나 할 수 있었겠습니까!

형들의 후회

이에 형들은 자신들이 요셉에게 행했던 일을 떠올렸습니다. 그들이 서로 말하되 우리가 아우의 일로 인하여 범죄하였도다 그가 우리에게 애걸할 때에 그 마음의 괴로움을 보고도 듣지 아니하였으므로 이 괴로움이 우리에게 임하도다 르우벤이 그들에게 대답하여 가로되 내가 너희더러 그 아이에게 득죄하지 말라고 하지 아니하였느냐 그래도 너희가 듣지 아니하였느니라 그러므로 그의 피값을 내게 되었도다 하니(창 42:21-22). 형들은 20여 년 전 무고히 동생을 죽이려 했던 자신들의 잘못된 행동을 생생하게 기억하고 있었습니다. 형들은 히브리말로 대화를 나누며 요셉과 형들 사이에 통역관이 있었기 때문에 요셉이 자신들의 말을 알아듣지 못한다고 생각했습니다. 요셉은 형들의 자책하는 말을 듣고 그들을 떠나가서 울었습니다. 요셉은 형들이 자신에게 행했던 일을 뉘우치는 것을 보고 감정이 복받쳤습니다.

요셉에게 아직 형들에 대한 원망의 감정이 남아 있을 것이라고는 생각되지 않습니다. 이미 요셉은 수년 전 므낫세를 낳았을 때 하나님께 대한 자신의 신앙고백으로 묵은 감정을 정리했습니다. 그러므로 요셉은 형들의 대화 내용을 듣고 자신의 감정을 억누르기 위하여 가서 울고 온 것입니다. 요셉이 그들을 떠나가서 울고 다시 돌아와서 그들과 말하다가 그들 중에서 시므온을 취하여 그들의 목전에서 결박하고(창 42:24). 요셉이 형들 중에서 왜 시므온을 취하여 결박하고 남게 했는지는 정확히 알 수 없습니다. 아마도 르우벤은 장자이기 때문에 먼 길에 형제들을 인도하도록 배려하여 르우벤이 아닌 둘째 시므온을 택하여 남게 한 것 같습니다. 요셉은 떠나는 형들에게 많은 양식을 주었습니다. 명하여 곡물을 그 그릇에 채우게 하고 각인의 돈은 그 자루에 도로 넣게 하고 또 길 양식을 그들에게 주게 하니 그대로 행하였더라(창 42:25). 요셉은 형들의 그릇에 곡물을 가득 채워주고 그 위에 각각의 돈을 도로 넣어주었을 뿐 아니라 여행 중 소요되는 양식도 따로 주었습니다. 이러한 요셉의 행동을 볼 때 이미 그가 형들을 용서하였다는 것을 알 수 있습니다.

시므온을 제외한 형들이 곡식을 싣고 가나안을 향하여 떠났습니다. 객점에서 나귀에게 먹이를 주려고 자루를 풀어 본 형들은 곡식 자루 입구에 양식을 구하기 위해 가지고 갔던 돈이 그대로 있는 것을 알게 되었습니다. 그가 그 형제에게 고하되 내 돈을 도로 넣었도다 보라 자루 속에 있도다 이에 그들이 혼이 나서 떨며 서로 돌아보며 말하되 하나님이 어찌하여 우리에게 이 일을 행하셨는고 하고(창 42:28). 형들은 어찌된 영문인지 알지 못하지만 하나님께서 자신들이 요셉에게 행했던 죄에 대하여 묻고 계신다고 여기고 있습니다.

영문을 모르는 형들은 당황해 하며 과거에 자신들이 요셉에게 행했던 죄의 대가를 지금 치르고 있는 것이 아닌가 하는 두려움에 떨고 있습니다. 그들은 서로 돌아보며 "하나님이 어찌하여 우리에게 이 일을 행하셨는고"라고 하며 스스로 하나님께서 자신들의 과거 행위에 대하여 벌하시는 것이라 생각하고 있습니다.

야곱에게 고하는 형들

형들은 가나안 땅에 돌아와 아버지에게 모든 일을 진술합니다. 그들은 자신들이 정탐꾼으로 의심을 받았으며 또한 시므온이 베냐민을 애굽으로 데려갈 때까지 애굽 감옥에 붙잡혀 있게 된 경위를 설명했습니다. 그 땅의 주 그 사람이 엄히 우리에게 말씀하고 우리를 그 나라 정탐자로 여기기로 우리가 그에게 이르되 우리는 독실한 자요 정탐이 아니니이다 우리는 한 아비의 아들 십이 형제로서 하나는 없어지고 말째는 오늘 우리 아버지와 함께 가나안 땅에 있나이다 하였더니(창 42:30-32). 형들의 눈에 비친 요셉의 위풍당당한 권세는 왕의 권세와 다를 바 없이 느껴졌습니다. 그들은 요셉과 나누었던 대화의 모든 내용들을 아버지에게 자세히 설명합니다. 그 땅의 주 그 사람이 우리에게 이르되 …… 너희 말째 아우를 내게로 데려오라 그리하면 너희가 정탐이 아니요 독실한 자임을 내가 알고 너희 형제를 너희에게 돌리리니 너희가 이 나라에서 무역하리라 하더이다(창 42:33-34). 형들은 요셉을 스스럼없이 "그 땅의 주 그 사람이"라고 일컫습니다. 이제 요셉은 애굽의 주(主)요 그의 꿈대로 형제들의 주 곧 집안의 주가 된 것입니다.

형들이 자루를 쏟고 보니 각 사람의 돈뭉치가 그 자루들 속에 있는 것을 보게 되었습니다. 형들과 아버지가 그 돈뭉치를 보고 심히 두려워합니다. 야곱은 심상치 않음을 직감하고 자식들에게 이렇게 말합니다. 그 아비 야곱이 그들에게 이르되 너희가 나로 나의 자식들을 잃게 하도다 요셉도 없어졌고 시므온도 없어졌거늘 베냐민을 또 빼앗아 가고자 하니 이는 다 나를 해롭게 함이로다(창 42:36). 야곱은 베냐민에게도 화가 미치지 않을까하여 불안해합니다. 르우벤이 말합니다. 르우벤이 아비에게 고하여 가로되 내가 그를 아버지께로 데리고 오지 아니하거든 나의 두 아들을 죽이소서 그를 내 손에 맡기소서 내가 그를 아버지께로 데리고 돌아오리이다(창 42:37). 자신의 일로 아버지를 상심케 했던 르우벤은 아버지를 안심시켜 드리기 위해 노력합니다. 르우벤은 자신의 두 아들의 목숨까지 담보하며 베냐민을 안전하게 데리고 오겠다고 맹세합니다. 그러나 지금은 애굽에서 갓 돌아와 당분간 먹을 양식이 있으므로 야곱은 완강하게 반대합니다. 야곱이 가로되 내 아들은 너희와 함께 내려가지 못하리니 그의 형은 죽고 그만 남았음이라 만일 너희 행하는 길에서 재난이 그 몸에 미치면 너희가 나의 흰머리로 슬피 음부로 내려가게 함이 되리라(창 42:38).

형들은 요셉을 가리켜 "그 땅의 주 그 사람이"라고 지칭합니다. 이는 요셉의 권위와 위엄을 능히 짐작케 하는 말입니다. 바로가 요셉에게 "나는 너보다 높음이 보좌뿐이니라"(창 41:40)고 했던 것처럼 과연 요셉은 애굽의 왕과 같은 권위를 가지고 그 땅을 치리하고 있었습니다.

야곱에 대하여

야곱이 유독 라헬의 자식에 대하여 집착하는 것은 바람직하지 않습니다. 엄밀히 생각해 보면 요셉이 형들의 미움을 사게 된 것도 야곱의 편애로 인한 시기와 질투에 의한 것이므로 야곱에게도 어느 정도 책임은 있습니다. 가장 사랑하는 아내에게서 자식을 낳지 못하다가 노년에 얻은 자식에 대한 야곱의 마음을 이해할 수는 있지만, 자식에 대한 지나친 편애는 형제들의 우애에 악영향을 끼칩니다. 믿음의 선진인 야곱이라 할지라도 부모와 자식, 그리고 남편과 아내와의 관계에 있어서는 보통사람들과 별반 다르지 않았습니다.

그러나 하나님과의 관계에 있어서 야곱은 하나님의 사랑을 받은 특별한 사람입니다. 야곱은 태어나기 전부터 하나님의 택하심을 받고 믿음의 조상 아브라함과 이삭의 계보를 잇는 믿음의 선조가 되었습니다. 야곱은 하나님과 겨루어 이겼으며, 이로 인해 얻은 새 이름 이스라엘은 국가명이 되었습니다. 하나님께서도 "나는 아브라함의 하나님, 이삭의 하나님, 야곱의 하나님"이라고 친히 말씀하신 하나님의 사람입니다(출 3:15, 마 22:32, 행 3:13 등). 그는 그 언약 곧 천 대에 명하신 말씀을 영원히 기억하셨으니 이것은 아브라함에게 하신 언약이며 이삭에게 하신 맹세며 야곱에게 세우신 율례 곧 이스라엘에게 하신 영영한 언약이라(시 105:8-10). 성경에는 '아브라함과 이삭과 야곱의 하나님'으로 9번 기록되었고 '야곱의 하나님'으로 15번 기록되었는데, 특히 시편에 집중적으로 12

번 나타나고 있습니다. 이는 여호와를 찾는 족속이요 야곱의 하나님의 얼굴을 구하는 자로다(셀라)(시 24:6), 이는 이스라엘의 율례요 야곱의 하나님의 규례로다(시 81:4), 야곱의 하나님으로 자기 도움을 삼으며 여호와 자기 하나님에게 그 소망을 두는 자는 복이 있도다(시 146:5).

야곱은 어디를 가든지 하나님께서 나타나 보이시고 동행해 주셨습니다. 지금 우리도 이 야곱과 같은 축복을 받아 누리고 있습니다. 만세 전에 우리의 구원을 예정하시므로 우리가 예수님을 구주로 섬기며 성령의 내주하심 속에 하나님의 자녀로서 풍성한 삶을 살게 된 것은 참으로 놀라운 축복입니다.

+ 유다의 설득

가나안 땅에 기근이 심하고 애굽에서 가져온 곡식도 떨어졌으므로 야곱이 자식들에게 다시 가서 양식을 사오라고 합니다. 유다가 아버지에게 말합니다. 유다 위로 세 명의 형들이 있지만 장자 르우벤은 빌하와의 관계로 이미 장자로서의 지위를 잃어버렸고, 둘째 시므온은 애굽 감옥에 억류되어 있으며, 셋째 레위는 이전에 세겜 사람들을 잔인하게 도륙했으므로 야곱의 신뢰를 받지 못했습니다. 그러므로 넷째인 유다가 아버지를 설득하려 한 것 같습니다. 유다가 아비에게 말하여 가로되 그 사람이 엄히 우리에게 경계하여 가로되 너희 아우가 너희와 함께 하지 아니하면 너희가 내 얼굴을 보지 못하리라 하였으니 아버지께서 우리 아우를 우리와 함께 보내시면 우리가 내려가서 아버지를 위하여 양식을 사려니와 아버지께서 만일 그를 보내지 않으시면 우리는 내려가지 아니하리니 그 사람이 우리에게 말하기를 너희 아우가 너희와 함께 하지 아니하면 너희가 내 얼굴을 보지 못하리라 하였음이니이다(창 43:3-5). **야곱이 자식들을 책망합니다.** 이스라엘이 가로되 너희가 어찌하여 너희에게 오히려 아우가 있다고 그 사람에게 고하여 나를 해롭게 하였느냐(창 43:6).

형들이 대답합니다. 그들이 가로되 그 사람이 우리와 우리의 친족에 대하여 자세히 힐문하여 이르기를 너희 아버지가 그저 살았느냐 너희에게 아우가 있느냐 하기로 그 말을 조조이 그에게 대답한 것이라 그가 너희 아우를 데리고 내려오라 할 줄을 우리가 어찌 알았으리이까(창 43:7). **여기 "자세히"와 "조조이"라는 부사가 말해주듯이 요셉은 형들을 보면서 아버지와 동생의 안부가 궁금하여 그들에게 조목조목 유도심문 한 것입니다. 형들에 대한 좋지 못한 감정 때문에 그들을 괴롭히려고 정탐꾼으로 몰아세운 것이 아니라 형들로부터 아버지와 동생에 관한 소식을 듣기 위해서였습니다. 또한 시므온을 붙잡아 둔 것도 형들이 다시 오게 될 때 베냐민을 데려오도록 하기 위함이었습니다. 형들의 말대로 그들은 요셉이 베냐민을 데려오라고 할 줄은 생각지도 못했습니다. 유다가 야곱에게 간청합니다.** 유다가 아비 이스라엘에게 이르되 저 아이를 나와 함께 보내시면 우리가 곧 가리니 그러면 우리와 아버지와 우리 어린 것들이 다 살고 죽지 아니하리이다 내가 그의 몸을 담보하오리니 아버지께서 내 손에 그를 물으소서 내가 만일 그를 아버지께 데려다가 아버지 앞에 두지 아니하면 내가 영원히 죄를 지리이다 우리가 지체하지 아니하였더면 벌써 두 번 갔다 왔으리이다(창 43:8-10). **유다는 자신이 베냐민을 담보하겠다고 아버지를 설득합니다.**

유다는 베냐민을 보내지 않는다면 모든 가족이 굶어 죽게 될 것임을 강조합니다. 지체하지 않았다면 벌써 두 번은 갔다 왔을 것이라고 하는 유다의 말 속에서 상당한 시간이 흘렀다는 것을 알 수 있습니다. 그만큼 야곱이 베냐민을 그들과 함께 보내는 것을 망설였기 때문입니다. 그러나 양식은 떨어지고 더 이상 지체할 수 없는 상황이 되었습니다. 야곱도 달리 방도가 없자 베냐민을 보내기로 결단을 내립니다. 그들의 아비 이스라엘이 그들에게 이르되 그러할진대 이렇게 하라 너희는 이 땅의 아름다운 소산을 그릇에 담아가지고 내려가서 그 사람에게 예물을 삼을지니 곧 유향 조금과 꿀 조금과 향품과 몰약과 비자와 파단행이니라 너희 손에 돈을 배나 가지고 너희 자루 아구에 도로 넣어 온 그 돈을 다시 가지고 가라 혹 차착(差錯)이 있었을까 두렵도다 네 아우도 데리고 떠나 다시 그 사람에게로 가라 전능하신 하나님께서 그 사람 앞에서 너희에게 은혜를 베푸사 그 사람으로 너희 다른 형제와 베냐민을 돌려보내게 하시기를 원하노라 내가 자식을 잃게 되면 잃으리로다(창 43:11-14). **야곱은 애굽 총리에게 보낼 예물을 정성껏 준비하고 또 돈도 배나 가지고 가게 하여 혹시 모를 상황에 대비케 하였습니다.**

야곱은 전능하신 하나님께서 아들들이 무사히 돌아올 수 있도록 은혜를 베풀어 주실 것을 고대하면서 하나님께 모든 것

을 맡깁니다. 만일 베냐민을 잃게 된다 하더라도 하나님의 뜻에 순응하겠다는 각오로 베냐민을 보냅니다.

+ 베냐민과 함께 온 형들

마침내 형들과 베냐민이 요셉 앞에 서게 되었습니다. 그 사람들이 그 예물을 취하고 갑절 돈을 자기들의 손에 가지고 베냐민을 데리고 애굽에 내려가서 요셉의 앞에 서니라(창 43:15). 요셉이 형제들을 집으로 인도합니다. 요셉이 베냐민을 보았을 때의 기쁨을 짐작할 수 있습니다. 요셉이 베냐민이 그들과 함께 있음을 보고 청지기에게 이르되 이 사람들을 집으로 인도해 들이고 짐승을 잡고 준비하라 이 사람들이 오정에 나와 함께 먹을 것이니라(창 43:16). 요셉은 청지기에게 그들을 자신의 집으로 들이고 점심을 준비하도록 명합니다. 청지기가 그들을 요셉의 집으로 인도하므로 영문을 모르는 형들은 두려워 합니다. 그 사람들이 요셉의 집으로 인도되매 두려워하여 이르되 전일 우리 자루에 넣여 있던 돈의 일로 우리가 끌려드도다 이는 우리를 억류하고 달려들어 우리를 잡아 노예를 삼고 우리의 나귀를 빼앗으려 함이로다 하고(창 43:18).

요셉의 진의를 모르는 형들은 이전에 자루 속의 돈의 일로 인하여 자신들을 노예로 삼지 않을까 불안해 합니다. 형들은 요셉이 베냐민으로 인하여 그들을 집으로 초대하여 만찬을 베풀려는 의도도 모른 채 지레짐작하여 그의 호의에 오히려 초조해 합니다. 이같이 한치 앞도 내다보지 못하는 인간은 자신의 사고의 틀 안에서 나타난 현상만으로 모든 상황을 판단합니다. 인간은 불완전하여 전체를 보지 못하고 눈앞에 펼쳐지는 현재의 상황만을 보기 때문입니다. 그러므로 우리는 자신이 계획한 대로 이루어 주시기를 기도하는 것보다 하나님께 모든 것을 맡기고 하나님의 인도하심을 구하는 것이 최선임을 알게 됩니다.

형들이 요셉의 집 문 앞에 이르러 요셉의 청지기에게 말합니다. 가로되 내 주여 …… 각인의 돈이 본수대로 자루 아구에 있기로 우리가 도로 가져왔고 양식 살 다른 돈도 우리가 가지고 내려왔나이다 우리의 돈을 우리 자루에 넣은 자는 누구인지 우리가 알지 못하나이다(창 43:20-22). 형들이 요셉의 집사인 청지기에게까지 "내 주여"라고 한 것을 보면 당시 요셉의 권위가 어떠했는지 가히 짐작할 수 있습니다. 그들은 요셉의 청지기에게 이전에 되어진 모든 일들을 낱낱이 고하며 그 때의 양식 값은 물론이고 다른 양식 살 돈도 가지고 왔음을 알립니다. 요셉의 청지기가 그들에게 대답합니다. 그가 이르되 너희는 안심하라 두려워 말라 너희 하나님 너희 아버지의 하나님이 재물을 너희 자루에 넣어 너희에게 주신 것이니라 너희 돈은 내가 이미 받았느니라 하고 시므온을 그들에게로 이끌어 내고(창 43:23). 청지기의 말을 통하여 볼 때 아마도 청지기 역시 요셉으로 인하여 하나님을 경외하며 섬기게 된 것으로 보입니다. 왜냐하면 그가 "너희 하나님 너희 아버지의 하나님"이라고 하여 하나님께서 어떻게 야곱과 야곱의 가족을 인도해 오셨는지 구체적이고 정확하게 알고 있기 때문입니다. 청지기는 그 돈은 하나님께서 전능하신 방법으로 그들에게 주신 것이라고 말해 줍니다.

청지기는 시므온을 형제들에게로 데리고 왔으며 그들을 요셉의 집으로 인도하여 들이고 발을 씻게 하며 나귀에게 먹을 것을 주었습니다. 그들을 요셉의 집으로 인도하고 물을 주어 발을 씻게 하며 그 나귀에게 먹이를 주더라(창 43:24). 가나안이나 애굽처럼 무덥고 먼지가 많이 나는 지역에 사는 사람들은 자신들의 집을 찾아온 손님에게 발 씻을 물을 주거나 발을 씻어주는 것이 관례였습니다. 그들은 예물을 정돈하고 요셉이 오기만을 기다리고 있었습니다. 요셉이 집으로 오니 그들이 그 집으로 들어가 예물을 드리고 땅에 엎드리어 절합니다. 요셉이 집으로 오매 그들이 그 집으로 들어가서 그 예물을 그에게 드리고 땅에 엎드리어 절하니(창 43:26).

이미 그들이 요셉의 집 안에 들어와 있는데도 또 "그 집으로 들어가"는 것을 보면, 요셉 집의 규모를 짐작할 수 있으며 요셉의 부귀와 영화도 가늠할 수 있습니다. 베냐민과 모든 형제들이 요셉에게 예물을 드리며 땅에 엎드려 절합니다. 요셉의 꿈이 현실이 된 것입니다.

형제들의 만찬

요셉이 형들에게 묻습니다. 요셉이 그들의 안부를 물으며 가로되 너희 아버지 너희가 말하던 그 노인이 안녕하시냐 지금까지 생존하셨느냐(창 43:27). 요셉은 연로하신 아버지에 대한 그 동안의 소식이 궁금하였습니다. 형들이 대답합니다. 그들이 대답하되 주의 종 우리 아비가 평안하고 지금까지 생존하였나이다 하고 머리 숙여 절하더라(창 43:28). 형들은 요셉을 보았을 때 땅에 엎드려 절하고 또한 아버지 안부를 묻는 물음에도 답하며 머리 숙여 절합니다. 형들은 요셉에게 극진한 예를 갖추어 대답합니다. 요셉이 자신의 유일한 피붙이 베냐민을 바라봅니다. 요셉이 눈을 들어 자기 어머니의 아들 자기 동생 베냐민을 보고 가로되 너희가 내게 말하던 너희 작은 동생이 이냐 그가 또 가로되 소자여 하나님이 네게 은혜 베푸시기를 원하노라(창 43:29). 요셉은 애굽의 총리가 되기 이전이나 지금이나 변함없이 하나님을 경외하며 섬기고 있습니다. 20여 년이 넘는 긴 세월을 기다리다가 만나게 된 자신의 가장 사랑하는 동생에게 건넨 요셉의 첫 마디는 "하나님이 네게 은혜 베푸시기를 원하노라"는 말이었습니다. 지금 이 순간 요셉은 자신의 일생을 되돌아보면서 동생 베냐민에게 가장 이 말을 하고 싶었던 것입니다.

요셉은 베냐민을 향한 자신의 감정을 제어하기 위해 노력합니다. 요셉이 아우를 인하여 마음이 타는듯하므로 급히 울 곳을 찾아 안방으로 들어가서 울고 얼굴을 씻고 나와서 그 정을 억제하고 음식을 차리라 하매(창 43:30-31). 요셉의 마음을 십분 이해할 수 있습니다. 요셉이 베냐민에 대한 감정을 주체할 수 없어 급히 울 곳을 찾아 깊숙이 안방으로 들어갑니다. 그리고 마음의 안정을 찾고 얼굴을 씻고 나와서 음식을 차리게 합니다. 그들은 애굽의 규율에 따라 각기 따로 식사를 합니다. 그들이 요셉에게 따로 하고 그 형제들에게 따로 하고 배식하는 애굽 사람에게도 따로 하니 애굽 사람은 히브리 사람과 같이 먹으면 부정을 입음이었더라(창 43:32). 농사를 주로 하는 애굽인들은 목축하는 유목민들을 경멸하였으므로 양을 치며 유랑 생활을 하는 히브리 사람들을 부정하게 여겨 같이 음식을 먹지 않았습니다. 애굽에서 소는 프타(Ptah) 신으로, 양은 크눔(Khnum) 신으로 여겨 신성시하였습니다. 그런데 외국인들이 자신들의 신성시하는 동물을 잡아먹기 때문에 애굽인들은 외국인들과 친밀히 지내는 것을 부정한 것으로 생각했습니다.[42)]

형제들이 식탁의 자리로 인도될 때 그들의 서열대로 안내되니 서로 의아하게 생각했습니다. 그들이 요셉의 앞에 앉되 그 장유의 차서대로 앉히운 바 되니 그들이 서로 이상히 여겼더라(창 43:33). 아마도 그들은 애굽 총리에게 보통 사람들과 다른 비범한 능력이 있다고 여겼을 것입니다. 요셉은 베냐민에게 식물을 다섯 배나 많이 주었습니다. 요셉이 자기 식물로 그들에게 주되 베냐민에게는 다른 사람보다 오 배나 주매 그들이 마시며 요셉과 함께 즐거워하였더라(창 43:34). 애굽인들의 숫자 개념에서 '5'는 특별한 구분을 할 때 사용되는 숫자라고 합니다.[43)] 형들은 요셉과 함께 음식을 먹고 마시며 즐거운 시간을 보냈습니다.

---

42) *Egypt and the Books of Moses*, 39를 John King ed., *Calvin's Old Testament Commentaries: Genesis v.2* (Grand Rapids: Eerdmans Pub. Co., 1963), 360에서 재인용.

43) H. C. Leupold, 『반즈주석성경 창세기(하)』, 946.

야곱은 그토록 요셉을 사랑하고 귀하게 여겼건만 끝까지 지켜주지 못했습니다. 인간의 능력에는 한계가 있기 때문입니다. 『너희는 인생을 의지하지 말라 그의 호흡은 코에 있나니 수에 칠 가치가 어디 있느뇨(사 2:22)』. 그러므로 요셉은 모든 상황과 역경을 뛰어 넘는 전능하신 하나님의 은혜를 받는 것이 최상의 복임을 경험하고 그토록 사랑하는 동생 베냐민에게 하나님의 은혜가 임하기를 기원하였던 것입니다.

제 22 장
형들을 시험하는 요셉

요셉의 방책

요셉이 청지기에게 분부합니다. 요셉이 그 청지기에게 명하여 가로되 양식을 각인의 자루에 실을 수 있을 만큼 채우고 각인의 돈을 그 자루에 넣고 또 내 잔 곧 은잔을 그 소년의 자루 아구에 넣고 그 양식 값 돈도 함께 넣으라 하매 그가 요셉의 명령대로 하고(창 44:1-2). 요셉은 청지기에게 곡식을 각자의 자루에 실을 수 있을 만큼 가득 채우고 또 각 사람의 돈도 자루에 넣으라고 합니다. 그리고 요셉의 은잔을 베냐민의 곡식자루 입구에 넣고 곡식의 돈도 함께 넣으라고 합니다. 청지기가 요셉의 명령대로 다 행하고 동이 틀 무렵 형제들을 보냈습니다. 그들이 멀리 가기 전에 요셉이 청지기를 보내어 말합니다. 그들이 성에서 나가 멀리 가기 전에 요셉이 청지기에게 이르되 일어나 그 사람들의 뒤를 따라 미칠 때에 그들에게 이르기를 너희가 어찌하여 악으로 선을 갚느냐 이것은 내 주인이 가지고 마시며 늘 점치는 데 쓰는 것이 아니냐 너희가 이같이 하니 악하도다 하라(창 44:4-5). 하나님을 경외하는 요셉이 은잔을 미신적 행위인

점치는 데 사용했다고 볼 수 없습니다. 단지 형제들에게 자신의 정체를 드러내지 않고 애굽의 총리라는 면을 부각시키기 위한 것으로 보입니다.

청지기는 그들을 따라잡아 요셉이 이른대로 말하였습니다. 이에 형제들이 대답합니다. 그들이 그에게 대답하되 우리 주여 어찌 이렇게 말씀하시나이까 이런 일은 종들이 결단코 아니 하나이다 우리 자루에 있던 돈도 우리가 가나안 땅에서부터 당신에게로 가져왔거늘 우리가 어찌 당신 주인의 집에서 은, 금을 도적질하리이까 종들 중 뉘게서 발견되든지 그는 죽을 것이요 우리는 우리 주의 종이 되리이다(창 44:7-9). 형제들은 만일 누구에게서든지 그 잔이 발견된다면 그는 죽을 것이며 나머지 형제들은 종이 되겠다고 단언합니다. 청지기도 동의합니다. 그가 가로되 그러면 너희 말과 같이 하리라 그것이 뉘게서든지 발견되면 그는 우리 종이 될 것이요 너희에게는 책망이 없으리라(창 44:10). 청지기는 은잔이 발견된 자만 종으로 삼고 나머지 사람들에게는 아무 허물도 돌리지 않겠다고 합니다. 그들이 급히 자루를 땅에 내려놓고 각기 자루를 풀기 시작합니다. 청지기가 르우벤부터 시작하여 차례대로 나이가 적은 베냐민에 이르기까지 조사하였는데 베냐민의 곡식 자루에서 그 은잔이 발견되었습니다.

그들이 옷을 찢고 비통해 하며 요셉이 있는 성으로 돌아옵니다. 유다와 그 형제들이 요셉의 집에 이르니 요셉이 오히려 그 곳에 있는지라 그 앞 땅에 엎드리니(창 44:14). 여기에서 '르우벤과 그 형제들' 이라고 하지 않고 "유다와 그 형제들" 이라고 하여 르우벤의 입지가 줄어든 반면 유다의 위상이 높아진 것을 알 수 있습니다.

유다는 가나안을 떠나올 때 베냐민을 데려갈 수 있도록 야곱을 설득하였기 때문에, 이곳에서도 자신을 담보하고 요셉 앞에서 베냐민을 지키는 데 주도적인 역할을 하게 됩니다. 또한 요셉을 이스마엘 상인들에게 팔자고 제안한 사람이 유다이므로(창 37:26-27) 보이지 않는 하나님의 손이 유다로 하여금 이 사건을 마무리 하도록 역사하신 것으로도 이해할 수 있습니다. 또한 여기 "오히려"라는 말은 '여전히(still)'라는 뜻으로 그들이 요셉의 집에 이르니 요셉이 계속 그곳에 있었다는 사실을 강조하고 있습니다. 나랏일로 분주한 요셉이 아직까지 자신의 집에 그대로 있다는 것은 형제들이 되돌아 올 것을 예상하고 있었음을 암시합니다.

형제들이 지금 요셉 앞에서 땅에 엎드려 있습니다. 그들이 요셉에게 절을 하고 일어선 것이 아니라 베냐민이 애굽 총리의 종이 되어야 하는 절박한 처지에 있기 때문에 계속 땅에 엎드려 있는 것입니다.

유다의 고백

요셉이 그들에게 말합니다. 요셉이 그들에게 이르되 너희가 어찌하여 이런 일을 행하였느냐 나 같은 사람이 점 잘 칠 줄을 너희가 알지 못하느냐(창 44:15). **유다가 형제들을 대표하여 대답합니다.** 유다가 가로되 우리가 내 주께 무슨 말을 하오리이까 무슨 설명을 하오리이까 어떻게 우리의 정직을 나타내리이까 하나님이 종들의 죄악을 적발하셨으니 우리와 이 잔이 발견된 자가 다 내 주의 종이 되겠나이다(창 44:16). 지금 이 말을 하고 있는 유다의 심정을 충분히 이해할 수 있습니다. 자신들의 무죄한 마음을 보여줄 수도 없고 항변할 수도 없는 어찌할 수 없는 상황에서 유다가 말합니다. "우리가 내 주께 무슨 말을 하오리이까 …… 무슨 설명을 하오리이까 …… 어떻게 우리의 정직을 나타내리이까 …… ."

우리는 자신이 다른 사람에게 잘못된 행동을 했을 때 자신의 죄를 간과하거나 또는 합리화하여 대수롭지 않은 것으로 생각합니다. 그러나 세상을 창조하시고 섭리하시는 하나님은 모든 일에 있어서 한 점 흐트러짐 없이 공의를 행하십니다. 하나님은 저울에 달듯이 사람의 행동을 살피시며 옳고 그름을 가려주십니다. 저는 정의와 공의를 사랑하심이여 세상에 여호와의 인자하심이 충만하노다(시 33:5), 하나님이여 주의 이름과 같이 찬송도 땅 끝까지 미쳤으며 주의 오른손에는 정의가 충만하나이다(시 48:10). 양심에 거리끼는 행동을 했는데도 아무런 징계 없이 지나갔다고 좋아할 것이 아닙니다. 이는 잘못된 행동이 면책된 것이 아니라 하나님께서 가장 적당한 때에 보응하시고 깨닫게 하시며 바른 길로 인도하실 것이기 때문입니다. 준비된 매를 어느 때에 드실 것인가 하는 것만 남아 있습니다. 대저 여호와께서 그 사랑하시는 자를 징계하시기를 마치 아비가 그 기뻐하는 아들을 징계함 같이 하시느니라(잠 3:12), 징계는 다 받는 것이거늘 너희에게 없으면 사생자요 참 아들이 아니니라(히 12:8). 그러므로, 어떠한 상황에서든지 자신을 살펴보고 회개하는 마음이 필요합니다.

유다는 그 은잔이 발견된 베냐민과 자신을 포함하여 모든 형제들이 다 요셉의 종이 되겠다고 다짐합니다. 그러나 요셉은 이같이 말합니다. 요셉이 가로되 내가 결코 그리하지 아니하리라 잔이 그 손에서 발견된 자만 나의 종이 되고 너희는 평안히 너희 아버지께로 도로 올라갈 것이니라(창 44:17). 지금 요셉은 형제들에 대하여 악한 감정을 가지고 이러는 것이 아니라 형들의 진심을 알고자 하는 것입니다. 요셉은 하나님께서 모든 것이 합력하여 선이 되게 하셨기 때문에 형들에 대한 모든 좋지 못한 감정을 이미 내어버렸습니다. 지난번에도 요셉은 형들의 대화를 들었었고(창 42:21-24) 지금도 유다를 통해 자신들의 죄를 고백하는 내용을 들었기 때문에 요셉은 베냐민에 대한 형들의 진심을 알기 원했습니다.

유다는 이러한 모든 일들이 자신들의 숨겨져 드러나지 않은 죄악을 하나님께서 들추어내신 것이라고 자백합니다. 유다는 "하나님이 종들의 죄악을 적발하셨으니"라고 하여 요셉의 일로 인하여 자신들이 하나님께 지은 죄의 대가를 지금 지불하게 된 것이라고 고백하고 있는 것입니다.

유다의 간청

유다가 요셉에게 가까이 나아가 고합니다. 유다가 그에게 가까이 가서 가로되 내 주여 청컨대 종으로 내 주의 귀에 한 말씀을 고하게 하소서 주의 종에게 노하지 마옵소서 주는 바로와 같으심이니이다(창 44:18). **유다는 왕을 방불케 하는 권위를 가진 요셉에게 자신의 말을 들어줄 것을 간청합니다.** 이전에 내 주께서 종들에게 물으시되 너희는 아비가 있느냐 아우가 있느냐 하시기에 우리가 내 주께 고하되 우리에게 아비가 있으니 노인이요 또 그 노년에 얻은 아들 소년이 있으니 그의 형은 죽고 그 어미의 끼친 것은 그뿐이므로 그 아비가 그를 사랑하나이다 하였더니(창 44:19-20). **유다는 자신의 가족사를 상세히 진술합니다. 이전에 그들은 요셉의 물음에 "하나는 없어졌나이다"(창 42:13)라고 대답했었는데 지금 유다는 "그의 형은 죽고"라고 말합니다. 유다는 요셉이 팔려가고 세월이 흐른 지금 그가 죽었을 것이라고 생각했습니다. 또한 지난 번 형들이 요셉을 처음 만났을 때 창세기 42장에는 생략되어 있는 내용, 즉 "그 아이는 아비를 떠나지 못할지니 떠나면 아비가 죽겠나이다"라고 대답한 부분을 여기서는 더욱 자세히 기록하고 있습니다.** 주께서 또 종들에게 이르시되 그를 내게로 데리고 내려와서 나로 그를 목도하게 하라 하시기로 우리가 내 주께 말씀하기를 그 아이는 아비를 떠나지 못할지니 떠나면 아비가 죽겠나이다(창 44:21-22). **당시 요셉의 명령은 준엄했습니다.** 주께서 또 주의 종들에게 말씀하시되 너희 말째 아우가 너희와 함께 내려오지 아니하면 너희가 다시 내 얼굴을 보지 못하리라 하시기로 우리가 주의 종 우리 아비에게로 도로 올라가서 내 주의 말씀을 그에게 고하였나이다(창 44:23-24).

유다는 요셉과의 대화 내용과 가나안에 있는 야곱의 상황을

교차시켜가며 요셉에게 정황을 설명합니다. 그 후에 우리 아비가 다시 가서 곡물을 조금 사오라 하시기로 우리가 이르되 우리가 내려갈 수 없나이다 우리 말째 아우가 함께 하면 내려가려니와 말째 아우가 우리와 함께함이 아니면 그 사람의 얼굴을 볼 수 없음이니이다(창 44:25-26). 유다는 지금까지 되어진 모든 일들을 사실 그대로 말하고 있습니다. 유다는 야곱의 말을 그대로 인용합니다. 주의 종 우리 아비가 우리에게 이르되 너희도 알거니와 내 아내가 내게 두 아들을 낳았으나 하나는 내게서 나간 고로 내가 말하기를 정녕 찢겨 죽었다 하고 내가 지금까지 그를 보지 못하거늘 너희가 이도 내게서 취하여 가려 한즉 만일 재해가 그 몸에 미치면 나의 흰머리로 슬피 음부로 내려가게 하리라 하니(창 44:27-29). 유다는 요셉이 아버지 야곱의 마음을 조금이라도 더 잘 이해할 수 있도록 하기 위하여 최선을 다합니다. 아비의 생명과 아이의 생명이 서로 결탁되었거늘 이제 내가 주의 종 우리 아비에게 돌아갈 때에 아이가 우리와 함께 하지 아니하면 아비가 아이의 없음을 보고 죽으리니 이같이 되면 종들이 주의 종 우리 아비의 흰머리로 슬피 음부로 내려가게 함이니이다(창 44:30-31). 여기서 음부란 죽은 사람들의 영혼이 머무르는 곳으로 종종 무덤을 뜻하기도 합니다.

유다는 늙고 힘없는 아버지의 생명과 베냐민의 목숨이 하나임을 강조하며 애굽 총리의 효심에 호소합니다. 마침내 유다는 베냐민을 대신하여 자신이 종이 되겠다고 요셉에게 간청합니다. 주의 종이 내 아비에게 아이를 담보하기를 내가 이를 아버지께로 데리고 돌아오지 아니하면 영영히 아버지께 죄를 지리이다 하였사오니 청컨대 주의 종으로 아이를 대신하여 있어서 주의 종이 되게 하시고 아이는 형제와 함께 도로 올려 보내소서 내가 어찌 아이와 함께 하지 아니하고 내 아비에게로 올라갈 수 있으리이까 두렵건대 재해가 내 아비에게 미침을 보리이다(창 44:32-34). 유다가 "주의 종으로 아이를 대신하여 있어서 주의 종이 되게 하시고 아이는 형제와 함께 도로 올려 보내소서"라고 한 이 말은 요셉의 심장을 요동치게 만들었습니다.

유다는 시기와 질투로 인하여 자기의 형제 요셉을 팔고서 아버지를 속인 죄, 그리고 잃어버린 아들로 인하여 평생 가슴 아픈 세월을 보내고 있는 아버지를 보면서 지나간 일은 돌이킬 수 없지만 이제 더 이상 아버지의 마음을 아프게 할 수 없다고 생각하였습니다. 그러므로 자신을 담보로 하여 끝까지 베냐민을 지키고 보호하겠다는 굳은 결의를 요셉에게 보입니다.

제 23 장
자신을 밝힌 요셉

요셉의 믿음

마침내 요셉은 유다의 간절한 호소에 감동을 받아 그 정을 억제하지 못하고 자신을 밝혀 요셉임을 알게 합니다. 요셉이 시종하는 자들 앞에서 그 정을 억제하지 못하여 소리 질러 모든 사람을 자기에게서 물러가라 하고 그 형제에게 자기를 알리니 때에 그와 함께 한 자가 없었더라(창 45:1). 요셉은 유다의 진심을 알고는 감정을 주체하지 못하여 소리 질러 모든 사람을 물러가게 한 뒤, 먼저 유다에게 자신을 알리고 방성대곡합니다. 요셉이 방성대곡하니 애굽 사람에게 들리며 바로의 궁중에 들리더라(창 45:2). 그리고 나서 요셉이 형들에게 자신을 알립니다. 요셉이 그 형들에게 이르되 나는 요셉이라 내 아버지께서 아직 살아 계시니이까 형들이 그 앞에서 놀라서 능히 대답하지 못하는지라(창 45:3). 요셉이 형들에게 자신을 밝히고 먼저 아버지의 안부를 묻습니다. 물론 요셉은 그들을 통해서 아버지가 생존해 계심을 이미 알고 있었습니다. 그렇지만 요셉은 다시 한번 아버지의 소식을 형들로부터 직접 듣고 싶었습니다. 그런데 형들은 바로와 같은 권위를 가진 애굽 총리가 요셉이라는 말에 너무 놀라 감히 대답하지 못했습니다.

요셉은 두려워하는 형들을 안심시키기 위해 이 모든 것이 하나님의 섭리에 의해 이루어진 것이라고 말합니다. 요셉은 형들에 의해 애굽으로 팔려 왔지만 배후에 야곱 일가를 구하시려는 하나님의 섭리가 있었음을 깊이 인식하고 있었습니다. 요셉이 형들을 부릅니다. 요셉이 형들에게 이르되 내게로 가까이 오소서 그들이 가까이 가니 가로되 나는 당신들의 아우 요셉이니 당신들이 애굽에 판 자라(창 45:4). 요셉이 유다 외에 다른 형들에게도 자기에게로 가까이 오라고 합니다. 그들이 요셉에게 가까이 나아가니 요셉이 "나는 당신들의 아우 요셉이니 당신들이 애굽에 판 자라"고 정확하게 말합니다. 의심의 여지없이 요셉임이 틀림없습니다. 이는 요셉이 형들과 자신밖에 모르는 비밀, 곧 형들이 요셉을 애굽에 팔았던 사실을 밀하고 있기 때문입니다. 형들의 심정이 어떠했을지 충분히 짐작할 수 있습니다. 요셉은 지금 비상시국을 맞이하여 왕과 같은 권력을 행사하며 사람을 죽일 수도 살릴 수도 있는 막강한 권세를 가진 애굽의 총리입니다. 요셉이 지난날의 일로 자신들을 죽이려 할지도 모르는 상황인 것입니다. 그러나 하나님의 사람 요셉은 다음과 같이 형들을 안심시키려고 노력합니다. 당신들이 나를 이 곳에 팔았으므로 근심하지 마소서 한탄하지 마소서 하나님이 생명을 구원하시려고 나를 당신들 앞서 보내셨나이다(창 45:5). 요셉은 형들이 자신을 판 것으로 인하여 염려하거나 자책하지 말라고 위로합니다.

요셉은 위대한 신앙의 사람입니다. 우리가 자신의 믿음의 정도를 알고자 한다면 하나님을 얼마나 의지하고 있는지 또는 자신을 해롭게 하고 불이익을 준 사람에 대하여 얼마나 용서하고 있는지에 비례하여 알 수 있습니다. 요셉은 형들을 용서했을 뿐 아니라 이 모든 일들이 하나님의 섭리에 의한 것임을 확신하며 오히려 그들을 위로합니다. 요셉이 형제들에게 지금은 흉년 2년째로 앞으로도 흉년이 5년 더 남아있기 때문에 하나님께서 야곱 집안을 사랑하사 구원하시려고 자기를 먼저 보내신 것이라고 거듭 말합니다. 이 땅에 이 년 동안 흉년이 들었으나 아직 오 년은 기경도 못 하고 추수도 못 할지라 하나님이 큰 구원으로 당신들의 생명을 보존하고 당신들의 후손을 세상에 두시려고 나를 당신들 앞서 보내셨나니 그런즉 나를 이리로 보낸 자는 당신들이 아니요 하나님이시라 하나님이 나로 바로의 아비를 삼으시며 그 온 집의 주를 삼으시며 애굽 온 땅의 치리자를 삼으셨나이다(창 45:6-8). "나를 이리로 보낸 자는 당신들이 아니요 하나님이시라"고 한 이 말은 요셉만이 할 수 있는 말입니다.

요셉은 형들에 의해 이국땅으로 팔린 이후 말할 수 없는 인고의 세월을 보낸 후에 지금의 영광의 자리에 이르게 되었습니다. 요셉은 자신이 당했던 숱한 고난 가운데서 그 역경을 뛰어 넘는 하나님의 은혜를 입었으며, 또한 이 모든 일들이 하나님의 섭리로 말미암은 것임을 깊이 인식하고 있기 때문에 그들을 용서할 수 있게 된 것입니다. 그러나 형들은 다릅니다. 질투로 인하여 무고한 동생을 먼 곳으로 팔아버렸으며 또한 거짓말로 아버지를 속인 형들이 요셉에게 '너를 이리로 보낸 자는 우리가 아니요 하나님이시라' 고는 결코 말할 수 없는 것입니다. 만일 그렇게 말한다면 이는 회개를 모르는 파렴치한 행위가 될 것이며, 하나님께서도 용서치 않으시고 그들로 자신들의 잘못을 깨닫도록 징계하실 것입니다. 성경은 분명히 말씀합니다. 여러 조상이 요셉을 시기하여 애굽에 팔았더니 하나님이 저와 함께 계셔(행 7:9).

요셉은 자신을 애굽으로 보낸 자는 형들이 아니라 하나님이시며 하나님께서 자신의 뜻을 이루시기 위하여 형들의 행동을 묵인하신 것이라고 확신합니다. 하나님께서 야곱 집안을 사랑하사 이 기근의 때에 구원하시기 위하여 자기를 앞서 애굽으로 보내신 것이라고 말합니다. 요셉은 하나님의 주권적인 섭리를 정확히 이해하고 있습니다.

요셉의 권고

요셉은 하나님께서 자신에게 베풀어 주신 은혜를 말합니다. "하나님이 나로 바로의 아비를 삼으시며"라는 말은 매우 의미심장합니다. 여기서 "바로의 아비"라는 말은 '바로의 상담자' 라는 뜻으로 요셉이 바로의 존경하고 공경하는 고문이라는 의미입니다. 당시 요셉이 애굽에서 바로와 온 백성들에게 절대적인 존재로 인식되고 있음을 단적으로 표현한 말입니다. 요셉이 어려운 상황을 맞이한 그들에게 구원자나 다름없기 때문에 바로와 모든 애굽 사람들의 존경과 사랑을 받고 있음을 알 수 있습니다. 또한 "그 온 집의 주를 삼으시며"라는 요셉의 말은 바로가 요셉에게 이르되 나는 바로라 애굽 온 땅에서 네 허락 없이는 수족을 놀릴 자가 없으리라(창 41:44)는 말씀에 비추어 볼 때 요셉에게 전권을 위임한 것으로 보입니다. 너는 내 집을 치리하라 내 백성이 다 네 명을 복종하리니 나는 너보다 높음이 보좌뿐이니라(창 41:40)는 바로의 말이 이를 뒷받침합니다. 그리고 "애굽 온 땅의 치리자를 삼으셨나이다"라는 말은 내가 너로 애굽 온 땅을 총리하게 하노라 하고 자기의 인장반지를 요셉의 손에 끼우고 …… 바로가 그로 애굽 전국을 총리하게 하였더라(창 41:41-43)는 말씀에 근거하여 잘 이해할 수 있습니다.

요셉이 계속하여 말합니다. 당신들은 속히 아버지께로 올라가서 고하기를 아버지의 아들 요셉의 말에 하나님이 나를 애굽 전국의 주로 세우셨으니 내게로 지체 말고 내려오사 아버지의 아들들과 아버지의 손자들과 아버지의 양과 소와 모든 소유가 고센 땅에 있어서 나와 가깝게 하소서 흉년이 아직 다섯 해가 있으니 내가 거기서 아버지를 봉양하리이다 아버지와 아버지의 가속과 아버지의 모든 소속이 결핍할까 하나이다 하더라 하소서(창 45:9-11). 요셉은 아직도 흉년이 많이 남아있기 때문에 아버지의 가속들을 애굽으로 이주시켜 고센 땅에 살게 하려는 계획을 가지고 있었던 것으로 보입니다. 그러므로 요셉은 애굽의 기름진 땅 곧 자신과도 멀지 않은 땅 고센을 거론하며 지체하지 말고 내려오기를 종용하고 있습니다. 당신들의 눈과 내 아우 베냐민의 눈이 보는 바 당신들에게 이 말을 하는 것은 내 입이라 당신들은 나의 애굽에서의 영화와 당신들의 본 모든 것을 다 내 아버지께 고하고 속히 모시고 내려오소서 하며(창 45:12-13).

이 모든 말을 마치고 요셉이 베냐민을 안고 웁니다. 자기 아우 베냐민의 목을 안고 우니 베냐민도 요셉의 목을 안고 우니라(창 45:14). 이미 언급했듯이 요셉과 베냐민이 목을 안고 우는 행위는 성경에서 가장 친밀한 사랑의 표현입니다. 그 후에 요셉이 형들과도 안고 웁니다. 요셉이 또 형들과 입맞추며 안고 우니 형들이 그제야 요셉과 말하니라(창 45:15). 요셉이 형들과 입을 맞추며 안고 우니 요셉의 진심을 형들도 알게 되고 이제 형들도 긴장을 풀고 요셉과 대화를 나누게 됩니다.

요셉은 하나님의 섭리를 깨달아 알았기 때문에 형들을 진정으로 용서할 수 있었습니다. 요셉은 형들에게 진심을 전하며 자신이 누리고 있는 부귀와 영화를 아버지에게 설명하고 속히 모셔오기를 부탁합니다. 이는 요셉이 자신의 권세를 자랑하려는 것이 아니라 자신이 가족 전체를 책임질 수 있는 충분한 능력이 있음을 아버지에게 알리고자 함입니다.

바로의 명

요셉의 형들이 왔다는 소문이 궁에까지 들리매 바로와 신하들이 기뻐했습니다. 바로는 요셉에게 이르되 네 형들에게 명하기를 너희는 이렇게 하여 너희 양식을 싣고 가서 가나안 땅에 이르거든 너희 아비와 너희 가속을 이끌고 내게로 오라 내가 너희에게 애굽 땅 아름다운 것을 주리니 너희가 나라의 기름진 것을 먹으리라(창 45:17-18). 요셉과 달리 바로는 그들에게 애굽의 어느 땅을 주어야 할지 아직 정하지 않았습니다. 아마도 바로는 그들이 오고난 후에 저들의 정황을 살펴본 다음 아름답고 기름진 곳으로 주려는 모양입니다. 바로가 요셉과 형들에게 명을 내립니다. 이제 명을 받았으니 이렇게 하라 너희는 애굽 땅에서 수레를 가져다가 너희 자녀와 아내를 태우고 너희 아비를 데려오라 또 너희의 기구를 아끼지 말라 온 애굽 땅의 좋은 것이 너희 것임이니라 하라(창 45:19-20). 여기 "너희의 기구를 아끼지 말라"는 말은 '너희 눈이 너희의 물건에 미련을 가지지 말라'는 뜻으로, 그들이 사용하던 물건들을 다 가져오지 못한다고 해도 아까워하지 말고 신속하게 가재도구를 정리하고 애굽으로 오라는 뜻입니다.

요셉과 형들이 바로의 명대로 행합니다. 이스라엘의 아들들이 그대로 할새 요셉이 바로의 명대로 그들에게로 수레를 주고 길양식을 주며 또 그들에게 다 각기 옷 한 벌씩 주되 베냐민에게는 은 삼백과 옷 다섯 벌을 주고(창 45:21-22). 요셉은 바로의 명령대로 형들에게 수레를 주고 길양식을 주며 각자 옷 한 벌씩을 주었는데 베냐민에게는 옷 다섯 벌과 은 삼백을 주었습니다. 이전에 요셉은 자기 집에서 음식을 배식할 때에도 베냐민에게는 다른 형제들보다 다섯 배나 더 주었었습니다(창 43:34). 이는 요셉의 동생에 대한 애틋한 마음의 표현입니다. 요셉은 아버지 야곱에게 드릴 예물도 준비합니다. 그가 또 이와 같이 그 아비에게 보내되 수나귀 열 필에 애굽의 아름다운 물품을 실리고 암나귀 열 필에는 아비에게 길에서 공궤할 곡식과 떡과 양식을 실리고(창 45:23). 요셉은 수나귀 열 필에 아버지께 보내는 애굽의 예물을 싣게 하고 또 암나귀 열 필에는 아버지가 가나안에서 애굽으로 내려오는 긴 여정 중에 드실 음식과 양식을 실어 보냅니다. 이같이 요셉은 세심한 부분까지 챙기며 배려하고 있습니다. 아버지를 향한 요셉의 마음입니다.

바로는 요셉이 하나님께서 주신 지혜로 어렵고 힘든 국정을 잘 이끌어 나가고 있기 때문에 그에 대한 보답과 예우의 차원에서 요셉의 부모와 형제들에게 이같은 호의를 베풀어 줍니다.

+ 야곱의 결단

요셉의 형제들이 애굽에서 올라와 가나안 땅에 이르러 아버지 야곱에게로 돌아왔습니다. 그들이 아버지에게 말합니다. 고하여 가로되 요셉이 지금까지 살아 있어 애굽 땅 총리가 되었더이다 야곱이 그들을 믿지 아니하므로 기색하더니(창 45:26). 여기 "기색하더니"라는 말은 '차가워지다' 라는 뜻으로, 요셉이 살아 있고 또 애굽의 총리가 되었다는 말에 야곱이 죽은 자 같이 무감각해졌다는 것을 의미합니다. 야곱은 뜻밖의 충격적인 소식에 맥이 풀렸던 것 같습니다. 그러나 아들들이 요셉의 모든 말을 야곱에게 전하고 또 그가 보낸 수레를 보자 야곱은 기운을 차리게 됩니다. 그들이 또 요셉이 자기들에게 부탁한 모든 말로 그 아비에게 고하매 그 아비 야곱이 요셉의 자기를 태우려고 보낸 수레를 보고야 기운이 소생한지라(창 45:27). 야곱이 이같이 말합니다. 이스라엘이 가로되 족하도다 내 아들 요셉이 지금까지 살았으니 내가 죽기 전에 가서 그를 보리라(창 45:28). 지금 야곱은 자신의 일생 중 가장 극적인 순간을 맞고 있습니다.

음부에 가서나 만날 수 있을 것으로 생각하고 평생을 가슴에 묻고 살았던 아들 요셉이 살아있다는 것입니다. 살아있다는 사실만으로도 주체할 수 없는 큰 기쁨인데 더군다나 애굽의 총리가 되었다니 이보다 더한 감격은 없을 것입니다. 야곱이 "족하도다"라고 말합니다. 이는 많은 의미를 함축하고 있는데 야곱에게 있어 지금까지의 모든 시련이 안개 걷히듯 사라지고 말로 표현할 수 없는 행복감이 묻어나오는 감사의 말입니다. 또한 야곱 대신 이스라엘로 칭할 때는 대체로 하나님의 언약과 관련하여 구속사적으로 특별한 의미를 가집니다. 즉 야곱이 애굽으로 내려가게 되는 것은 야곱 일가의 식량 문제 해결뿐만이 아니라 이스라엘의 애굽 이주로 연결되는 민족적이고 구속사적인 사건이기 때문입니다.

야곱은 요셉이 살아있으니 죽기 전에 어서 가서 아들을 만나겠다고 합니다. 야곱은 사랑하는 아들 요셉이 애굽의 총리가 되었다 함을 듣고 애굽으로 내려가기를 지체하지 않았습니다. 지금 야곱은 요셉을 다시 볼 수 있다는 기쁨으로 가득 차 있습니다.

하나님의 약속

마침내 이스라엘은 모든 소유를 이끌고 헤브론을 떠나(창 37:14) 애굽으로 내려갑니다. 이스라엘이 모든 소유를 이끌고 발행하여 브엘세바에 이르러 그 아비 이삭의 하나님께 희생을 드리니(창 46:1). 브엘세바는 가나안의 최남단에 위치해 있으며 야곱 일행이 애굽으로 가기 위해 지나는 곳입니다. 또한 이곳은 아브라함과 이삭이 하나님께 희생을 드렸던 장소이기도 합니다(창 21:33, 26:23-25). 그러므로 야곱은 이곳에서 아버지를 생각하면서 "이삭의 하나님"께 희생을 드립니다. 가나안은 하나님께서 아브라함과 이삭과 그리고 자신에게 주신 약속의 땅이며 오랫동안 희노애락으로 점철되었던 땅입니다.

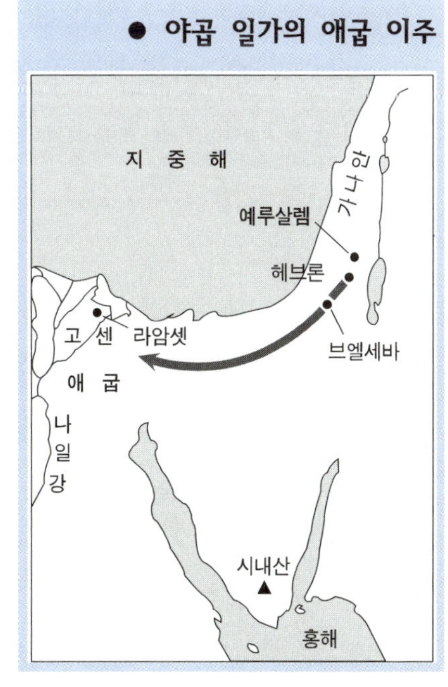

그러나 애굽은 아브라함이 시험에 빠진 곳으로(창 12:10-19)

하나님께서 이삭이 그곳으로 가는 것을 금하셨던 곳이기도 합니다(창 26:2). 지금까지 하나님은 야곱의 인생 전환점마다 나타나셔서 그의 길을 인도해 주셨습니다(창 28:13-15, 31:3,13, 35:1,9-12). 그렇지만 이번에는 야곱이 요셉을 빨리 만나고 싶은 일념과 급박하게 돌아가는 상황 속에서 정신없이 헤브론을 떠나왔습니다. 그러므로 야곱은 이 약속의 땅 가나안을 떠나 애굽으로 가면서 아버지의 하나님께 희생을 드리며 하나님의 인도하심을 기다립니다. 가나안은 하나님께서 조부 아브라함과 아버지 이삭, 그리고 야곱 자신에게 주신 언약의 땅입니다. 그런데 지금 이 약속의 땅을 떠나 애굽으로 가려 하기 때문에 야곱은 이곳을 떠나기 전에 하나님의 뜻을 분명히 알기를 원했습니다.

밤에 하나님께서 야곱을 부르셨습니다. 밤에 하나님이 이상 중에 이스라엘에게 나타나시고 불러 가라사대 야곱아 야곱아 하시는지라 야곱이 가로되 내가 여기 있나이다 하매(창 46:2). 하나님이 말씀하십니다. 하나님이 가라사대 나는 하나님이라 네 아비의 하나님이니 애굽으로 내려가기를 두려워 말라 내가 거기서 너로 큰 민족을 이루게 하리라 내가 너와 함께 애굽으로 내려가겠고 정녕 너를 인도하여 다시 올라올 것이며 요셉이 그 손으로 네 눈을 감기리라 하셨더라(창 46:3-4). 하나님은 야곱에게 두려워 말고 애굽으로 내려가라고 말씀하십니다. 하나님은 야곱과 함께 애굽으로 내려가시겠고 반드시 그를 인도하여 다시 올라오실 것이며, 요셉이 그의 임종을 지켜줄 것임을 말씀하셨습니다.

야곱은 연로한 자신이 약속의 땅 가나안을 떠나게 되리라고는 생각지도 못했습니다. 여기서 인간의 생각과 전혀 다르게 진행되는 하나님의 역사를 보게 됩니다. 가나안 땅은 하나님께서 주신 언약의 땅이기 때문에 야곱은 분명 이곳에서 자신의 생을 마감하고 또 자신의 후손들이 그 땅을 소유하게 되리라고 생각했습니다. 그러나 하나님은 야곱의 생각과 다르게 역사하셨습니다. 하나님의 뜻이라고 확신하며 나아가는데 정작 하나님의 뜻은 다르게 나타날 수 있습니다. 하나님은 모든 것이 합력하여 선을 이루도록 하시기 때문에 우리는 어떠한 상황에서든지 하나님의 뜻에 순종하며 감사해야 합니다. 여호와의 말씀에 내 생각은 너희 생각과 다르며 내 길은 너희 길과 달라서 하늘이 땅보다 높음 같이 내 길은 너희 길보다 높으며 내 생각은 너희 생각보다 높으니라(사 55:8-9).

하나님은 야곱에게 애굽에서 그의 후손으로 큰 민족을 이루게 하시겠다고 말씀하십니다. 실로 이스라엘은 하나님의 은혜와 보호하심 가운데 애굽 땅에서 70여 명으로 시작해 200만 명에 달하는 대민족으로 번성하게 됩니다. 『이스라엘 자손은 생육이 중다하고 번식하고 창성하고 심히 강대하여 온 땅에 가득하게 되었더라(출 1:7)』.

야곱 일가의 애굽 이주

야곱은 하나님의 지시하심을 받고 두려움 없이 가족과 모든 소유를 이끌고 애굽으로 떠납니다. 야곱이 브엘세바에서 발행할새 이스라엘의 아들들이 바로의 태우려고 보낸 수레에 자기들의 아비 야곱과 자기들의 처자들을 태웠고 그 생축과 가나안 땅에서 얻은 재물을 이끌었으며 야곱과 그 자손들이 다 함께 애굽으로 갔더라(창 46:5-6). 야곱이 아들과 딸 그리고 손자와 손녀 곧 자신의 모든 자손들을 데리고 애굽으로 갔습니다. 야곱의 애굽 이주는 야곱을 통하여 하나님의 백성 곧 이스라엘이라는 민족을 일구어 내시기 위한 하나님의 뜻과 계획에서 이루어진 것입니다. 야곱과 그의 아들들이 애굽으로 내려간 때는 B.C. 1876년경입니다. 애굽에 내려간 이스라엘 가족 중 레아의 소생과 그 후손이 32명이고 실바의 소생과 그 후손이 16명이며, 라헬의 소생과 그 후손이 11명이고 빌하의 소생과 그 후손이 7명이었습니다. 야곱과 함께 애굽에 이른 자는 야곱의 자부 외에 육십륙 명이니 이는 다 야곱의 몸에서 나온 자며 애굽에서 요셉에게 낳은 아들이 두 명이니 야곱의 집 사람으로 애굽에 이른 자의 도합이 칠십 명이었더라(창 46:26-27).

야곱의 며느리를 제외한 야곱의 소생으로 야곱과 함께 애굽에 내려온 자는 66명으로 애굽에 있는 요셉과 그의 두 아들 므낫세와 에브라임을 합하면 69명인데 야곱 자신을 포함하여 도합 70명이 됩니다.

제 6 부
이스라엘의 태동

제 24 장
애굽으로 내려간 야곱 일가

야곱과 요셉의 상봉

야곱이 유다를 요셉에게 앞서 보냅니다. 야곱이 유다를 요셉에게 미리 보내어 자기를 고센으로 인도하게 하고 다 고센 땅에 이르니(창 46:28). 야곱은 르우벤이 아닌 유다를 요셉에게 보내어 자기를 고센으로 인도하게 합니다. 야곱 일행이 고센에 이르렀습니다. 고센은 요셉이 형들에게 언급했던 땅입니다(창 45:10). 요셉이 수레를 갖추고 고센으로 올라가서 아비 이스라엘을 맞으며 그에게 보이고 그 목을 어긋맞겨 안고 얼마 동안 울매(창 46:29). 요셉은 수레를 갖추고 고센으로 올라가서 야곱을 맞이하며 아버지의 목을 안고 한참을 울었습니다. 요셉이 형제들과 만났을 때와는 달리 "얼마 동안(still going on)"이라고 하여 특별히 시간이 흘렀다는 것을 강조하며 감격적인 만남을 묘사하고 있습니다. 말로 형용할 수 없는 감정들이 교차하였을 것입니다. 야곱이 요셉에게 말합니다. 이스라엘이 요셉에게 이르되 네가 지금까지 살아 있고 내가 네 얼굴을 보았으니 지금 죽어도 가하도다(창 46:30). 여기 "지금 죽어도 가하도다"라는 말은 야곱이 평소에 얼마나 요셉을 보고 싶어 했었던가를 단적으로 보여주는 표현입니다. 야곱이 그토록 보기를 원했던 아들을 다시 보게 되어 기쁨에 넘쳐 하는 말입니다.

요셉은 형들이 해야 할 일을 알려줍니다. 요셉이 그 형들과 아비의 권속에게 이르되 내가 올라가서 바로에게 고하여 이르기를 가나안 땅에 있던 내 형들과 내 아비의 권속이 내게로 왔는데 그들은 목자라 목축으로 업을 삼으므로 그 양과 소와 모든 소유를 이끌고 왔나이다 하리니 바로가 당신들을 불러서 너희의 업이 무엇이냐 묻거든 당신들은 고하기를 주의 종들은 어렸을 때부터 지금까지 목축하는 자이온데 우리와 우리 선조가 다 그러하니이다 하소서 애굽 사람은 다 목축을 가증히 여기나니 당신들이 고센 땅에 거하게 되리이다(창 46:31-34). 요셉은 바로가 묻게 될 질문과 답변을 미리 형들에게 주어 그들이 고센 땅에 거할 수 있도록 지침을 줍니다. 형들이 목축업을 한다고 하면 고센 땅은 기름지고 초목이 많아 목축하기에 적합할 뿐 아니라, 애굽인들도 유목민을 천하게 여겨 상종하려 들지 않으려 할 것이므로 자연히 그들이 고센 땅에 거하게 될 것이기 때문입니다. 여기 "가증"이라는 말은 '혐오'라는 말로 몹시 싫어하는 것을 의미합니다.

고센은 외부와 단절된 듯한 특수한 지형 형태로 인하여 이스라엘이 애굽인들과 동화되지 않고 한 분 여호와 하나님만을 섬기기에 적합한 지역이었습니다. 애굽인들은 히브리인들의 유목적 풍습을 경멸하였기 때문에 자연스레 야곱 일가는 애굽의 다신론적 우상숭배 문화를 피해 나일강의 삼각주인 고센 땅에 정착하여 살게 되었습니다. 이같이 하나님은 이스라엘 민족이 신앙의 순수성을 보존할 수 있도록 역사하셨습니다. 그리하여 이스라엘은 이곳에서 야곱 일가의 70여 명으로 시작하여 430년만에 약 200만 명에 달하는 대민족으로 성장하게 됩니다. 출애굽 연도를 B.C. 1446년경으로 볼 때, 야곱이 애굽으로 들어간 때는 B.C. 1876년경입니다. 이스라엘 자손이 애굽에 거주한지 사백삼십 년이라 사백삼십 년이 마치는 그 날에 여호와의 군대가 다 애굽 땅에서 나왔은즉(출 12:40-41).

야곱과 요셉의 만남은 요셉이 17세에 생이별을 한지 대략 23년만에 이루어진 극적인 상봉입니다. 앳된 소년이었던 요셉이 지금 야곱의 눈앞에 애굽 총리가 되어 아버지를 맞이하고 있습니다. 그리고 고센 땅은 하나님께서 이스라엘을 성장시키시기 위해 특별히 예비하신 인큐베이터와 같은 역할을 수행하게 됩니다.

✚ 바로 앞에 선 야곱

요셉이 바로에게 가서 아버지와 형들이 온 것을 고합니다. 요셉이 바로에게 가서 고하여 가로되 나의 아비와 형들과 그들의 양과 소와 모든 소유가 가나안 땅에서 와서 고센 땅에 있나이다(창 47:1). 그리고 형들 중에서 다섯 명을 택하여 바로에게 보입니다. 바로가 형들에게 묻습니다. 바로가 요셉의 형들에게 묻되 너희 생업이 무엇이냐 그들이 바로에게 대답하되 종들은 목자이온데 우리와 선조가 다 그러하니이다 하고 그들이 또 바로에게 고하되 가나안 땅에 기근이 심하여 종들의 떼를 칠 곳이 없기로 종들이 이곳에 우거하러 왔사오니 청컨대 종들로 고센 땅에 거하게 하소서(창 47:3-4). 형들은 요셉이 일러준 대로 바로에게 대답하였습니다. 바로가 요셉에게 말합니다. 바로가 요셉에게 일러 가로되 네 아비와 형들이 네게 왔은즉 애굽 땅이 네 앞에 있으니 땅의 좋은 곳에 네 아비와 형들로 거하게 하되 고센 땅에 그들로 거하게 하고 그들 중에 능한 자가 있는 줄을 알거든 그들로 나의 짐승을 주관하게 하라(창 47:5-6). 바로가 그들로 고센 땅에 거하도록 하였습니다.

요셉이 아버지 야곱을 바로 앞으로 인도합니다. 요셉이 자기 아비 야곱을 인도하여 바로 앞에 서게 하니 야곱이 바로에게 축복하매(창 47:7). 사도행전에 기록된 말씀입니다. 또 재차 보내매 요셉이 자기 형제들에게 알게 되고 또 요셉의 친족이 바로에게 드러나게 되니라(행 7:13). 야곱이 바로에게 축복한 후에 바로가 야곱에게 그의 연세가 얼마인지 묻습니다. 야곱이 바로에게 고하되 내 나그네길의 세월이 일백삼십 년이니이다 나의 연세가 얼마 못 되니 우리 조상의 나그네길의 세월에 미치지 못하나 험악한 세월을 보내었나이다(창 47:9). 야곱은 지상의 삶만이 아니라 천국을 바라보면서 살고 있기 때문에 자신이 지내온 길을 나그네길이라고 묘사하고 있습니다. 믿음의 조상 아브라함이나 이삭과 야곱 같은 족장들은 반유목민으로서 어느 한 곳에 정착하여 살지 않았기 때문에 조상 때부터 물려받은 땅이 없었습니다. 그러므로 그들은 자신들을 이 땅에서 외국인과 나그네로 생각하며 살았습니다. 이 사람들은 다 믿음을 따라 죽었으며 약속을 받지 못하였으되 그것들을 멀리서 보고 환영하며 또 땅에서는 외국인과 나그네로라 증거하였으니(히 11:13).

성경은 인생을 나그네로 묘사하고 있습니다. 토지를 영영히 팔지 말 것은 토지는 다 내 것임이라 너희는 나그네요 우거하는 자로서 나와 함께 있느니라(레 25:23), 주 앞에서는 우리가 우리 열조와 다름이 없이 나그네와 우거한 자라 세상에 있는 날이 그림자 같아서 머무름이 없나이다(대상 29:15), 외모로 보시지 않고 각 사람의 행위대로 판단하시는 자를 너희가 아버지라 부른즉 너희의 나그네로 있을 때를 두려움으로 지내라(벧전 1:17). 바울은 만약 미래에 펼쳐질 천국이 없다면 우리가 이 세상에서 가장 가련한 자들이 될 것이지만 우리에게 확실하고 분명한 내일이 있기 때문에 세상에 사는 동안 여러 가지 핍박과 역경을 능히 견디어 낼 수 있다고 합니다. 만일 그리스도 안에서 우리의 바라는 것이 다만 이 세상의 삶뿐이면 모든 사람 가운데 우리가 더욱 불쌍한 자이리라(고전 15:19), 만일 땅에 있는 우리의 장막집이 무너지면 하나님께서 지으신 집 곧 손으로 지은 것이 아니요 하늘에 있는 영원한 집이 우리에게 있는 줄 아나니(고후 5:1). 우리의 생은 짧은 지상생활을 본향의 그림자로 생각하고 하나님의 뜻을 따라 온갖 어려움을 이겨내며 본향을 사모하며 사는 삶입니다. 저희가 이제는 더 나은 본향을 사모하니 곧 하늘에 있는 것이라(히 11:16), 사랑하는 자들아 나그네와 행인 같은 너희를 권하노니 영혼을 거스려 싸우는 육체의 정욕을 제어하라(벧전 2:11).

여기 "험악한 세월"이란 말은 야곱의 생애를 가장 적나라하게 표현한 말입니다. 야곱은 바로에게 자신의 나이가 130세로 조상의 나그네길의 세월보다는 못하지만 험난한 세월을 보내었다고 고백합니다. 되돌아보면 야곱은 하나님의 무한한 사랑과 은혜를 누린 사람입니다. 그는 아브라함과 이삭의 언약의 계승자로 많은 재산과 자식을 두었으며 자신의 열두 아들로 이스라엘의 열두 지파를 이루었고 하나님께로부터 이스라엘이라는 이름도 부여받았습니다. 또한 하나님께서 친히 "아브라함의 하나님, 이삭의 하나님, 야곱의 하나님"이라고 말씀하셨던 복 있는 사람입니다. 그러나 이러한 믿음의 사람 야곱도 내면에는 많은 아픔이 있었습니다. 아버지 이삭을 속인 죄로 가나안을 떠난 후 사랑하는 어머니를 다시 만나보지 못했으며 라반에게 숱하게 속임을 당했습니다. 또한 에서와의 재회를 앞두고 하나님의 사자와 처절한 씨름을 하였고 디나의 강간사건으로 인한 피비린내 나는 살육을 보았으며 장자 르우벤의 패륜적 행동과 20여 년이 넘도록 사랑하는 아들이 죽은 줄로만 알고 가슴 아픈 세월을 보냈었던 것입니다. 그러므로 그는 험악한 세월을 보내었다고 고백합니다.

야곱은 길지 않은 나그네 생활이었지만 힘들고 고달픈 세월을 살아왔다고 고백합니다. 우리들 역시 구원받은 자녀로서 하나님의 무한한 사랑을 받으며 살고 있지만 많은 일들로 인하여 좌절하고 낙담할 때가 많습니다. 그러나 이것은 안개처럼 잠시 살다가 없어질 이곳에 소망을 두지 말고 영원한 본향인 하늘나라를 사모하도록 하기 위한 것임을 알아야 합니다. 『하나님이 모든 것을 지으시되 때를 따라 아름답게 하셨고 또 사람에게 영원을 사모하는 마음을 주셨느니라(전 3:11)』, 『내일 일을 너희가 알지 못하는도다 너희 생명이 무엇이뇨 너희는 잠간 보이다가 없어지는 안개니라(약 4:14)』.

요셉의 국정 수행

야곱이 바로에게 축복하고 나옵니다. 요셉은 바로의 명대로 아버지와 형들에게 고센 지역의 한 성읍인 라암세스[44]를 주었습니다. 요셉이 바로의 명대로 그 아비와 형들에게 거할 곳을 주되 애굽의 좋은 땅 라암세스를 그들에게 주어 기업을 삼게 하고(창 47:11). 시편은 이렇게 기록합니다. 이에 이스라엘이 애굽에 들어감이여 야곱이 함 땅에 객이 되었도다(시 105:23). 요셉은 아버지의 온 집에 각각의 식구 수에 따라 양식을 주어 그들을 공궤했습니다. 기근이 더욱 심하여 사방에 식물이 없고 애굽 땅과 가나안 땅이 극심한 가뭄을 겪게 되었습니다. 요셉이 곡식을 팔아 애굽과 가나안에 있는 돈을 무수히 거두어 바로의 궁으로 가져왔습니다. 애굽과 가나안에 있는 돈이 바닥났습니다. 이에 애굽 백성이 요셉에게 간청합니다. 애굽 땅과 가나안 땅에 돈이 진한지라 애굽 백성이 다 요셉에게 와서 가로되 돈이 진하였사오니 우리에게 식물을 주소서 어찌 주 앞에서 죽으리이까(창 47:15). 요셉이 그들에게 제안합니다. 요셉이

44) 라암세스는 나일강 삼각주 동북부에 위치한 고센의 한 지역으로 야곱 일가의 이주 당시 존재했던 것이 아니라 훗날 이스라엘 백성들의 노동으로 건설된 애굽의 국고성(출 1:11)이며 출애굽의 출발지입니다(출 12:37).

가로되 너희의 짐승을 내라 돈이 진하였은즉 내가 너희의 짐승과 바꾸어 주리라(창 47:16). 그들이 짐승을 요셉에게 끌어 오므로 요셉이 말과 양 떼와 소 떼를 받고 식물을 주었습니다. 곡식과 바꾼 짐승들은 나라의 양식으로 길러졌습니다.

이렇게 극심한 2년간의 흉년이 지나가고 이제 3년째가 되었습니다. 다시 애굽 백성이 요셉에게 와서 간청합니다. 그 해가 다하고 새해가 되매 무리가 요셉에게 와서 …… 우리의 돈이 다하였고 우리의 짐승 떼가 주께로 돌아갔사오니 주께 낼 것이 아무것도 남지 아니하고 우리의 몸과 전지뿐이라 …… 우리 몸과 우리 토지를 식물로 사소서 우리가 토지와 함께 바로의 종이 되리니 우리에게 종자를 주시면 우리가 살고 죽지 아니하고 전지도 황폐치 아니하리이다(창 47:18-19). 요셉이 애굽의 논과 밭을 다 사서 바로의 것으로 돌렸습니다. 기근으로 인하여 애굽 사람이 전지를 팔게 되므로 땅이 바로의 소유가 되었습니다. 요셉은 사람과 토지를 사서 종으로 삼고 성읍으로 정착하여 살게 하였습니다. 요셉이 애굽 이 끝에서 저 끝까지의 백성을 성읍들에 옮겼으나(창 47:21). 그러나 바로의 봉급을 받는 제사장들은 나라의 곡물이 공급되어 전지를 팔 필요가 없었기 때문에 그들의 전지는 사지 않았습니다. 제사장의 전지는 사지 아니하였으니 제사장은 바로에게서 녹을 받음이라 바로의 주는 녹을 먹으므로 그 전지를 팔지 않음이었더라(창 47:22). 여기서 "녹"이란 급료로서 받는 양식(allowance of food)을 의미합니다. 그리하여 애굽의 땅 중에서 제사장이 소유하고 있는 땅을 제외한 모든 땅이 바로의 소유가 되었습니다.

요셉이 백성들에게 지시합니다. 요셉이 백성에게 이르되 오늘날 내가 바로를 위하여 너희 몸과 너희 전지를 샀노라 여기 종자가 있으니 너희는 그 땅에 뿌리라 추수의 오분 일을 바로에게 상납하고 사분은 너희가 취하여 전지의 종자도 삼고 너희의 양식도 삼고 너희 집 사람과 어린아이의 양식도 삼으라(창 47:23-24). **요셉은 백성들에게 땅을 주어 경작케 하고 추수의 1/5을 상납하게 하였습니다. 그들이 대답합니다.** 그들이 가로되 주께서 우리를 살리셨사오니 우리가 주께 은혜를 입고 바로의 종이 되겠나이다(창 47:25). **이같이 요셉은 애굽의 토지법을 세우고 수확의 1/5이 바로의 것이 되게 하였습니다.** 당시 주변 국가들은 수확의 절반 또는 1/3을 부과하는 것이 상례였는데,[45] 이에 비해 요셉의 토지법은 매우 관대하였습니다. 요셉은 지난 풍년 기간에도 수확의 1/5을 세금으로 거둬들였었습니다(창 41:34). 기근은 날로 심해지고 있지만 요셉은 하나님께서 주신 지혜와 능력으로 모든 일들을 잘 수행해 나가고 있습니다.

요셉은 하나님께로부터 꿈을 해석하는 능력과 또 이를 실행할 수 있는 탁월한 역량을 부여받아 이러한 난국에 애굽 상황에 맞는 정책을 시행하므로 애굽과 이스라엘 자손을 번성케 하였습니다. 『이스라엘 족속이 애굽 고센 땅에 거하며 거기서 산업을 얻고 생육하며 번성하였더라(창 47:27)』.

---

45) 참고, Machabaeorum I. 10:30, in *Septuaginta*, 1075.

제 25 장
야곱의 임종

야곱의 입양

야곱이 애굽에서 17년을 거하였습니다. 야곱이 애굽 땅에 십칠 년을 거하였으니 그의 수가 일백사십칠 세라(창 47:28). 이제 야곱이 자신의 임종이 가까워지자 요셉을 불러 맹세시킵니다. 이스라엘의 죽을 기한이 가까우매 그가 그 아들 요셉을 불러 그에게 이르되 이제 내가 네게 은혜를 입었거든 청하노니 네 손을 내 환도뼈 아래 넣어서 나를 인애와 성심으로 대접하여 애굽에 장사하지 않기를 맹세하고 내가 조상들과 함께 눕거든 너는 나를 애굽에서 메어다가 선영에 장사하라 요셉이 가로되 내가 아버지의 말씀대로 행하리이다(창 47:29-30). 예전에 아브라함도 종에게 이삭의 아내를 구하러 보내면서 이같이 맹세시켰었습니다(창 24:9). 야곱은 믿음의 선조들이 묻혀 있는 약속의 땅 가나안에 있는 선영에 자신을 장사해 줄 것을 요셉으로 맹세케 합니다. 야곱이 또 가로되 내게 맹세하라 맹세하니 이스라엘이 침상 머리에서 경배하니라(창 47:31). 야곱은 매우 늙고 쇠약하였지만 마지막 기운을 다하여 하나님께 경배를 드립니다.

그 후에 야곱이 병들었다는 소식을 듣고 요셉이 두 아들 므낫세와 에브라임을 데리고 왔습니다. 요셉이 왔다는 말에 야곱이 힘내어 침상에 앉습니다. 요셉에게 이르되 이전에 가나안 땅 루스에서 전능한 하나님이 내게 나타나 복을 허락하여 내게 이르시되 내가 너로 생육하게 하며 번성하게 하여 네게서 많은 백성이 나게 하고 내가 이 땅을 네 후손에게 주어 영원한 기업이 되게 하리라 하셨느니라(창 48:3-4). 이는 창세기 28장 10절부터 19절의 말씀의 반복인데 야곱은 요셉으로 하여금 하나님께서 자신에게 많은 자손을 주시겠다고 약속하신 언약을 알게 합니다. 내가 애굽으로 와서 네게 이르기 전에 애굽에서 네게 낳은 두 아들 에브라임과 므낫세는 내것이라 르우벤과 시므온처럼 내것이 될 것이요 이들 후의 네 소생이 네 것이 될 것이며 그 산업은 그 형의 명의하에서 함께 하리라 내게 관하여는 내가 이전에 내가 밧단에서 올 때에 라헬이 나를 따르는 노중 가나안 땅에서 숙었는데 그 곳은 에브랏까지 길이 오히려 격한 곳이라 내가 거기서 그를 에브랏 길에 장사하였느니라(에브랏은 곧 베들레헴이라)(창 48:5-7).

야곱은 자신이 애굽으로 오기 전에 요셉이 낳은 두 아들 에브라임과 므낫세는 자신의 양자가 되어 이스라엘의 열두 지파를 이루며 기업을 얻게 될 것이라고 축복합니다. 므낫세와 에브라임 이후에 낳은 아들들이 요셉의 아들이 될 것이며 그들은 에브라임과 므낫세의 이름으로 유산을 받게 될 것이라고 합니다. 그리고 야곱은 요셉이 어렸을 때 어머니를 여의었기 때문에 라헬이 야곱을 따라 오던 중 죽어 가나안의 베들레헴 길에 장사되어 있다는 것을 상기시킵니다. 야곱이 요셉의 두 아들을 보고 누구냐고 묻습니다. 요셉이 그 아비에게 고하되 이는 하나님이 여기서 내게 주신 아들들이니이다 아비가 가로되 그들을 이끌어 내 앞으로 나아오라 내가 그들에게 축복하리라(창 48:9). 야곱이 나이가 많고 눈이 어두워 보지 못하므로 요셉이 두 아들을 데리고 아버지 앞으로 나아가니 야곱이 그들에게 입맞추며 그들을 안고 말합니다. 요셉에게 이르되 내가 네 얼굴을 보리라고는 뜻하지 못하였더니 하나님이 내게 네 소생까지 보이셨도다(창 48:11). 야곱은 하나님께서 요셉을 다시 보게 해주신 은혜만으로도 족한데 그의 자손까지 보게 하심에 말로 다 할 수 없는 감사를 드립니다.

야곱은 열두 아들을 축복하기에 앞서 요셉의 두 아들 므낫세와 에브라임을 자신의 양자로 삼았습니다. 야곱은 자신이 애굽으로 오기 전에 요셉이 낳은 두 아들 므낫세와 에브라임은 자신의 아들이 되어 이스라엘의 열두 지파를 이루며 기업을 얻게 될 것이라고 축복합니다.

+ 므낫세와 에브라임

요셉이 두 아들을 물리고 땅에 엎드려 절합니다. 그리고 요셉의 오른손으로 에브라임을 또 왼손으로 므낫세를 데리고 야곱에게로 나아갑니다. 이는 요셉이 야곱의 오른손으로 장자 므낫세를 향하게 하고 왼손으로 차자 에브라임을 향하도록 하기 위함입니다. 요셉은 장자인 므낫세를 아버지의 오른쪽에 세움으로 동생 에브라임보다 더 큰 축복을 받게 하려고 했습니다. 그런데 야곱이 요셉의 의도와는 달리 그의 손을 어긋맞겨 그들 위에 얹었습니다. 이스라엘이 우수를 펴서 차자 에브라임의 머리에 얹고 좌수를 펴서 므낫세의 머리에 얹으니 므낫세는 장자라도 팔을 어긋맞겨 얹었더라(창 48:14). 야곱은 요셉의 두 아들 므낫세와 에브라임의 머리에 손을 얹고 축복하며 그들로 자신의 아들들이 되게 하였습니다.

그리고 요셉을 위하여 축복합니다. 그가 요셉을 위하여 축복하여 가로되 내 조부 아브라함과 아버지 이삭의 섬기던 하나님, 나의 남으로부터 지금까지 나를 기르신 하나님, 나를 모든 환난에서 건지신 사자께서 이 아이에게 복을 주시오며 이들로 내 이름과 내 조부 아브라함과 아버지 이삭의 이름으로 칭하게 하시오며 이들로 세상에서 번식되게 하시기를 원하나이다(창 48:15-16). 야곱의 일생을 반추해 볼 때 "나의 남으로부터 지금까지 나를 기르신 하나님"이란 그의 신앙고백은 많은 의미를 함축하고 있습니다. 이뿐 아니라 또한 리브가가 우리 조상 이삭 한 사람으로 말미암아 잉태하였는데 그 자식들이 아직 나지도 아니하고 무슨 선이나 악을 행하지 아니한 때에 …… 내가 야곱은 사랑하고 에서는 미워하였다 하심과 같으니라(롬 9:10-13). 곧 하나님께서 우리를 사랑하사 우리의 아무런 공로도 없이 태어나기 전부터 택정하시고 구원받게 하심을 알게 합니다.

요셉은 야곱이 오른손을 작은 아들인 에브라임의 머리에 얹은 것을 보고 기뻐하지 않았습니다. 요셉은 아버지의 오른손을 에브라임의 머리에서 므낫세의 머리로 들어 옮기고자 하였습니다. 그 아비에게 이르되 아버지여 그리 마옵소서 이는 장자니 우수를 그 머리에 얹으소서(창 48:18). **그러나 야곱이 이를 허락하지 않습니다.** 아비가 허락지 아니하여 가로되 나도 안다 내 아들아 나도 안다 그도 한 족속이 되며 그도 크게 되려니와 그 아우가 그보다 큰 자가 되고 그 자손이 여러 민족을 이루리라 하고(창 48:19). **야곱이 그들에게 축복합니다.** 그 날에 그들에게 축복하여 가로되 이스라엘 족속이 너로 축복하기를 하나님이 너로 에브라임 같고 므낫세 같게 하시리라 하리라 하여 에브라임을 므낫세보다 앞세웠더라(창 48:20). **야곱은 하나님의 뜻에 따라 동생 에브라임에게 더 큰 축복을 하였던 것입니다. 그리고 야곱은 하나님께서 이스라엘 백성을 가나안 땅으로 돌아가게 하실 것에 대하여 요셉에게 말합니다.** 이스라엘이 요셉에게 또 이르되 나는 죽으나 하나님이 너희와 함께 계시사 너희를 인도하여 너희 조상의 땅으로 돌아가게 하시려니와 내가 네게 네 형제보다 일부분을 더 주었나니 이는 내가 내 칼과 활로 아모리 족속의 손에서 빼앗은 것이니라(창 48:21-22).

야곱은 자신의 의지가 아니라 하나님께로부터 영감을 받고 하나님의 뜻에 따라 동생 에브라임에게 더 큰 축복을 하였습니다. 하나님은 토기장이시니 우리는 하나님께서 각자를 향하여 예정해 놓으신 길을 최상의 것으로 믿고 감사드릴 뿐입니다. 『여호와여 주는 우리 아버지시니이다 우리는 진흙이요 주는 토기장이시니 우리는 다 주의 손으로 지으신 것이라(사 64:8)』, 『토기장이가 진흙 한 덩이로 하나는 귀히 쓸 그릇을, 하나는 천히 쓸 그릇을 만드는 권이 없느냐(롬 9:21)』.

야곱의 예언

야곱이 아들들을 불러 모아 그들과 그들 후손의 미래를 알게 합니다. 야곱은 열두 아들들만이 아니라 그들의 후손들과도 관련된 예언적 유언을 합니다. 너희는 모여 들으라 야곱의 아들들아 너희 아비 이스라엘에게 들을지어다(창 49:2). 야곱은 먼저 장자 르우벤부터 시작합니다. 르우벤아 너는 내 장자요 나의 능력이요 나의 기력의 시작이라 위광이 초등하고 권능이 탁월하도다마는 물의 끓음 같았은즉 너는 탁월치 못하리니 네가 아비의 침상에 올라 더럽혔음이로다 그가 내 침상에 올랐었도다(창 49:3-4). 야곱은 르우벤에 대하여 장자로 권위와 위엄을 가졌지만 서모와의 근친상간으로 인하여 그의 장자권이 박탈되었음을 말합니다. 장자는 아버지의 뒤를 이어 가문을 이끌고 나갈 책임과 권한이 있으며 유산도 다른 형제보다 갑절이나 받게 됩니다. 특히 이스라엘 민족에게 장자는 하나님께 속했다는 의미를 가지며 하나님은 자신의 소유로 구별된 자를 지키시고 복 주십니다. 이스라엘 자손 중에 사람이나 짐승이나 무론하고 초태생은 다 거룩히 구별하여 내게 돌리라 이는 내 것이니라 하시니라(출 13:2). 야곱은 장자로 태어나지 않았지만 장자권을 빼앗기 위해 노력하여 쟁취하였는데, 르우벤은 장자로 태어났으면서도 그 권한을 박탈당하고 말았습니다. 후에 그의 지파에서는 지도자가 배출되지 않았습니다.

시므온과 레위에 대하여 말합니다. 시므온과 레위는 형제요 그들의 칼은 잔해하는 기계로다 내 혼아 그들의 모의에 상관하지 말지어다 내 영광아 그들의 집회에 참여하지 말지어다 그들이 그 분노대로 사람을 죽이고 그 혈기대로 소의 발목 힘줄을 끊었음이로다 그 노염이 혹독하니 저주를 받을 것이요 분기가 맹렬하니 저주를 받을 것이라 내가 그들을 야곱 중에서 나누며 이스라엘 중에서 흩으리로다(창 49:5-7). **야곱은 시므온과 레위가 세겜 사람들을 분노와 혈기로 살육한 행위에 대하여 이같이 예언했습니다. 야곱은 시므온과 레위가 세겜의 남자를 모두 죽이고 부녀자를 사로잡으며 가축을 약탈하고 힘줄을 끊어버리는 잔인한 복수 행위로 말미암아 그들이 이스라엘 중에서 흩어질 것이라고 예언하였습니다. 후에 시므온 지파는 기업 분배 시 유다 지파 영토의 일부를 할당받게 됩니다.** 둘째로 시므온 곧 시므온 자손의 지파를 위하여 그 가족대로 제비를 뽑았으니 그 기업은 유다 자손의 기업 중에서라(수 19:1). **또한 레위도 이스라엘 열두 지파가 얻은 성읍 가운데 각 지파가 할당해 준 성읍으로 흩어졌습니다. 이는 이스라엘 지파에 흩어져 살면서 하나님의 백성들을 신앙으로 지도하기 위한 것이지만 레위 역시 흩어져 살아야 했습니다.** 너희가 레위인에게 모두 사십팔 성읍을 주고 그 들도 함께 주되 이스라엘 자손의 산업에서 레위인에게 너희가 성읍을 줄 때에 많이 얻은 자에게서는 많이 취하여 주고 적게 얻은 자에게서는 적게 취하여 줄 것이라 각기 얻은 산업을 따라서 그 성읍들을 레위인에게 줄지니라(민 35:7-8).

유다에 관한 예언입니다. 유다야 너는 네 형제의 찬송이 될지라 네 손이 네 원수의 목을 잡을 것이요 네 아비의 아들들이 네 앞에 절하리로다 유다는 사자새끼로다 내 아들아 너는 움킨 것을 찢고 올라 갔도다 그의 엎드리고 웅크림이 수사자 같고 암사자 같으니 누가 그를 범할 수 있으랴(창 49:8-9). 유다는 '찬양하다'라는 그의 이름처럼 메시야 탄생의 구원 사역을 감당하며 하나님의 구속사를 이어가는 선택된 가문의 조상입니다. 야곱은 인류의 구속주 그리스도께서 유다의 자손으로 오실 것임을 예언합니다. 이는 하나님의 섭리 속에서 인류의 역사가 그리스도를 향해 어떻게 나아가고 있는지 보여주는 말씀입니다. 곧 여자의 후손(창 3:15), 셋의 후손(창 4:25), 셈의 후손(창 9:26-27), 아브라함의 씨(창 12:3; 22:17-18), 이삭의 후손(창 21:12), 야곱의 후손(창 25:23), 그리고 유다 지파의 후손(창 49:10)으로 메시야의 혈통에 대한 예언이 점진적으로 계시되고 있습니다. 홀이 유다를 떠나지 아니하며 치리자의 지팡이가 그 발 사이에서 떠나지 아니하시기를 실로가 오시기까지 미치리니 그에게 모든 백성이 복종하리로다(창 49:10). 야곱의 이 예언은 그리스도께서 유다의 후손으로 오셔서 사망과 죄악으로부터 승리하시므로 성도가 누릴 기쁨과 평안을 예견한 것입니다. 장로 중에 하나가 내게 말하되 울지 말라 유대 지파의 사자 다윗의 뿌리가 이기었으니 이 책과 그 일곱 인을 떼시리라 하더라(계 5:5).

스불론에 관한 예언입니다. 스불론은 해변에 거하리니 그 곳은 배 매는 해변이라 그 지경이 시돈까지리로다(창 49:13). 가나안 점령 후 스불론은 지중해와 갈릴리 바다 사이에 거주하면서 상업 및 무역업에 종사했습니다(수 19:10-16). 주님께서 오시기 700년 전에 스불론과 납달리가 큰 빛을 볼 것이라고 이사야는 예언했습니다. 전에 고통하던 자에게는 흑암이 없으리로다 옛적에는 여호와께서 스불론 땅과 납달리 땅으로 멸시를 당케 하셨더니 후에는 해변길과 요단 저편 이방의 갈릴리를 영화롭게 하셨느니라 흑암에 행하던 백성이 큰 빛을 보고 사망의 그늘진 땅에 거하던 자에게 빛이 비취도다(사 9:1-2). 이 예언의 성취로 예수님은 나사렛에서 유년 시절을 보내셨고 복음전파 사역을 갈릴리로부터 시작하셨으며 갈릴리는 주님 사역의 중심지가 되었습니다(마 4:13-16).

잇사갈에 대한 예언입니다. 잇사갈은 양의 우리 사이에 꿇어 앉은 건장한 나귀로다 그는 쉴 곳을 보고 좋게 여기며 토지를 보고 아름답게 여기고 어깨를 내려 짐을 메고 압제 아래서 섬기리로다(창 49:14-15). 이는 잇사갈의 후손들이 나귀처럼 다른 사람들을 위해 일하게 되며 토지를 갈아 식물을 취하는 농업을 생업으로 삼을 것이라는 의미를 내포합니다. "건장한 나귀"란 '힘이 세고 튼튼한 나귀'라는 뜻으로 그들이 나귀처럼 힘이 세고 우직하기 때문입니다. 또한 "토지를 보고 아름답게 여기고"라는 말은 농업 분야의 성실한 사역을 암시합니다. 실제로 그들은 기업 분배 시 갈릴리 호수 남쪽 연안의 비옥한 땅을 차지하므로 농업을 통해 풍성한 결실을 맺었습니다.

단에 대한 예언입니다. 단은 이스라엘의 한 지파 같이 그 백성을 심판하리로다 단은 길의 뱀이요 첩경의 독사리로다 말굽을 물어서 그 탄 자로 뒤로 떨어지게 하리로다 여호와여 나는 주의 구원을 기다리나이다(창 49:16-18). 이는 단이 공격적이며 반역적인 삶을 살게 될 것에 대한 예언입니다. 여기서 단을 뱀으로 표현하고 있는 것에 유의해야 합니다. 단 지파는 사사 시대에 제일 먼저 우상을 숭배

했습니다. 단 자손이 자기를 위하여 그 새긴 신상을 세웠고 모세의 손자 게르손의 아들 요나단과 그 자손은 단 지파의 제사장이 되어 이 백성이 사로잡히는 날까지 이르렀더라(삿 18:30). **단은 이스라엘에 우상숭배를 퍼뜨리는 큰 악을 행하였습니다. 종말에 이스라엘 열두 지파의 회복을 기록하는데 단 지파는 제외되고 대신 레위 지파가 기록되어 있습니다.** 유다 지파 중에 인 맞은 자가 일만 이천이요 르우벤 지파 중에 일만 이천이요 갓 지파 중에 일만 이천이요 아셀 지파 중에 일만 이천이요 납달리 지파 중에 일만 이천이요 므낫세 지파 중에 일만 이천이요 시므온 지파 중에 일만 이천이요 레위 지파 중에 일만 이천이요 잇사갈 지파 중에 일만 이천이요 스블론 지파 중에 일만 이천이요 요셉 지파 중에 일만 이천이요 베냐민 지파 중에 인 맞은 자가 일만 이천이라(계 7:5-8).

갓에 대한 예언입니다. 갓은 군대의 박격을 받으나 도리어 그 뒤를 추격하리로다(창 49:19). **이는 갓 지파의 호전성과 용맹성에 대한 예언입니다. 갓 지파는 가나안의 외지인 요단 동편에 기업을 얻었습니다. 지리적 위치로 인하여 이방인과의 접촉이 필연적이었기 때문에 다른 지파에 비해서 적들의 침범을 자주 당했습니다. 적들로부터 잦은 침범을 당했지만 승리함으로 예언은 실현되었습니다.** 갓 사람 중에서 거친 땅 견고한 곳에 이르러 다윗에게 돌아온 자가 있었으니 다 용사요 싸움에 익숙하여 방패와 창을 능히 쓰는 자라 …… 이 갓 자손이 군대장관이 되어 그 작은 자는 일백 인을 관할하고 그 큰 자는 일천 인을 관할하더니(대상 12:8,14).

아셀에 대한 예언입니다. 아셀에게서 나는 식물은 기름진 것이라 그가 왕의 진수를 공궤하리로다(창 49:20). 아셀 지파는 양식이 풍부한 기름진 축복을 받은 지파로, 땅을 통하여 얻어지는 곡물이 왕의 식탁에 올려지는 식물이 될 것임을 말합니다. 아셀 지파가 분배받은 땅은 지중해 해변가 갈멜의 낮은 지대로 땅이 기름지고 물이 풍부해 밀과 기름 등의 풍성한 수확을 거두는 곳이었습니다. 이곳의 식물은 왕궁의 식량으로 조달되었습니다. 아셀에 대하여는 일렀으되 아셀은 다자한 복을 받으며 그 형제에게 기쁨이 되며 그 발이 기름에 잠길지로다(신 33:24).

납달리에 대한 예언입니다. 납달리는 놓인 암사슴이라 아름다운 소리를 발하는도다(창 49:21). 사슴은 적의 공격으로부터 재빨리 도망함으로 자신을 보호할 줄 아는 짐승입니다. 발 빠른 암사슴에 비유된 납달리 지파는 대적의 공격으로부터 신속하게 대처함으로 자신을 지킬 줄 아는 민첩한 기질을 가지고 있습니다. 또한 납달리는 토지 확장의 축복을 받았는데 후에 이 지파는 비옥한 토지를 차지하게 됩니다. 납달리에 대하여는 일렀으되 은혜가 족하고 여호와의 복이 가득한 납달리여 너는 서방과 남방을 얻을지로다(신 33:23).

요셉에 대한 예언입니다. 요셉은 무성한 가지 곧 샘 곁의 무성한 가지라 그 가지가 담을 넘었도다 …… 네 아비의 축복이 내 부여조의 축복보다 나아서 영원한 산이 한없음같이 이 축복이 요셉의 머리로 돌아오며 그 형제 중 뛰어난 자의 정수리로 돌아오리로다(창 49:22,26). 요셉 지파는 샘 곁에 무성한 가지가 되어 담을 넘을 것이라는 축복과 같이 제비뽑아 분배 받은 곳이 비옥한 땅으로 팔레스타인의 중심부인 에브라임 산지에 거주했습니다. 요셉 지파는 요셉의 두 아들 에브라임과 므낫세가 야곱의 양아들이 되어 두 몫의 기업을 분배받았습니다. 에브라임은 실제 장자가 아니었지만 야곱으로부터 장자권을 부여받아 먼저 기업을 받았습니다. 또한 마길(Machir)은 므낫세 지파의 대표적 인물로 가나안 정복 시 그의 후손들은 바산과 길르앗 지역을 할당받았습니다. 므낫세의 아들 마길의 자손은 가서 길르앗을 쳐서 취하고 거기 있는 아모리인을 쫓아내매 모세가 길르앗을 므낫세의 아들 마길에게 주매 그가 거기 거하였고(민 32:39-40). 이와 같이 형제들 중에서 유다와 요셉이 야곱의 풍성한 축복을 받았습니다.

마지막으로 베냐민에 대한 예언입니다. 베냐민은 물어뜯는 이리라 아침에는 빼앗은 것을 먹고 저녁에는 움킨 것을 나누리로다(창 49:27). 야곱은 베냐민 지파가 강력한 지파가 될 것이며 전리품으로 그들의 배를 채울 것임을 말합니다. 이는 베냐민 후손들의 거칠고 호전적인 성격을 표현한 것으로 끊임없는 투쟁의 역사를 암시합니다(참고, 삿 20:12-48). 그들은 줄곧 외세의 침략에 대항하며 자신들의 영토를 지켜야 했기 때문에 전투적인 기질을 소유할 수 밖에 없었습니다. 베냐민 지파가 차지한 영토는 가나안 땅의 남북을 잇는 도로가 지나는 곳으로 교통과 산업의 중요한 지역이었습니다.

야곱은 자신의 아들들 곧 이스라엘의 열두 지파에게 예언하고 각인의 분량대로 그들에게 축복하였습니다. 이러한 야곱의 축복은 인간의 사고가 아닌 하나님의 섭리에 따라 이루어진 것입니다. 하나님은 그들의 기질과 삶에 따라 각자에 맞는 적절한 사명을 주셨습니다. 하나님은 믿음의 선조 이삭과 야곱에게 축복권을 주시며 자손들에 대한 예언의 능력도 부여하셨습니다.

야곱의 임종

야곱이 자신의 열두 아들 곧 이스라엘 열두 지파에 대하여 성령의 영감으로 예언하였고 후일 역사가 그대로 성취된 것은 인류의 모든 역사가 하나님의 장중에 있다는 것을 깨닫게 합니다. 야곱의 열두 아들의 후손(이스라엘 백성)이 구약의 선민이 된 것은 신약시대에 예수님의 열두 제자의 복음 증거를 믿는 신약의 성도가 예수님의 새 언약을 좇아 신약의 선민이 될 것에 대한 예표입니다. 또 너희에게 이르노니 동서로부터 많은 사람이 이르러 아브라함과 이삭과 야곱과 함께 천국에 앉으려니와(마 8:11), 예수께서 가라사대 내가 진실로 너희에게 이르노니 세상이 새롭게 되어 인자가 자기 영광의 보좌에 앉을 때에 나를 좇는 너희도 열두 보좌에 앉아 이스라엘 열두 지파를 심판하리라(마 19:28).

이제 야곱은 아들들에게 자신을 선조들이 묻힌 가나안 땅 막벨라 굴에 묻어 줄 것을 당부합니다. 야곱은 선영 자체보다 약속의 땅 가나안 땅에 중점을 둡니다. 이는 야곱이 가나안 땅에 대한 하나님의 언약을 확신하며 이 믿음을 자손들도 확고히 하길 원했기 때문입니다. 그가 그들에게 명하여 가로되 내가 내 열조에게로 돌아가리니 나를 헷 사람 에브론의 밭에 있는 굴에 우리 부여조와 함께 장사하라(창 49:29). 야곱은 애굽에서 누리는 부귀보다 언젠가 돌아가야 할 이스라엘의 기업인 가나안을 사모하며 하나님께서 반드시 그곳으로 후손들을 인도하실 것으로 믿었기 때문에 그토록 가나안에 묻히기를 염원했던 것입니다.

야곱은 너무 연로하여 침상에서도 지팡이를 의지하지 않고는 몸을 지탱할 수 없게 되었습니다. 그러나 야곱의 신앙은 약하여지지 않고 마지막까지 하나님께 경배를 드립니다. 히브리서의 말씀입니다. 믿음으로 야곱은 죽을 때에 요셉의 각 아들에게 축복하고 그 지팡이 머리에 의지하여 경배하였으며(히 11:21). 야곱은 아들들에게 명한 후에 기운이 다하여 자기 열조에게로 돌아갔습니다. 이상과 같이 창세기의 반 이상을 차지하며 25장부터 기록된 야곱의 나그네 삶이 끝난 것입니다. 이는 야곱의 인생 여정이 막을 내리고 열두 아들들에 의한 새로운 선민 역사가 시작됨을 의미합니다.

야곱은 태어나기 전부터 하나님의 각별한 사랑을 받았으며, 하나님은 야곱의 일생을 통해 고비마다 현현하심으로 그의 길을 인도하시고 보호하셨습니다. 여호와께서 그를 황무지에서, 짐승의 부르짖는 광야에서 만나시고 호위하시며 자기 눈동자 같이 지키셨도다(신 32:10), 사람이 일어나서 내 주를 쫓아 내 주의 생명을 찾을지라도 내 주의 생명은 내 주의 하나님 여호와와 함께 생명 싸개 속에 싸였을 것이요(삼상 25:29). 이러한 야곱의 축복을 지금 우리도 누리고 있습니다. 하나님은 태어나기 전부터 우리를 자녀 삼아주시고 항상

주의 길로 인도하십니다. 내가 모태에서부터 주의 붙드신 바 되었으며 내 어미 배에서 주의 취하여 내신 바 되었사오니 나는 항상 주를 찬송하리이다(시 71:6).

야곱의 생애를 통해 볼 때 그는 한결같이 하나님의 인도와 보호하심 속에 살아왔습니다. 하나님은 야곱에게 닥치는 위기의 순간마다 강권적으로 그의 삶에 개입하셨습니다. 많은 시련과 고난을 통하여 인격이 변화되고 성숙되어진 야곱의 삶이 말해주듯이 하나님과 동행하는 삶이라 할지라도 희노애락을 겪으면서 점진적으로 신앙이 자라가며 성화되어 가는 것임을 깨닫게 됩니다.

제 26 장
야곱의 장례와 요셉의 죽음

✚ 야곱의 장례

야곱은 자신의 사명을 완수한 후 평안한 죽음을 맞이했습니다. 이 땅에서 고생과 수고를 다 마치고 주님과 함께 영원한 기쁨과 생명을 누리며 살게 된 것입니다. 모든 눈물을 그 눈에서 씻기시매 다시 사망이 없고 애통하는 것이나 곡하는 것이나 아픈 것이 다시 있지 아니하리니 처음 것들이 다 지나갔음이러라(계 21:4). 야곱이 죽자 요셉은 아버지 야곱의 얼굴에 구푸려 울며 입맞추고 자기에게 수종드는 의사에게 향 재료를 넣도록 명합니다. 그 수종 의사에게 명하여 향 재료로 아비의 몸에 넣게 하매 의사가 이스라엘에게 그대로 하되 사십 일이 걸렸으니 향 재료를 넣는 데는 이 날수가 걸림이며 애굽 사람들은 칠십 일 동안 그를 위하여 곡하였더라(창 50:2-3).

야곱은 총리의 아버지로서 왕족 예우를 받았던 것 같습니다.[46] 사람이 죽으면 시체를 사망 당일이나 사망 후 24시간 이내

---

46) 야곱에 대한 애도는 일종의 궁중상으로 보이는데, 애굽에서는 왕이 죽을 때마다 국가적으로 72일간 애도하였다고 합니다. J. G. Wilkinson, *Manners and Customs of the Ancient Egyptians: v.1*, 255를 *Calvin's Old Testament*

에 매장하는 히브리인들[47]과는 달리 애굽 왕족의 장례는 시체의 방부 작업에 필요한 40일을 포함하여 70일 동안 치러졌습니다. 그런데 이방인으로 나그네처럼 애굽에 와서 거하였던 야곱의 장례 시에 그를 위하여 애굽 백성이 70일이나 애곡하였습니다. 야곱의 시신은 미라(mummy)로 만들어졌습니다. 곡하는 기간이 지난 후 요셉이 바로의 궁에 말합니다. 우리 아버지가 나로 맹세하게 하여 이르되 내가 죽거든 가나안 땅에 내가 파서 둔 묘실에 나를 장사하라 하였나니 나로 올라가서 아버지를 장사하게 하소서 내가 다시 오리이다 하라 하였더니 바로가 가로되 그가 네게 시킨 맹세대로 올라가서 네 아비를 장사하라(창 50:5-6).

요셉이 아버지를 장사하러 가나안 땅으로 올라갑니다. 요셉이 자기 아비를 장사하러 올라가니 바로의 모든 신하와 바로 궁의 장로들과 애굽 땅의 모든 장로와 요셉의 온 집과 그 형제들과 그 아비의 집이 그와 함께 올라가고 그들의 어린 아이들과 양 떼와 소 떼만 고센 땅에 남겼으며 병거와 기병이 요셉을 따라 올라가니 그 떼가 심히 컸더라(창 50:7-9). 요셉이 요단강을 건너 아닷 타작마당에서 또 7일을 애곡합니다. 그들이 요단강 건너편 아닷 타작마당에 이르러 거기서 크게 호곡하고 애통하며 요셉이 아비를 위하여 칠 일 동안 애곡하였더니(창 50:10). 그리고 야곱의 아들들이 아버지의 명을 좇아 행했습니다. 그를 가나안 땅으로 메어다가 마므레 앞 막벨라 밭 굴에 장사하였으니 이는 아브라함이 헷 족속 에브론에게 밭과 함께 사서 소유 매장지를 삼

Commentary: v.2, 479의 각주에서 재인용.

47) 『성서대백과 제2권』, 569.

은 곳이더라(창 50:13). 야곱의 유언대로 그의 시신은 선영인 가나안 땅의 막벨라 굴에 안장되었습니다.

야곱의 막벨라 굴 장사는 가나안 땅에 대한 하나님의 언약의 성취입니다. 야곱의 긴 장례 행렬은 430년 후에 전개될 이스라엘 백성들의 출애굽 대행렬을 예시하는 것으로 볼 수 있습니다. 『이스라엘 자손이 라암셋에서 발행하여 숙곳에 이르니 유아 외에 보행하는 장정이 육십만 가량이요 중다한 잡족과 양과 소와 심히 많은 생축이 그들과 함께하였으며(출 12:37-38)』.

형들의 전언(傳言)

요셉이 아버지를 장사한 후에 자기 형제들과 함께 애굽으로 돌아왔습니다. 애굽으로 돌아온 후 형들은 아버지 야곱이 죽고 없으므로 혹시 요셉이 자기들을 미워하여 보복하지 않을까 염려합니다. 요셉에게 말을 전하여 가로되 당신의 아버지가 돌아가시기 전에 명하여 이르시기를 너희는 이같이 요셉에게 이르라 네 형들이 네게 악을 행하였을지라도 이제 바라건대 그 허물과 죄를 용서하라 하셨다 하라 하셨나니 당신의 아버지의 하나님의 종들의 죄를 이제 용서하소서 하매 요셉이 그 말을 들을 때에 울었더라(창 50:16-17). 여기서 형들은 자신들을 "당신의 아버지의 하나님의 종들"이라고 하여 아버지가 섬기던 하나님을 자신들도 섬기고 있음을 말합니다. 형들은 하나님을 공경하는 요셉의 신앙심에 호소하며 겸손히 자신들의 죄에 대한 용서를 구합니다. 요셉은 이미 형들을 용서했지만 형들은 아직까지도 자기들의 죄에 매여 자유함을 얻지 못했습니다. 요셉은 형들의 말을 전해 들었을 때 그들의 잘못을 완전히 용서하였다는 사실을 분명히 하지 못한 것을 안타깝게 생각하며 눈물을 흘렸습니다.

형들이 와서 요셉 앞에 엎드려 말합니다. 그 형들이 또 친히 와서 요셉의 앞에 엎드려 가로되 우리는 당신의 종이니이다(창 50:18). 전에는 형들이 요셉인줄 모르는 상태에서 애굽의 총리에게 '우리는 주의 종'이라고 말했었지만, 지금은 형들이 스스로 요셉을 주(主)로 대하고 있습니다. "우리는 당신의 종이니이다." 실로 요셉의 꿈이 완벽하게 실현된 것입니다. 요셉이 형들에게 말합니다. 요셉이 그들에게 이르되 두려워 마소서 내가 하나님을 대신하리이까 당신들은 나를 해하려 하였으나 하나님은 그것을 선으로 바꾸사 오늘과 같이 만민의 생명을 구원하게 하시려 하셨나니 당신들은 두려워 마소서 내가 당신들과 당신들의 자녀를 기르리이다 하고 그들을 간곡한 말로 위로하였더라(창 50:19-21). 여기서 요셉은 "내가 하나님을 대신하리이까"라고 말합니다. "대신"이라는 말은 '하부(下部 : the under part)'라는 뜻으로, 여기에서 요셉이 의미하는 바는 '나는 하나님 밑에 곧 하나님의 권위 아래에 있으므로 하나님의 뜻을 따르는 것이 당연하다'라는 말입니다. 요셉은 하나님께서 형들의 악을 선으로 바꾸사 오늘날 이 큰 구원을 이루셨으니 두려워하지 말라고 형들을 안심시킵니다. 요셉은 야곱이 죽은 후에도 변함없이 그들을 돌보아 주었습니다.

모든 행동에 대한 선악은 하나님께서 판단하시며 잘못에 대한 보응도 하나님께서 주관하십니다. 『하나님은 모든 행위와 모든 은밀한 일을 선악간에 심판하시리라(전 12:14)』, 『하나님께서 각 사람에게 그 행한 대로 보응하시되(롬 2:6)』, 『내 사랑하는 자들아 너희가 친히 원수를 갚지 말고 진노하심에 맡기라 기록되었으되 원수 갚는 것이 내게 있으니 내가 갚으리라고 주께서 말씀하시니라(롬 12:19)』. **형들을 용서하며 사랑으로 돌보는 요셉에게서 우리를 용서하시고 끝까지 사랑해 주시는 주님의 극진한 사랑의 일면을 볼 수 있습니다.**

✚ 요셉의 유언

이제 요셉의 나이 110세가 되고 임종이 가까웠습니다. 요셉이 그 아비의 가족과 함께 애굽에 거하여 일백십 세를 살며 에브라임의 자손 삼 대를 보았으며 므낫세의 아들 마길의 아들들도 요셉의 슬하에서 양육되었더라(창 50:22-23). **마길은 므낫세의 장자이며 길르앗 자손의 조상입니다.** 므낫세의 자손 중 마길에게서 난 것은 마길 가족이라 마길이 길르앗을 낳았고(민 26:29), 므낫세는 요셉의 장자이었고 므낫세의 장자 마길은 길르앗의 아비라(수 17:1). **마길이라는 이름은 후에 므낫세라는 이름 대신에 사용되기도 합니다.** 에브라임에게서 나온 자는 아말렉에 뿌리 박힌 자요 그 다음에 베냐민은 너희 백성 중에 섞였으며 마길에게서는 다스리는 자들이 내려왔고(삿 5:14).

요셉이 형제들에게 말합니다. 요셉이 그 형제에게 이르되 나는 죽으나 하나님이 너희를 권고하시고 너희를 이 땅에서 인도하여 내사 아브라함과 이삭과 야곱에게 맹세하신 땅에 이르게 하시리라 하고(창 50:24). **요셉이 이스라엘 자손들에게 맹세시킵니다.** 요셉이 또 이스라엘 자손에게 맹세시켜 이르기를 하나님이 정녕 너희를 권고하시리니 너희는 여기서 내 해골을 메고 올라가겠다 하라 하였더라(창 50:25). 요셉은 임종 시 믿음으로 하나님께서 이스라엘을 권고하사 약속의 땅 가나안으로 인도하실 것을 확신하고 자신의 유해를 훗날 가나안 땅으로 이장시켜 줄 것을 당부하였습니다. 요셉은 고난의 때나 번영의 때 곧 그의 일생을 통하여 믿음이 약하여지지 않고 하나님이 주신 약속의 말씀을 잊지 않았습니다. 요셉은 죽음 앞에서도 하나님의 언약의 말씀을 기억하며 자기 자손에게 맹세시킵니다. 하나님의 약속은 이스라엘 백성이 가나안 땅에 들어간다는 것과 메시야를 보내주신다는 것입니다. 요셉은 그 일을 하나님께서 성취하실 것이라 확신하였습니다. 그러므로 요셉은 그 언약을 후손들에게 상기시키는 표로서 자신의 시신을 그대로 애굽에 남겨두도록 한 것입니다.

그리하여 대략 360년이 지난 후 곧 이스라엘 민족이 출애굽할 때 모세는 요셉의 해골을 취하여 가지고 나가게 됩니다. 모세가 요셉의 해골을 취하였으니 이는 요셉이 이스라엘 자손으로 단단히 맹세케 하여 이르기를 하나님이 필연 너희를 권고하시리니 너희는 나의 해골을 여기서 가지고 나가라 하였음이었더라(출 13:19). **그리고 이스라엘 자손이 요셉의 유해를 세겜에 묻어 줍니다.** 이스라엘 자손이 애굽에서 이끌어낸 요셉의 뼈를 세겜에 장사하였으니 이 곳은 야곱이 세겜의 아비 하몰의 자손에게 금 일백 개를 주고 산 땅이라 그것이 요셉 자손의 기업이 되었더라(수 24:32). **야곱과 요셉은 후손들에게 그들이 구속의 역사를 위하여 선택되고 가나안 땅을 약속받은 언약의 민족이라는 사실을 인식시키기 위하여 가나안 땅에 묻히기를 간절히 원했습니다. 이와 같이 어떠한 상황에서도 소망을 버리지 않고 하나님의 말씀을 굳게 믿은 신앙 선조들의 믿음으로 구속의 역사는 지속되고 있는 것입니다.**

요셉 역시 하나님의 언약을 굳건히 믿었습니다. 요셉 또한 야곱과 마찬가지로 가나안 땅을 몹시 갈망하였습니다. 요셉이 이처럼 가나안 땅을 그리워한 것은 하나님의 언약을 철저히 신뢰하는 믿음 때문이었습니다. 『믿음으로 요셉은 임종 시에 이스라엘 자손들의 떠날 것을 말하고 또 자기 해골을 위하여 명하였으니(히 11:22)』.

요셉의 죽음

하나님의 사랑과 은혜 속에 평생을 살아온 요셉은 110세를 향수합니다. 요셉이 일백십 세에 죽으매 그들이 그의 몸에 향 재료를 넣고 애굽에서 입관하였더라(창 50:26). **하나님께서 아브라함과 이삭과 야곱에게 현현하신 것처럼 요셉에게 직접 나타나신 적은 없습니다. 그러나 요셉에게 행하신 하나님의 인도하심과 역사하심은 분**

명히 알 수 있습니다. 하나님께 대한 믿음으로 일생을 살아온 요셉은 그리스도의 모형입니다. 요셉은 아버지 야곱에게 특별한 사랑을 받았지만 형들에 의해 팔려 노예가 되며 옥에 갇히게 되었습니다. 후에 요셉은 애굽의 총리가 되어 자기 친족을 기근에서 구해냅니다. 요셉은 그리스도를 예표합니다. 그리스도는 하나님의 독생자로 육신을 입고 세상에 오셨으며 자신의 민족에게 죽임을 당하셨지만, 다시 살아나셔서 죄인들을 구원하시고 만유의 주가 되셨습니다. 우리가 요셉을 통하여 얻는 신앙적 교훈은 어떠한 불행이나 슬픔이 닥쳐와도 궁극적으로는 우리에게 유익이 된다는 사실을 깨닫고 고통 속에서도 하나님의 뜻을 발견해 나가야 한다는 사실입니다. 우리가 알거니와 하나님을 사랑하는 자 곧 그 뜻대로 부르심을 입은 자들에게는 모든 것이 합력하여 선을 이루느니라(롬 8:28).

이상과 같이, 구약의 선민 곧 이스라엘의 조상이요 모든 성도들의 믿음의 조상인 아브라함과 순종과 온유의 삶을 살았던 이삭, 그리고 이스라엘 열두 지파의 아버지 야곱의 뒤를 이어 하나님의 언약 백성이 애굽으로 내려가게 된 계기를 마련해 준 요셉의 죽음으로 아브라함 이후 이어져 내려온 구약의 족장 시대가 막을 내리게 됩니다.

창세기를 마치며

하나님은 창세기를 통하여 어떻게 우주를 창조하셨는지, 인간을 창조하신 목적이 무엇인지, 그리고 어떠한 방식으로 타락한 인간을 선택하시고 인류의 구원을 이루어 가시는지를 우리에게 알려 주셨습니다. 하나님은 아브라함이라는 한 사람을 택하여 구속의 역사를 이루어 가시는데, 창세기는 구약의 선민 곧 이스라엘의 초기 역사를 보여줍니다. 이스라엘은 하나님의 백성으로서 구약 교회를 의미합니다. 아브라함을 통한 하나님의 축복은 오늘날 예수 그리스도를 주로 고백하는 모든 자들 곧 아브라함의 영적 후손이 동일하게 누리는 특별은총(特別恩寵)입니다. 우리가 그리스도를 통하여 하나님께 나아갈 수 있음도 전적으로 하나님의 주권적인 섭리에 의한 것입니다.

우리는 창세기를 통하여, 하나님께서 주권적으로 아브라함과 그 후손들을 택하셨으며 하나님의 부르심을 받은 자들은 믿음으로 순종하고 하나님만 의지하였다는 사실을 알게 되었습니다. 또한 하나님을 의지한다는 것은 하나님의 주권과 섭리를 인정하고 그 가운데서 하나님의 인도하심을 바라는 것임도 깨닫게 되었습니다. 언제나 하나님의 말씀을 그대로 믿고 신뢰하였던 아브라함, 매사에 온유하고 순종적인 삶을 살았던 이삭, 주어진 상황에서 성실하게 최선을 다했던 야곱, 그리고 모든 일이 하나님의 주권적인 섭리 하에 진행되고 있음을 확신하였던 요셉을 보면서 그들의 생애를 통해 오늘날 우리는 어떻게 우리의 삶을 살아가야 할 것인지를 배우게 되었습니다.

우리는 전능하신 창조주 하나님이시며 동시에 우리를 사랑하사 구원하시는 은혜로우신 하나님께서 오늘도 살아계셔서 주권적으로 우리를 인도하시며 섭리하고 계신다는 사실을 깨닫고 있습니다. 창세기에 나타나는 살아계신 하나님은 오늘 이 순간에도 동일하신 하나님으로 우리 가운데 역사하고 계십니다. 창세기는 지금 이 순간에도 살아 숨쉬고 있습니다.

저자소개

지은이 신현광은 총신대학교에서 기독교교육을 전공하고(B.A., M.A.) 同 대학원에서 실천신학을 전공하여 신학박사학위(Th.M., Ph.D.)를 받았다. 그는 Calvin Theological Seminary의 Henry Meeter Center for Calvin Studies에서 Faculty Research Fellow로 참여했으며, Emory University의 Candler School of Theology에서 Visiting Scholar로 연구했다. 또한 총회교육국에서 집필간사로, 여러 교회에서 교육목사와 협동목사로 사역했으며, 안양대학교 교목실장과 신학대학 학장을 역임했다. 그는 한국복음주의실천신학회 회장을 역임했으며, 현재 안양대학교 기독교교육과 교수로 재직하고 있다.

저서로는 『교육목회와 교회성장』, 『하나님의 언약과 생활 I, II』, 『그리스도인이 보는 세계종교』, 역서로는 『기독교교육학총론』, 『하나님 중심의 복음전도』 등이 있고, 그 외 다수의 공저와 논문이 있다.

창세기, 살아 숨쉬다

펴낸날 | 2009년 3월 2일 초판 1쇄
2011년 8월 8일 초판 2쇄

지은이 | 신현광

펴낸이 | 김정식

펴낸곳 | 민영사

주 소 | 서울시 마포구 염리동 36-249 (201호)

전 화 | (02) 711-1224~5

팩 스 | (02) 711-1226

등 록 | 1990년 5월 7일 제1-1050호

메 일 | myspub@hanmail.net

정 가 | 13,000원 ISBN 978-89-8134-119-0 93230